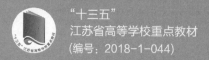 "十三五"
江苏省高等学校重点教材
（编号：2018-1-044）

 "十二五"
江苏省高等学校重点教材
（编号：2014-1-054）

全国电子信息类
和财经类优秀教材

计算机辅助审计原理及应用（第四版）
——大数据审计基础

陈伟 著

北京

内 容 简 介

大数据审计已经成为目前审计领域研究与应用的热点。本书按照从常用电子数据审计方法到大数据审计方法的思路,不仅系统地分析了电子数据审计的理论知识(特别是大数据审计),还重点结合实际案例和具体操作,从审计数据采集、审计数据预处理和审计数据分析等电子数据审计的关键步骤出发,系统地分析了如何开展电子数据审计(特别是大数据审计)。附录中设计了9个实验模块(包括3个大数据审计实验模块),满足了开设实验课程的需要。

本书可作为高等院校审计、会计和信息管理等专业的教材,也可作为审计从业人员的专业培训教材和业务学习资料。

本书封面贴有清华大学出版社防伪标签,无标签者不得销售。
版权所有,侵权必究。举报: 010-62782989, beiqinquan@tup.tsinghua.edu.cn。

图书在版编目(CIP)数据

计算机辅助审计原理及应用: 大数据审计基础/陈伟著. —4版. —北京: 清华大学出版社,2020.4
(2023.2 重印)
ISBN 978-7-302-54365-7

Ⅰ. ①计… Ⅱ. ①陈… Ⅲ. ①计算机审计—高等学校—教材 Ⅳ. ①F239.1

中国版本图书馆 CIP 数据核字(2019)第 263770 号

责任编辑: 闫红梅
封面设计: 刘 键
责任校对: 时翠兰
责任印制: 宋 林

出版发行: 清华大学出版社
    网　　址: http://www.tup.com.cn, http://www.wqbook.com
    地　　址: 北京清华大学学研大厦 A 座　　　　　邮　　编: 100084
    社 总 机: 010-83470000　　　　　　　　　　　邮　　购: 010-62786544
    投稿与读者服务: 010-62776969, c-service@tup.tsinghua.edu.cn
    质量反馈: 010-62772015, zhiliang@tup.tsinghua.edu.cn
    课件下载: http://www.tup.com.cn, 010-83470236
印 装 者: 三河市龙大印装有限公司
经　　销: 全国新华书店
开　　本: 185mm×260mm　　　印　张: 23.5　　　字　数: 569 千字
版　　次: 2008 年 6 月第 1 版　2020 年 5 月第 4 版　　印　次: 2023 年 2 月第 5 次印刷
印　　数: 6001∼7500
定　　价: 59.00 元

产品编号: 085174-01

前言

审计对象的信息化使得审计信息化成为必然,大数据时代的到来使得电子数据审计的研究与应用成为近年来审计信息化领域的热点问题。伴随着审计信息化的浪潮,作者15年来一直致力于审计信息化方面的科研、教学与社会服务工作。为了适应信息化环境下审计事业的发展,满足高等院校开设数据审计课程以及相关审计人员学习数据审计技术的需要,根据多年来开设这门课程的经验,作者于2008年在清华大学出版社出版了《计算机辅助审计原理及应用》,2012年出版了第二版,2016年出版了第三版,本书现已被国内百余所大学选作教材,已十余次印刷,先后被评为"十二五"江苏省高等学校重点教材、全国电子信息类和财经类优秀教材、"十三五"江苏省高等学校重点教材。书中所总结和提出的审计信息化理论体系被广大同行所采用和推广。应广大教师和读者的要求,结合近三年的教材应用经验和大数据审计的最新进展,作者对第三版的内容做了进一步的修订。相对于第三版,第四版的主要变化表现为:在理论和实践教学上均加强了大数据审计的内容,每章都增加了大数据审计的相关内容,如大数据审计工具简介、大数据审计数据采集方法、大数据审计数据预处理方法、大数据审计数据分析方法、大数据环境下的联网审计方法、大数据环境下的电子数据审计方法、大数据环境下的信息系统审计方法等,并在第9章系统地分析了大数据审计相关知识;在实验教学上加强大数据审计实践操作能力,修订和增加了3个实验模块,实验不仅涵盖了原有的基于通用软件Excel、Access、SQL Server,国外审计软件IDEA,国内审计软件AO以及作者根据电子数据审计教学的需要所研发的具有自主知识产权的电子数据审计模拟实验室软件V1.0的数据审计实验,而且还设计了基于数据库工具、R语言和Python语言的大数据审计实验,可供高等院校根据自身所具备的实验条件和教学需要选择开设所需的课程实验。

内容

早在本书的第一版中,作者就把我国开展的计算机辅助审计概括为面向数据的计算机辅助审计,也可以称为电子数据审计。目前,电子数据审计是国内外审计领域关注的重点,2014年12月,国家审计署机构调整,增设了电子数据审计司,这充分说明当前电子数据审计在我国审计工作中的重要性。随着大数据技术与应用的发展,大数据审计成为目前审计领域研究与应用的热点问题。审计署在2013年12月27日召开的全国审计工作会议上指出:积极跟踪国内外大数据分析技术的新进展、新动态,探索在审计实践中运用大数据技术的途径,为推动大数据背景下的审计信息化建设做好准备。2015年12月8日,中共中央办公厅、国务院办公厅印发的《关于实行审计全覆盖的实施意见》指出"创新审计技术方法是实现审计全覆盖的一个重要手段,要求构建大数据审计工作模式,提高审计能力、质量和效率,扩大审计监督的广度和深度"。2017年3月中共中央办公厅、国务院办公厅印发的《关于深化国有企业和国有资本审计监督的若干意见》提出"创新审计理念,完善审计监督体制机制,改进审计方式方法"。在中国审计署的倡导下,世界审计组织大数据审计工作组于 2016 年 12 月成立,并于 2017 年 4 月 18 日在南京召开第一次会议。国家审计署胡泽君审计长在 2018 年 1 月召开的全国审计工作会议上指出"要积极推进大数据审计"。中共中央总书记、国家主席、中央军委主席、中央审计委员会主任习近平 2018 年 5 月 23 日在主持召开的中央审计委员会第一次会议上指出"要坚持科技强审,加强审计信息化建设"。国外实务界也高度关注大数据在审计中的应用,国际内部审计师协会 2017 年发布了《理解与审计大数据》指南。

本书力求全面反映审计领域国内外的新成果,特别是大数据审计的研究与应用。在内容安排上:第 1~6 章内容供读者掌握电子数据审计的基础理论知识,这部分首先分析了国内外审计信息化的研究与应用现状;随后介绍了开展面向数据的计算机辅助审计(电子数据审计)所需的相关基础知识,分析了国内外常用的审计软件;在此基础上,结合案例重点分析了面向数据的计算机辅助审计(电子数据审计)的关键步骤:审计数据采集、审计数据预处理和审计数据分析。第 7~9 章内容供读者了解审计信息化新的理论知识与应用实践,特别是新的热点问题,如大数据审计等。附录中基于 Excel、Access、SQL Server、IDEA、AO 以及电子数据审计模拟实验室软件 V1.0,设计了 6 个基本实验模块,另外,还设计了 3 个大数据审计的实验模块,满足了不同高等院校在不同环境下都能很好地开设实验课程的需要。

本书每部分内容都从常用审计方法到大数据审计方法进行介绍。本书既保留了前三版的经典内容与理论知识框架,同时又与时俱进,新增加了目前大数据审计的理论知识与应用实践。

特色

作为一本高等院校的教材,仅仅讲解如何应用数据审计技术是不够的,还需要有相应的系统理论知识。本书是在多项国家级和省部级课题研究,多年高等院校教学经验与审计行业实践与实务培训的基础上完成的。本书紧扣当前我国开展的面向数据的计算机辅助审计(电子数据审计)的现状和特点,在介绍了国内外关于审计信息化研究现状的基础上,结合案例,系统地分析了面向数据的计算机辅助审计(电子数据审计)的概念、原理以及技术方法。本书设计了 9 个实验模块,满足了各种条件下开设课程实验的需要。此外,本书还系统地介绍了持续审计、联网审计和大数据审计等审计前沿理论与应用。因此,本书具有前沿性、系统性、可操作性、理论联系实际等特点。本书可作为高等院校相关专业的学生学习大数据审计的实务教材,也可作为审计人员学习大数据审计的理论教材。

对象

本书可作为高等院校审计、会计、财务、信息管理和计算机等各相关专业的教材,可供本科生、研究生(特别是审计、会计硕士)两个层次的读者使用,也可作为审计从业人员的专业培训教材或业务学习资料,还可作为审计专业人士、审计科技工作者的参考书。

致谢

在本书第一版到第四版的写作过程中,南京审计大学以及国家审计署等审计实务部门的有关领导和专家对本书写作的指导思想和内容框架结构提出了许多中肯的意见。

本书第一版到第四版先后得到了国家自然科学基金项目（项目编号：71572080、70971068、70701018），教育部人文社会科学研究规划基金项目（项目编号：14YJAZH006、08JC630045），教育部留学回国人员科研启动基金（项目编号：教外司留[2012]940号）和中国博士后科学基金（项目编号：20060390281），江苏省社会科学基金（项目编号：13GLC016），江苏省"六大人才高峰"高层次人才项目（项目编号：2014-XXRJ-015），江苏省高校"青蓝工程"中青年学术带头人项目（项目编号：苏教师[2010]27号），江苏省"333高层次人才培养工程"以及江苏高校品牌专业建设工程等项目的资助。

清华大学出版社对本书的出版给予了大力的支持。在此一并表示感谢！

本书的相关教学材料、实验数据和教学软件，可从清华大学出版社网站（www.tup.com.cn）下载。

本书不足之处，恳请读者不吝赐教指正，作者将在第五版中进一步完善。

陈 伟

2020年3月 于南京

目 录

第 1 章　绪 论 ……………………………………………………………………… 1

 1.1　概述 ………………………………………………………………………… 1
  1.1.1　科技强审的重要性 ……………………………………………… 1
  1.1.2　相关术语分析 …………………………………………………… 2
 1.2　国内审计信息化的研究与应用情况 ……………………………………… 5
  1.2.1　金审工程 ………………………………………………………… 5
  1.2.2　联网审计 ………………………………………………………… 6
  1.2.3　电子数据审计 …………………………………………………… 7
  1.2.4　大数据审计 ……………………………………………………… 7
 1.3　国外审计信息化的研究与应用情况 ……………………………………… 8
  1.3.1　计算机辅助审计的起源 ………………………………………… 8
  1.3.2　相关研究与应用情况 …………………………………………… 8
 1.4　计算机辅助审计技术分析 ………………………………………………… 9
  1.4.1　计算机辅助审计技术的分类 …………………………………… 9
  1.4.2　面向系统的计算机辅助审计技术 ……………………………… 10
  1.4.3　面向数据的计算机辅助审计技术 ……………………………… 13
  1.4.4　计算机辅助审计技术的优缺点分析 …………………………… 13
 1.5　面向数据的计算机辅助审计(电子数据审计) ………………………… 14
  1.5.1　信息化环境下实施审计项目的主要流程 ……………………… 14
  1.5.2　面向数据的计算机辅助审计(电子数据审计)的原理 ……… 14
  1.5.3　开展面向数据的计算机辅助审计(电子数据审计)的步骤 … 15
 1.6　信息化时代对审计人员的基本素质要求 ………………………………… 16
 1.7　本书的内容与结构 ………………………………………………………… 16
 1.8　阅读：12 个"金"字号电子政务工程简介 ……………………………… 17
 思考题 ……………………………………………………………………………… 19

第 2 章　电子数据审计基础 …………………………………………………… 20

 2.1　概述 ………………………………………………………………………… 20
 2.2　信息技术与组织业务 ……………………………………………………… 20
 2.3　SQL 语言与电子数据审计 ………………………………………………… 22
  2.3.1　数据定义 ………………………………………………………… 22
  2.3.2　数据操纵 ………………………………………………………… 23

    2.3.3 数据查询 ·· 23
  2.4 常用电子表格软件及数据库与电子数据审计 ··· 29
    2.4.1 Excel ··· 29
    2.4.2 Access ··· 30
    2.4.3 SQL Server ·· 36
    2.4.4 Oracle ··· 39
  2.5 大数据审计工具与电子数据审计 ·· 42
    2.5.1 R 语言 ··· 43
    2.5.2 Python 语言 ·· 47
    2.5.3 Tableau ··· 49
  2.6 数据访问技术与电子数据审计 ··· 51
    2.6.1 常见数据访问技术分析 ··· 51
    2.6.2 ODBC 总体结构及其应用 ·· 53
  思考题 ··· 55

第 3 章 审计软件 ··· 56

  3.1 概述 ··· 56
  3.2 国内外审计软件概况 ··· 56
    3.2.1 国外审计软件概况 ··· 56
    3.2.2 国内审计软件概况 ··· 57
  3.3 电子数据审计软件的基本功能 ··· 58
  3.4 常用审计软件介绍 ·· 59
    3.4.1 国内审计软件 ·· 59
    3.4.2 国外审计软件 ·· 63
  3.5 国内外审计软件功能比较 ··· 72
  3.6 国内审计人员开展审计使用的主要软件概况 ·· 73
  思考题 ··· 74

第 4 章 审计数据采集 ·· 75

  4.1 概述 ··· 75
  4.2 审计数据采集理论分析 ·· 76
    4.2.1 审计数据采集的原理 ·· 76
    4.2.2 审计数据采集的特点 ·· 76
    4.2.3 审计数据采集的主要步骤 ·· 77
    4.2.4 审计数据采集的方法 ·· 79
  4.3 审计数据采集:以通用软件为例 ·· 80
    4.3.1 基于 Excel 的数据采集 ··· 81
    4.3.2 基于 Access 的数据采集 ··· 93
    4.3.3 基于 SQL Server 的数据采集 ··· 110

- 4.4 审计数据采集：以审计软件为例 …… 124
  - 4.4.1 基于 AO 的数据采集 …… 124
  - 4.4.2 基于 IDEA 的数据采集 …… 128
- 4.5 审计数据采集：以大数据分析工具为例 …… 142
  - 4.5.1 基于 R 语言的数据采集类型简介 …… 143
  - 4.5.2 基于 R 语言的内部数据采集 …… 143
  - 4.5.3 基于 R 语言网络爬虫技术的网上公开数据采集 …… 143
- 4.6 审计数据验证 …… 149
  - 4.6.1 审计数据验证的重要性 …… 149
  - 4.6.2 审计数据验证的方法 …… 150
  - 4.6.3 审计数据采集阶段的审计数据验证 …… 151
- 思考题 …… 152

第 5 章 审计数据预处理 …… 153

- 5.1 概述 …… 153
- 5.2 审计数据预处理理论分析 …… 154
  - 5.2.1 数据质量 …… 154
  - 5.2.2 单数据源数据质量问题 …… 155
  - 5.2.3 多数据源集成时数据质量问题 …… 156
  - 5.2.4 审计数据质量问题实例 …… 157
  - 5.2.5 审计数据预处理的意义 …… 160
  - 5.2.6 审计数据预处理的内容 …… 161
- 5.3 审计数据预处理应用实例 …… 161
  - 5.3.1 基于 Access …… 162
  - 5.3.2 基于 SQL Server …… 168
- 5.4 大数据预处理方法简介 …… 170
  - 5.4.1 不完整数据清理 …… 170
  - 5.4.2 相似重复记录清理 …… 172
  - 5.4.3 PDF 格式文件转换成文本格式文件 …… 174
- 5.5 审计数据预处理阶段的数据验证 …… 176
  - 5.5.1 审计数据预处理阶段数据验证的重要性 …… 176
  - 5.5.2 审计数据预处理阶段数据验证的内容和方法 …… 177
- 思考题 …… 177

第 6 章 审计数据分析 …… 178

- 6.1 概述 …… 178
- 6.2 审计证据及审计取证 …… 178
  - 6.2.1 审计证据 …… 178
  - 6.2.2 电子审计证据 …… 179

　　　　6.2.3　审计取证 ·· 180
　6.3　传统审计方法 ·· 180
　6.4　信息化环境下常用审计数据分析方法 ··· 181
　　　　6.4.1　账表分析 ·· 181
　　　　6.4.2　数据查询 ·· 182
　　　　6.4.3　审计抽样 ·· 201
　　　　6.4.4　统计分析 ·· 208
　　　　6.4.5　数值分析 ·· 215
　　　　6.4.6　账龄分析 ·· 226
　6.5　大数据审计数据分析方法 ··· 228
　　　　6.5.1　大数据审计方法分类 ·· 228
　　　　6.5.2　大数据智能分析技术 ·· 229
　　　　6.5.3　大数据可视化分析技术 ··· 235
　　　　6.5.4　大数据多数据源综合分析技术 ··· 245
　思考题 ··· 247

第7章　持续审计 ··· 248

　7.1　概述 ·· 248
　7.2　持续审计的内涵及研究内容分类 ··· 248
　　　　7.2.1　持续审计的内涵 ··· 248
　　　　7.2.2　持续审计研究内容分类 ··· 249
　7.3　持续审计的技术实现方法 ··· 249
　　　　7.3.1　嵌入式持续审计 ··· 249
　　　　7.3.2　分离式持续审计 ··· 250
　　　　7.3.3　两种实现方法的比较 ·· 253
　　　　7.3.4　基于DBMS触发器的持续审计模型 ··· 253
　7.4　持续审计的相关理论研究 ··· 255
　7.5　应用于持续审计的关键技术研究 ··· 257
　7.6　持续审计未来的研究方向 ··· 257
　思考题 ··· 258

第8章　联网审计 ··· 259

　8.1　概述 ·· 259
　8.2　联网审计原理 ·· 259
　8.3　实施联网审计的优缺点分析 ·· 261
　　　　8.3.1　主要优点 ·· 261
　　　　8.3.2　主要缺点 ·· 262
　8.4　联网审计系统的安全问题分析 ··· 263
　8.5　基于成本效益视角的联网审计可行性分析方法 ·· 263

8.5.1 问题的提出 ………………………………………………………………… 263
　　　8.5.2 实施联网审计的成本效益分析方法 ……………………………………… 264
　　　8.5.3 提高联网审计可行性的建议 ……………………………………………… 268
　8.6 联网审计绩效评价 ………………………………………………………………… 268
　　　8.6.1 联网审计绩效评价研究的意义 …………………………………………… 268
　　　8.6.2 开展联网审计绩效评价的步骤 …………………………………………… 269
　8.7 云计算环境下的联网审计实现方法探析 ………………………………………… 269
　　　8.7.1 研究云计算环境下联网审计的必要性 …………………………………… 269
　　　8.7.2 云计算环境下的联网审计实现方法 ……………………………………… 271
　　　8.7.3 云计算环境下实施联网审计存在的风险 ………………………………… 273
　　　8.7.4 云计算环境下实施联网审计的建议 ……………………………………… 276
　8.8 大数据环境下的联网审计实现方法 ……………………………………………… 277
　思考题 …………………………………………………………………………………… 278

第9章 大数据审计 …………………………………………………………………… 279

　9.1 概述 ………………………………………………………………………………… 279
　9.2 大数据基本知识 …………………………………………………………………… 280
　　　9.2.1 大数据概念的来源 ………………………………………………………… 280
　　　9.2.2 大数据的特点 ……………………………………………………………… 281
　9.3 国外大数据审计应用情况 ………………………………………………………… 281
　　　9.3.1 实务界应用情况 …………………………………………………………… 281
　　　9.3.2 政府开展大数据审计情况 ………………………………………………… 282
　9.4 大数据环境下的电子数据审计方法 ……………………………………………… 283
　　　9.4.1 大数据环境下电子数据审计发展机遇和面临的挑战 …………………… 283
　　　9.4.2 大数据环境下的电子数据审计方法与现有电子数据审计方法
　　　　　　比较 …………………………………………………………………………… 284
　　　9.4.3 大数据环境下的电子数据审计方法原理 ………………………………… 285
　　　9.4.4 基于大数据多数据源综合分析技术的扶贫审计案例 …………………… 288
　　　9.4.5 基于大数据可视化分析技术的扶贫审计案例 …………………………… 291
　　　9.4.6 大数据环境下基于模糊匹配的电子数据审计方法案例 ………………… 291
　9.5 大数据环境下的信息系统审计方法 ……………………………………………… 299
　　　9.5.1 研究大数据环境下信息系统审计的重要性 ……………………………… 299
　　　9.5.2 大数据环境下信息系统审计的主要变化 ………………………………… 300
　　　9.5.3 大数据环境下用户及权限管理审计方法案例 …………………………… 300
　　　9.5.4 基于大数据技术的业务连续性管理审计方法案例 ……………………… 302
　思考题 …………………………………………………………………………………… 305

附录A 课程实验设计 ………………………………………………………………… 306

　A.1 实验模块一（基于Excel） ……………………………………………………… 306

实验一	熟悉 Excel	306
实验二	基于 Excel 的审计数据采集	306
实验三	Excel 的基本审计数据分析应用	307
实验四	Excel 中"圈释"和"高级筛选"功能的审计数据分析应用	307

A.2 实验模块二(基于 Access) 308
 实验一   熟悉 Access 308
 实验二   基于 Access 的审计数据采集 309
 实验三   基于 Access 的审计数据预处理 309
 实验四   基于 Access 的审计数据分析：以某税收征收数据为例 310
 实验五   基于 Access 的审计数据分析：以某零售企业商品数据为例 311
 实验六   基于 Access 的审计数据分析：以某失业保险数据为例 311

A.3 实验模块三(基于 SQL Server) 312
 实验一   熟悉 SQL Server 312
 实验二   基于 SQL Server 的审计数据采集 312
 实验三   基于 SQL Server 的审计数据预处理 313
 实验四   基于 SQL Server 的审计数据分析：以某税收征收数据为例 314
 实验五   基于 SQL Server 的审计数据分析：以某零售企业商品数据为例 314
 实验六   基于 SQL Server 的审计数据分析：以某失业保险数据为例 315

A.4 实验模块四(基于 IDEA 8) 316
 实验一   熟悉 IDEA 8 316
 实验二   IDEA 审计数据采集 316
 实验三   审计数据分析：数据查询 317
 实验四   审计数据分析：审计抽样 318
 实验五   审计数据分析：统计分析 319
 实验六   审计数据分析：数值分析 321
 实验七   审计数据分析：其他功能 322

A.5 实验模块五(基于 AO 2011) 323
 实验一   熟悉 AO 2011 323
 实验二   基于 AO 的审计数据采集 324
 实验三   基于 AO 的审计数据分析：以某税收征收数据为例 325
 实验四   基于 AO 的审计数据分析：以某零售企业商品数据为例 325
 实验五   基于 AO 的审计数据分析：以某失业保险数据为例 326
 实验六   AO 的其他功能练习 326

A.6 实验模块六(基于电子数据审计模拟实验室软件) 327
 实验一   熟悉电子数据审计模拟实验室软件 327
 实验二   审计数据预处理模拟练习 327
 实验三   审计数据分析：数据查询模拟练习 328
 实验四   审计数据分析：审计抽样模拟练习 329
 实验五   审计数据分析：统计分析模拟练习 329

实验六　审计数据分析：数值分析模拟练习 …… 330
　　实验七　审计数据分析：数据匹配模拟练习 …… 331
　　实验八　审计数据分析：相似数据查询模拟练习 …… 332
A.7　实验模块七（基于大数据多数据源综合分析技术的大数据审计实验）…… 333
　　实验一　基于 Access 的扶贫大数据审计 …… 333
　　实验二　基于 SQL Server 的扶贫大数据审计 …… 334
　　实验三　基于 PL/SQL Developer 的扶贫大数据审计（选做）…… 334
　　实验四　基于电子数据审计模拟实验室软件的扶贫大数据审计（选做）…… 335
A.8　实验模块八（基于 R 语言的大数据审计实验）…… 335
　　实验一　熟悉 R 语言 …… 335
　　实验二　基于网络爬虫技术网上数据采集（大数据采集）…… 335
　　实验三　PDF 格式文件转换成文本格式文件（大数据预处理）…… 336
　　实验四　基于大数据可视化分析技术的大数据审计实验（文本数据分析）…… 336
　　实验五　基于大数据可视化分析技术的大数据审计实验（结构化数据
　　　　　　分析）…… 337
A.9　实验模块九（基于 Python 的大数据审计实验）…… 338
　　实验一　熟悉 Python …… 338
　　实验二　基于大数据可视化分析技术的大数据审计实验（散点图分析）…… 338
　　实验三　基于大数据可视化分析技术的大数据审计实验（条形图分析）…… 339
　　实验四　基于大数据可视化分析技术的大数据审计实验（折线图分析）…… 339
　　实验五　基于大数据可视化分析技术的大数据审计实验（气泡图分析）…… 340
A.10　实验所用数据 …… 340
　　A.10.1　某税收征收数据 …… 340
　　A.10.2　某失业保险数据 …… 342
　　A.10.3　某零售企业商品数据 …… 343
　　A.10.4　某数据匹配实验数据 …… 344
　　A.10.5　某税收征收数据（数据预处理练习数据）…… 345
　　A.10.6　某扶贫审计示例数据 …… 346
　　A.10.7　某扶贫审计公告数据 …… 347
　　A.10.8　PDF 格式某文件数据 …… 349
　　A.10.9　某股票交易数据 …… 349

附录 B　名词术语中英文对照 …… 350

参考文献 …… 352

第 1 章 绪 论

本章学习目标

- 理解科技强审的重要意义。
- 熟悉审计信息化相关术语。
- 了解国内外审计信息化的研究与应用情况。
- 熟悉常用的计算机辅助审计技术。
- 熟悉信息化环境下实施审计项目的主要流程;掌握面向数据的计算机辅助审计(电子数据审计)的原理以及开展步骤。
- 了解信息化时代对审计人员的基本素质要求。

1.1 概述

1.1.1 科技强审的重要性

审计作为党和国家监督体系的重要组成部分,在国家经济社会发展中发挥着越来越重要的作用。传统手工审计是通过对账簿的检查来实现这一职责的。但是到了 20 世纪 80 年代,以查账为主要手段的审计职业遇到了来自信息技术的挑战。金融、财政、海关、税务等部门,民航、铁道、电力、石化等关系国计民生的重要行业开始广泛运用计算机、数据库、网络等现代信息技术进行管理,国家机关、企事业单位信息化趋向普及。审计对象的信息化客观上要求审计机关的作业方式必须及时做出相应的调整,要运用信息技术,全面检查被审计单位的经济活动,发挥审计监督的应有作用。近年来,随着大数据技术与应用的发展,大数据审计成为目前审计领域研究与应用的热点问题。2018 年 5 月 23 日,中共中央总书记、国家主席、中央军委主席、中央审计委员会主任习近平在主持召开的中央审计委员会第一次会议上指出,要坚持科技强审,加强审计信息化建设。

因此,使用信息技术开展审计工作成为必然。而审计人员为了适应现今信息时代的需要,必须使用信息技术来完成审计任务。新华社评论员强调"信息时代,善于获取数据、分析数据、运用数据是做好审计工作的基本功"。

1.1.2 相关术语分析

随着信息技术在审计领域的广泛应用,在审计理论界和实务界出现了一系列相应的术语,本节对一些典型的术语进行整理和分析,从而为后文的学习打下基础。

1. IT 审计

随着信息技术的发展,组织的运行越来越依赖于信息技术(Information Technology,IT)。信息化环境下信息技术不但成为审计的工具,即计算机辅助审计技术(Computer Assisted Audit Techniques,CAATs),同时也成为审计的对象,即信息系统审计。因此,IT 审计成为审计领域研究与应用的热点,IT 审计所包括的主要内容可简要归纳为如图 1.1 所示。

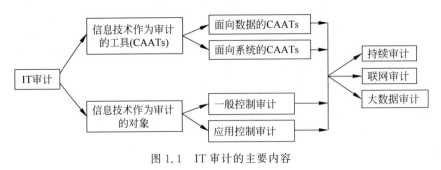

图 1.1 IT 审计的主要内容

本书主要介绍 IT 审计的第一部分内容:信息技术成为审计的工具,即如何应用信息(计算机)技术开展审计工作。

2. 计算机审计

计算机审计在国内学术界有多种叫法,有时也被称为 EDP 审计、电算化审计、信息系统审计等;有的文献认为计算机审计包括:对计算机管理的数据进行检查;对管理数据的计算机进行检查。有的文献认为无论是对计算机信息系统进行审计还是使用计算机辅助审计,都统称为计算机审计,或者说,计算机审计的含义包括计算机系统作为审计的对象和作为审计的工具。根据国内对"计算机审计"一词的使用情况,可以把计算机审计的含义总结如下。

计算机审计是与传统审计相对称的概念,它是随着计算机技术的发展而产生的一种新的审计方式,其内容包括使用计算机进行审计和对计算机系统进行审计。由此可见,计算机审计的内涵和 IT 审计的内涵相似。

3. 计算机辅助审计

如同计算机辅助制造(Computer Aided Manufacturing,CAM)、计算机辅助设计(Computer Aided Design,CAD)等概念一样,计算机在审计领域中的辅助应用被称为计算机辅助审计。中国国家审计署把计算机辅助审计理解为:"计算机辅助审计,是指审计机关、审计人员将计算机作为辅助审计的工具,对被审计单位财政、财务收支及其计算机应用系统实施的审计"。

计算机辅助审计的内容很广泛,仅仅理解为计算机在审计中简单应用是不够的。本书主要介绍面向数据的计算机辅助审计,即电子数据审计。

4. 计算机辅助审计技术

简单地讲,计算机辅助审计技术是指用来完成计算机辅助审计的技术。一些文献为了突出实现计算机辅助审计技术的工具,有时也会使用计算机辅助审计工具与技术(Computer Assisted Audit Tools and Techniques,CAATTs)这一术语。一些文献给出了计算机辅助审计技术的定义。

(1) 有的文献认为:广义上讲,计算机辅助审计技术是指在帮助完成审计的过程中使用的任何技术。

(2) 由于多数关于计算机辅助审计技术的定义仅限用于审计计算机应用系统以及用于抽取和分析电子数据的技术。因此,有的文献把计算机辅助审计技术描述为:用来直接检测一个应用系统的内部逻辑以及通过检查被应用系统处理的数据来间接地评价一个应用系统逻辑的技术。

(3) 有的文献认为:计算机辅助审计技术是基于计算机的技术,它能帮助审计人员提高工作效率,并能借助计算机的能力和速度提高收集审计证据的审计功能。

(4) 有的文献认为:简单地讲,计算机辅助审计技术就是指能用来帮助以更有效的、高效的、及时的方式进行审计的技术。

综上所述,计算机辅助审计技术可以概括为:为了满足信息化环境下审计的需要,基于计算机的、用来对信息系统或被信息系统处理的数据进行审计的技术。

后文将分析到,常用的计算机辅助审计技术可以分成两类:一类是用于验证程序/系统的计算机辅助审计技术,即面向系统的计算机辅助审计技术;另一类是用于分析电子数据的计算机辅助审计技术,即面向数据的计算机辅助审计技术,也可以称之为电子数据审计技术。本书主要介绍面向数据的计算机辅助审计技术,即电子数据审计技术。

5. 电子数据审计

对我国来说,信息化环境下如何审计被审计单位的电子数据,发现大案、要案是一项最重要任务,特别是政府审计的一项重要任务。国际内部审计师协会也高度关注电子数据分析技术。可见,电子数据审计是目前国内外审计领域关注的重点。2014年12月,审计署机构调整,增设了电子数据审计司,其主要职责为:审计电子数据的归口管理;审计电子数据的采集、验收和整理工作;组织开展跨行业、跨部门、跨地区的数据分析工作,对电子数据进行综合分析和利用等。电子数据审计司的增设充分说明电子数据审计在当前我国审计工作中的重要性。对于电子数据审计,目前还没有给出明确的定义,根据目前对该术语的使用情况,电子数据审计一般可以理解为"对被审计单位信息系统中的电子数据进行采集、预处理以及分析,从而发现审计线索,获得审计证据的过程"。

6. 电子数据处理审计

电子数据处理(Electronic Data Processing,EDP)审计和电子数据审计是两个不同的概念,电子数据处理审计是信息系统审计的初级阶段,它是指对计算机信息处理系统的开发及其软件、硬件和运行环境进行测试,并评价计算机信息系统数据处理是否准确、真实、安全、可靠、高效,满足企业经营管理的需要。对于电子数据审计和电子数据处理审计这两个不同的概念,在实际应用中,一定要加以区分。

7. 信息系统审计

信息系统审计(Information System Audit,ISA)也是目前常常提到的概念,一般理解为对计算机系统的审计,信息系统审计的国际权威组织——国际信息系统审计和控制协会给信息系统审计做了如下定义:信息系统审计是收集和评估证据,以确定信息系统与相关资源能否适当地保护资产、维护数据完整、提供相关和可靠的信息、有效完成组织目标、高效率地利用资源并且存在有效的内部控制,以确保满足业务、运作和控制目标,在发生非期望事件的情况下,能够及时地阻止、检测或更正的过程。

8. 持续审计

持续审计(Continuous Audit,CA)是能在相关事件发生的同时,或之后较短的时间内就能产生审计结果的一种审计类型。根据这一定义,把持续审计称为实时审计更为合适。此外,要实现持续审计,需要一个在线的计算机系统把审计部门和被审计部门连接起来,所以,持续审计也被称为持续在线审计(Continuous Online Auditing,COA)。

9. 联网审计

随着信息化程度的提高以及计算机网络的广泛使用,目前正在开展的联网审计(online auditing)也是持续审计的一种方式。印度总审计署认为,联网审计是一项技术,它可以在系统处理数据的同时,或者在处理结束后马上收集审计证据;中国香港特别行政区审计署认为联网审计就是在局域网环境下,以审计为目的的信息技术应用;波兰最高监察院认为联网审计的工作内容主要包括通过互联网实现访问被审计单位的公共数据库,并分析电子格式的文件、声明和解释。

根据目前的研究与应用情况,联网审计可以归纳为:联网审计是由于网络技术在审计中的应用而形成的一种新的审计模式,它使得审计信息交流、审计证据的采集和分析技术、审计项目管理等任务实现网络化、远程化,并且由于新的方法工具的应用,使审计任务的性质、目标发生局部变化。

10. 大数据审计

科学研究在经历了实验科学(empirical science)、理论科学(theoretical science)、计算科学(computational science)这三个阶段后,进入了数据密集型科学阶段(data-intensive science),与之相伴的是大数据(big data)时代的到来。大数据时代的到来为计算机审计带来了机遇和挑战。研究大数据环境下的计算机审计问题具有重要的理论意义和应用价值。

目前,被审计单位信息化程度越来越高,信息系统越来越复杂,需要采集的数据量也越来越大,数据类型较多,不仅仅是数据库中的结构化电子数据,还包括一些与被审计单位相关的会议记录、会议决议、办公会议通知、办公文件、业务介绍、部门年度工作总结、风险分析报告、相关审计报告、政策文件、内部控制手册、信息系统使用手册等非结构化数据。因此,审计工作与大数据之间已经密不可分。大数据环境对审计工作来说既是机遇,又是挑战,大数据环境下需要考虑如何利用大数据技术审计电子数据、如何审计大数据环境下的电子数据、如何利用大数据技术审计信息系统、如何审计大数据环境下的信息系统等。

根据目前的研究与应用情况,大数据审计是随着大数据时代的到来以及大数据技术的发展而产生的一种新的计算机审计(审计作业信息化)方式,其内容包括大数据环境下的电子数据审计(如何利用大数据技术审计电子数据、如何审计大数据环境下的电子数据)和大数据环境下的计算机信息系统审计(如何利用大数据技术审计信息系统、如何审计大数据环境下的信息系统)两方面的内容。大数据审计所包括的主要内容可简要归纳为如图 1.2 所示。

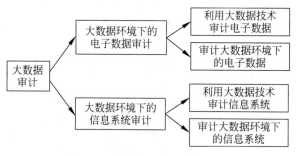

图 1.2 大数据审计的主要内容

1.2 国内审计信息化的研究与应用情况

1.2.1 金审工程

1. "金审工程"建设背景

如前文所述,到了 20 世纪 80 年代,以查账为主要手段的审计职业遇到了来自计算机技术的挑战。审计对象的信息化,客观上要求审计机关的作业方式必须及时做出相应的调整,要运用计算机技术,全面检查被审计单位的经济活动,发挥审计监督的应有作用。

1998 年,审计署党组根据当前的现状,认真分析了信息化条件下审计工作面临的"失去审计资格"的职业风险,于 1998 年年底向国务院汇报工作时提出建设审计信息化系统的建议,得到了国务院的充分肯定。1999 年 12 月,审计署根据国务院的要求,上报了《审计信息化系统建设规划》。在国务院领导和有关部门的大力支持下,于 2002 年 7 月 28 日,国家发改委(时称国家计委)正式批准"金审工程"开工。2002 年 8 月,《国家信息化领导小组关于我国电子政务建设指导意见》(中办发〔2002〕17 号)中,批准了"金审工程"作为我国电子政务建设的重大业务系统建设工程,列入了国家"十五"期间首先启动的 12 个"金"字号电子政务重大工程之一。目前,"金审"工程一期和二期已经顺利完成。

"金审工程"三期将在金审工程一期和二期的基础上,利用云计算、大数据等现代信息技术,持续完善和发展国家审计信息系统,建设审计综合作业平台、国家审计数字化指挥中心、审计模拟仿真实验室和审计综合服务支撑系统,提升审计指挥决策、审计质量管理、数据汇聚与共享、数据综合分析等能力。

2. "金审工程"建设的意义

审计信息化是审计领域的一场革命。审计信息化的进一步发展,必将促使审计手段发生一些重大变革。总的来说,"金审工程"建设的意义如下。

(1) 审计信息化象征着审计工作将发生三个转变:从单一的事后审计变为事后审计与事中审计相结合;从单一的静态审计变为静态审计与动态审计相结合;从单一的现场审计变为现场审计与远程审计相结合。

(2) 审计信息化必将推动审计方法的改变。对被审计单位的账目逐笔审计在过去是不可想象的,但在审计信息化情况下将轻而易举地实现。

(3) 审计信息化必将推动广大审计人员思维方式的转变,增强审计人员的全局意识和宏观意识。

(4) 审计信息化必将提高审计质量,降低审计风险。

3. "金审工程"建设的目标

"金审工程"建设的总体目标是:形成以计算机为审计作业主要手段的审计方式,形成审计署和地方审计机关资源共享的安全信息网络系统,建成对财政、财务收支的真实、合法和效益实施有效监督的审计信息化系统。探索中国现代审计的新道路,使审计监督职责的履行和质量水平得到全面提升。通过"金审工程"的建设和实施,积极探索信息化条件下新的审计方式。

1.2.2 联网审计

"金审工程"总体规划确定了审计信息化建设的总体目标、审计模式、建设内容和审计工作实现"三个转变"的总体框架。一期建设中,对实现"预算跟踪+联网核查"审计模式所采用的联网审计方式进行了试点。为更好地研究联网审计技术,为"金审工程"二期建设提供技术支持,2004年国家科技部批复了审计署申请的国家"863"计划"计算机审计数据采集与处理技术"项目的研究课题。

1. 研究目标

国家"863"计划"计算机审计数据采集与处理技术"项目的研究目标是:为有效履行信息网络环境下的审计监督,需要对网络环境下计算机审计的数据采集与处理等技术进行科学研究,包括不同网络环境下的审计组网模式、数据采集技术、清理技术、转换技术、存储技术、分析处理技术,以及各技术模型的工程化实验等方面的研究,并取得研究成果的工程化实验数据和工程经验,为"金审工程"二期设计和建设提供科技成果指导和工程建设模型。

2. 研究内容

1) 联网审计系统组网模式研究

针对被审计单位信息系统的数据布局、网络构架、系统结构等方面的不同,需要研究采用何种方式联网,即组网模式,才能有效地采集被审计单位信息系统中的数据。重点研究集中式数据采集组网模式(如海关数据大集中系统的数据采集)、分布式数据采集组网模式(如银行以省为单位的数据分布式系统的数据采集)、点对点式数据采集组网模式(如中央一级预算单位的单点系统的数据采集)等。

2) 审计数据的采集、清理与转换技术研究

针对被审计单位不同的系统结构、网络结构、数据结构和业务特点,研究数据采集接口和数据采集方式,以及对原始数据的识别、转换、清理和验证等技术。

3) 审计数据的存储与处理技术研究

审计数据的存储与处理技术研究主要研究海量数据的存储方式和技术、多维数据库和联机分析处理、审计分析模型和构建技术等。

4) 联网审计系统的安全研究

联网审计系统的安全研究主要研究不同组网模式条件下数据采集的安全措施,数据传输、存储和分析处理方面的安全,应用系统的安全,网络系统的安全,以及联网审计的安全管理等。

5) 联网审计工程化实验环境的研究和建设

为了开展联网审计组网模式、数据采集与转换、数据存储与处理、联网审计安全等技术的研究,需要搭建一个研究和实验的平台或环境,包括网络系统、计算机设备、应用系统及安全系统的建设。

目前大数据环境下,联网审计的实现方法也随之发生变化,相关情况将会在本书第9章中详细分析。

1.2.3 电子数据审计

如前文所述,随着信息技术的发展,组织的运行越来越依赖于信息技术。因此,一方面,信息化环境下信息技术成为审计的对象,即如何对被审计单位应用的信息技术进行审计,一般情况下多称为信息系统审计;另一方面,审计信息化环境下信息技术成为审计的工具,即审计人员如何应用信息技术帮助他们开展审计工作,即计算机辅助审计技术。概括来说,常用的计算机辅助审计技术可以分成两类:一类是用于验证程序/系统的计算机辅助审计技术,即面向系统的计算机辅助审计技术;另一类是用于分析电子数据的计算机辅助审计技术,即面向数据的计算机辅助审计技术,也可以称之为电子数据审计技术。电子数据审计是目前我国开展审计信息化的重点。2014年12月,审计署机构调整,增设了电子数据审计司,电子数据审计司的增设充分说明电子数据审计目前在我国审计工作中的重要性。2018年5月23日,中共中央总书记、国家主席、中央军委主席、中央审计委员会主任习近平在主持召开的中央审计委员会第一次会议上指出,各地区各部门特别是各级领导干部要及时、准确、完整地提供同本单位本系统履行职责相关的资料和电子数据,不得制定限制向审计机关提供资料和电子数据的规定,已经制定的规定要坚决废止。对有意设置障碍、推诿拖延的,要进行批评和通报;造成恶劣影响的,要严肃追责问责。

1.2.4 大数据审计

随着信息技术的发展,大数据时代的到来为计算机审计提供了机遇和挑战。大数据

时代的到来使审计工作不得不面对被审计单位的大数据环境,如果不研究大数据环境下如何开展审计工作,审计人员将再次面临无法胜任审计工作的困境。审计署在 2013 年 12 月 27 日的全国审计工作会议上指出,积极跟踪国内外大数据分析技术的新进展、新动态,探索在审计工作实践中运用大数据技术的途径,为推动大数据背景下的审计信息化建设做好准备。审计署胡泽君审计长在 2018 年 1 月召开的全国审计工作会议上指出"要积极推进大数据审计"。对于大数据审计的相关研究与应用情况将在本书第 9 章做详细介绍。

1.3 国外审计信息化的研究与应用情况

1.3.1 计算机辅助审计的起源

国外早在 1955 年就提出了"通过计算机审计(auditing through the computer)"的概念。之后,"通过计算机审计"得到越来越多学者的关注。"通过计算机审计"是和"绕计算机审计(auditing around the computer)"相对立的一个概念。为了实现"通过计算机审计"的思想,一些文献提出了类似于测试数据法(test data)的测试程序叠(test decks)的方法。一些文献在比较了测试程序叠法的基础上,提出了一种模型法(the model approach)来实现"通过计算机审计",该方法的原理类似于平行模拟法(parallel simulation)。之后,越来越多的计算机辅助审计技术被提出。

1.3.2 相关研究与应用情况

从早期针对电子数据处理(Electronic Data Processing,EDP)系统的审计,到目前针对计算机信息系统的审计,计算机辅助审计技术已被研究了几十年。使用计算机辅助审计,不仅能节省审计时间、降低审计风险,而且能提高审计质量。除了后文将要分析的常见计算机辅助审计技术之外,一些学者尝试着采用新的信息技术研究计算机辅助审计,主要情况分析如下。

1. 数据挖掘技术在计算机辅助审计中的应用

常用的计算机辅助审计技术虽然能对电子数据进行审计,但多数仅仅是把手工的审计流程计算机化,不能从电子数据中提取一些隐藏的或未知的信息,而数据挖掘技术可弥补这一方面的不足。数据挖掘是从大量数据中提取或"挖掘"知识,把数据挖掘技术应用于审计数据分析之中具有理论和现实意义。一些文献研究了数据挖掘技术在审计中的作用,并对数据挖掘技术和通用审计软件 ACL 进行了比较,分析了各自的优点,指出了如何把数据挖掘技术应用于审计分析之中。

2. 审计专家系统在计算机辅助审计中的应用

(1)研究了一个基于规则的审计专家系统 EDP-XPERT,它主要用来检测控制系统的可靠性。

(2) 研究了一个基于规则的审计专家系统 ZYANYA，它主要用于对一个系统的开发生命周期进行审计。

(3) 由于以上这两个专家系统的应用范围较小，研究了一个称为 INFAUDITOR 的专家系统，该系统能对信息系统的多个方面进行审计。

3. 关于持续审计的研究

网络技术的发展使得持续审计(Continuous Auditing，CA)成为可能。尽管持续审计的概念已有多年了，但近年技术的发展才使持续审计成为可能。一些文献对持续审计进行了研究，将在本书第 8 章做详细分析。

4. 关于大数据审计的研究

国外审计实务界高度关注大数据在审计中的应用。大数据审计得到了美国注册会计师协会(American Institute of Certified Public Accountants，AICPA)的重视，AICPA 于 2014 年 8 月发布了一份名为 *Reimagining auditing in a wired world*(在数字世界里重构审计)的白皮书，分析了大数据环境对审计工作的影响。国际内部审计师协会 2017 年发布了《理解与审计大数据》指南。更多的大数据审计研究与应用情况将在本书第 9 章做详细分析。

1.4 计算机辅助审计技术分析

1.4.1 计算机辅助审计技术的分类

1. 关于计算机辅助审计技术分类的研究情况

一些文献对计算机辅助审计技术的研究进行了分类，主要情况如下。

1) 针对信息技术在审计领域应用的分类

把信息技术在审计领域中的应用分成五类：数据抽取与分析、欺骗检测、内部控制评估、电子商务控制和持续监控。

2) 针对 EDP 系统的计算机辅助审计技术的分类

针对早期的 EDP 系统，用于 EDP 的计算机辅助审计技术主要分类情况如图 1.3 所示。

3) 五种典型计算机辅助审计技术的分类

测试数据(test data)、集成测试技术(Integrated Test Facility，ITF)、平行模拟(parallel simulation)、嵌入审计模块(Embedded Audit Module，EAM)以及通用审计软件(Generalized Audit Software，GAS)这五种技术被认为是最典型的计算机辅助审计技术。一些文献把这五种典型的计算机辅助审计技术分成以下两类。

(1) 测试数据、集成测试和平行模拟这三种技术是用来直接检测应用系统的内部逻辑。

(2) 嵌入审计模块和通用审计软件这两种技术用来处理应用数据，间接检测应用系统的逻辑。

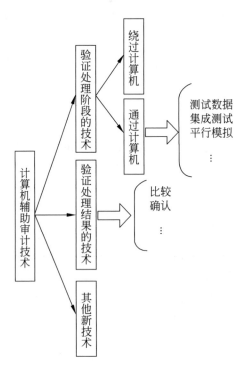

图 1.3　用于 EDP 的计算机辅助审计技术分类

2．计算机辅助审计技术的分类

根据以上文献的研究,结合目前计算机辅助审计技术的应用现状,计算机辅助审计技术的分类可总结为如图 1.4 所示。根据图 1.4,常用的计算机辅助审计技术可以分成以下两类。

（1）用于验证程序/系统的计算机辅助审计技术,即面向系统的计算机辅助审计技术。

（2）用于分析电子数据的计算机辅助审计技术,即面向数据的计算机辅助审计技术。

1.4.2　面向系统的计算机辅助审计技术

常见的用于验证程序/系统的计算机辅助审计技术分析如下。

1．平行模拟

平行模拟是指针对某一应用程序,审计人员采用一个独立的程序去模拟该程序的部分功能,在输入数据的同时进行并行处理,比较模拟程序处理的结果和该应用程序处理的结果,以验证该应用程序的功能是否正确性的方法,其原理如图 1.5 所示。

平行模拟法的优点是一旦建立了模拟程序,可以随时对被审计信息系统进行抽查,也可以用模拟系统重新处理全部的真实业务数据,进行比较全面的审查。与抽查相比,可以进行更彻底的测试。其主要缺点是模拟系统的开发通常需要花费较长的时间,开发或购买的费用都较高;另外,如果被审计的系统更新,则模拟系统也要随之更新,相应的费用也要增加。

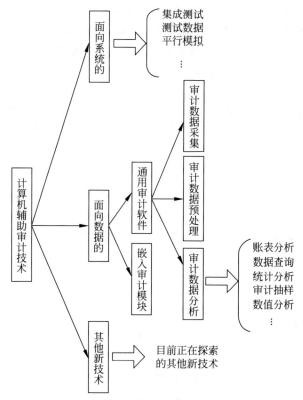

图 1.4　计算机辅助审计技术的分类

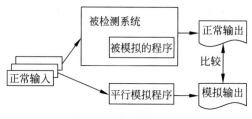

图 1.5　平行模拟原理

2．测试数据

测试数据技术是指采用审计人员准备好的测试数据来检测被审计信息系统，通过将被审计信息系统处理的结果与应有的正确结果进行比较，来检测应用系统的逻辑问题和控制问题的一种方法。其原理如图 1.6 所示。测试数据法的优点是适用范围广，应用简单易行，对审计人员的计算机技术水平要求不高。因此，它被广泛应用于各种系统的测试和验收。其主要的缺点是可能无法发现程序中所有的错弊。

3．集成测试

集成测试技术是通过在正常的应用系统中创建一个虚拟的部分或分支，从而提供一个内置的测试工具。它一般用来审计复杂的应用系统，其原理如图 1.7 所示。该技术是在系统正常处理过程中进行测试的,因此可直接测试到被审计信息系统在真实业务处理时的功能是否正确有效。然而,集成测试技术也有弊端。因为测试是在系统真实业务处理过程中进行的,如果未能及时、恰当地处理虚拟的测试数据,这些虚拟的测试数据可能会对被审计单位真实的业务和汇总的信息造成破坏或影响。

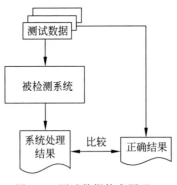
图 1.6 测试数据技术原理

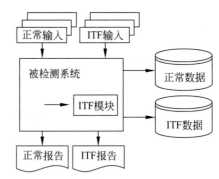
图 1.7 集成测试技术原理

4. 程序编码审查

程序编码审查(program code review)是对应用系统的程序编码进行详细审查的一种技术,它一般不被算作真正的计算机辅助审计技术。通过审查程序编码,审计人员可以识别出程序中的错误代码、未被授权的代码、无效的代码、效率低的代码以及不标准的代码。这种技术的优点是审计人员审查的是程序本身,因此能发现程序中存在的任何错弊问题。其缺点是对审计人员的计算机水平要求较高,比较费事费时,而且要确认被审计的源程序的确是真实运行系统的源程序。

5. 程序代码比较

程序代码比较(program code comparison)是指审计人员对程序的两个版本进行比较。审计人员使用这种技术的目的如下。

(1) 检查被审计单位所给的被审计信息系统和被审计单位所使用的系统是否是同一个软件。

(2) 检查和前一个版本相比,程序代码是否发生了变化,如果发生了变化,是否有程序变更管理程序。

6. 跟踪

审计人员采用跟踪(tracing)技术可以分析一个程序的每一步,从而能发现每一行代码对被处理数据或程序本身的影响。

7. 快照

快照(snapshot)是一种允许审计人员在一个程序或一个系统中在指定的点冻结一个程序,使审计人员能够观察特定点数据的技术。快照技术具有快速、易用的特点,对于识别业务处理中潜在的数学计算错误是非常有用的。其缺点是功能有限,不具有通用性。

1.4.3 面向数据的计算机辅助审计技术

有些计算机辅助审计技术主要用于分析数据文件,和面向系统的计算机辅助审计技术不同,这些技术不直接测试程序的有效性。常见的用于分析数据文件的计算机辅助审计技术主要包括嵌入审计模块(EAM)技术以及通用审计软件。

1. 嵌入审计模块

嵌入审计模块技术是指在一个应用系统中嵌入一个审计模块,该模块检查输入系统中的每一笔事务数据,并识别出其中不符合预定义规则的事务数据,审计人员可以对这些识别出的事务数据进行实时的或定期的审查。嵌入审计模块技术的原理如图1.8所示。一些文献的研究都表明嵌入审计模块技术是一种有效的计算机辅助审计技术。需要指出的是,使用嵌入审计模块技术需要在被审计信息系统开发时就应该考虑。

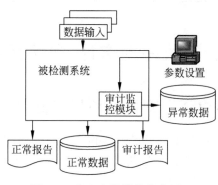

图1.8 嵌入审计模块技术原理

2. 通用审计软件

由于对被审计信息系统影响小,对被审计单位依赖小,以及相对容易使用等因素,使得通用审计软件成为目前最常使用的计算机辅助审计技术。目前,我国实施的面向数据的计算机辅助审计大多是采用这种计算机辅助审计技术。通用审计软件具有审计数据采集和审计数据分析功能,通过审计数据采集,可以把被审计信息系统中的数据采集到审计软件中,然后通过审计数据分析,发现审计线索,从而完成审计任务。对于审计数据采集和审计数据分析技术,将在后面的章节中做详细的介绍。

1.4.4 计算机辅助审计技术的优缺点分析

如表1.1所示,是从动态审计还是静态审计、对被审计信息系统和数据的影响、对专业知识的需要程度以及对被审计单位的依赖程度这四个影响使用的因素出发,比较了测试数据、集成测试、平行模拟、嵌入审计模块以及通用审计软件这五种典型计算机辅助审计技术的优缺点。通过比较,便于审计人员在实施审计时选择合适的计算机辅助审计技术。

表 1.1 典型 CAATs 的优缺点分析

CAATs 类型	影响使用的因素			
	动态审计还是静态审计	对被审计信息系统和数据的影响	对专业知识的需要程度	对被审计单位的依赖程度
测试数据	静态	影响小	不需要	依赖
集成测试	动态	影响大	需要	信息获取不依赖被审计单位
平行模拟	动态或静态	影响小	需要的程度取决于被审计信息系统的复杂程度	审计人员直接获得输出信息，不需要被审计单位的干涉
嵌入审计模块	动态	影响大	在设计和实施嵌入审计模块时需要	依赖
通用审计软件	静态	影响小	相对容易使用。一般不需要技术背景。但在获取一些具有复杂结构的数据时需要 IT 专家的帮助	对被审计单位依赖小

1.5 面向数据的计算机辅助审计（电子数据审计）

1.5.1 信息化环境下实施审计项目的主要流程

信息化环境下的电子数据审计与手工审计相比，审计目标是相同的，但审计技术和方法、审计作业方式发生了根本性变化。目前，我国信息化环境下实施审计项目的主要流程如图 1.9 所示。

由图 1.9 可知，"审计实施"是整个流程的关键环节，这一环节就是面向数据的计算机辅助审计的内容。

1.5.2 面向数据的计算机辅助审计（电子数据审计）的原理

为了避免影响被审计单位信息系统的正常运行，并保持审计的独立性，规避审计风险，审计人员在进行面向电子数据的计算机辅助审计时，一般不直接使用被审计单位的信息系统进行查询、检查，而是将所需的被审计单位的电子数据采集到审计人员的计算机中，利用审计软件进行分析。概括起来，目前我国研究及开展的大多是面向数据的计算机辅助审计（电子数据审计），其原理如图 1.10 所示。

一般来说，面向数据的计算机辅助审计需要以下几个关键步骤。

(1) 采集被审计对象信息系统中的数据，即审计数据采集。

(2) 根据对这些数据的分析和理解，将其转换为满足审计数据分析需要的数据形式，即审计数据预处理。

(3) 采用通用软件或专门的审计软件对采集到的电子数据进行分析处理，从而发现审计线索，获得审计证据，即审计数据分析。

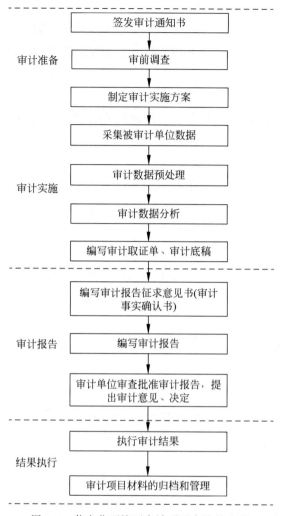

图 1.9　信息化环境下审计项目实施的流程　　图 1.10　面向数据的计算机辅助审计
（电子数据审计）原理

1.5.3　开展面向数据的计算机辅助审计（电子数据审计）的步骤

具体来说，开展面向数据的计算机辅助审计（电子数据审计）的主要步骤如下。

1）审前调查

在对被审计单位实施电子数据审计前，应在对其组织结构进行调查的基础上，掌握信息系统在组织内的分布和应用的总体情况。然后，根据审计的目的和信息系统的重要性确认深入调查的子系统，进行全面和详细的了解，内容应包括软硬件系统、应用系统的开发情况和有关技术文档情况、系统管理员的配置情况、系统的功能、系统数据库的情况等。通过审前调查，审计人员应全面了解被审计单位信息系统的概况，对信息系统中与审计相关的数据更要有全面、详细、正确的认识，提出可行的、满足审计需要的数据需求，确定数据采集的对象及方式。

2）审计数据采集

在审前调查提出数据需求的基础上,审计人员在被审计单位的配合和支持下,通过可行的技术手段,如直接复制、通过中间文件和开放数据库连接(ODBC)采集等方式,及时获取所需的被审计单位信息系统中的数据。

3）审计数据预处理

由于被审计单位数据来源繁杂,数据格式不统一,信息表示代码化等诸多因素,对采集到的数据必须进行预处理,使得采集来的数据能为审计所用。

4）审计数据分析

对预处理后的数据,首先从不同层次、不同角度进行分析,从总体上把握情况,找准薄弱环节,选择审计重点,根据所选择的重点问题,审计人员采用合适的审计方法完成对具体审计数据的分析。

5）延伸查实,审计取证

通过对被审计数据进行分析,有可能直接发现、查实问题,也有可能只发现问题的线索。针对不同的情况,在延伸时可以采取直接或进一步核查的方式取证,验证和查实问题。

1.6 信息化时代对审计人员的基本素质要求

为了能够胜任信息化时代的审计工作,审计人员必须具有复合型的知识结构。审计人员除了需要具备会计、审计、法律和所审计业务的专业知识外,还应具备一定程度的信息系统相关的知识,特别是数据科学等方面的知识。审计人员所需要的主要技能可概括如下。

1）基本技能

基本的软硬件知识、网络知识、应用软件知识等,为完成电子数据审计工作打下基础。

2）信息系统调查技能

能识别和分析被审计单位的信息系统,如被审计单位使用的是何种类型的数据库。

3）数据采集技能

能根据审计任务采用相关软件完成相关审计数据的采集工作。

4）数据预处理技能

能根据审计任务采用相关软件完成相关审计数据的预处理。

5）数据分析技能

能采用相关软件通过对电子数据进行分析,获取审计证据。

1.7 本书的内容与结构

为了更清晰地理解本书的内容以及各章之间的逻辑关系,本书的章节结构及其逻辑关系可总结为如图1.11所示。在后面的章节中,将按这一组织结构进行分析。

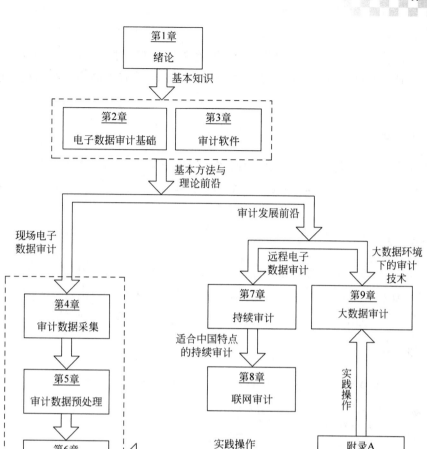

图 1.11 本书章节结构及其逻辑关系示意图

1.8 阅读:12个"金"字号电子政务工程简介

1. 办公业务资源系统

办公业务资源系统是指中央和地方党政机关开展的办公自动化(OA)工程,重点是政府各部门的内网及专网建设。

2. 金关工程

"金关工程"即外贸业务处理系统,是国务院确定由外经贸部牵头组织实施的国家重点工程。"金关工程"就是要推动海关报关业务的电子化,替代传统的报关方式,以节省单据传送的时间和成本。

3. 金税工程

"金税工程"是整个税收管理信息系统工程的总称。"金税工程"将建立一个基于统一规范的应用系统平台,依托税务系统计算机广域网,以国家税务总局为主、省局为辅,高度集中处理信息,功能覆盖各级税务机关税收业务、行政管理、决策支持、外部信息应用等所有职能的功能齐全、协调高效、信息共享、监控严密、安全稳定、保障有力的中国电子税务管理信息系统。

4. 金卡工程

"金卡工程"是以发展我国电子货币为目的、以电子货币应用为重点的各类卡基应用系统工程。通过计算机网络系统,以电子信息转账形式实现货币流通,从而提高社会运作效率,方便人民工作生活。

5. 金宏工程

"金宏工程"即宏观经济管理信息系统,它的建设有利于宏观管理部门实现信息资源共享,提高工作效率和质量,增强管理与决策的协调性;有利于党中央、国务院获取及时、准确、全面的宏观经济信息;有利于推进公共服务,增加政府工作的透明度。

6. 金财工程

"金财工程"即政府财政管理信息系统,它的实施要从根本上改变财政系统多年来"粗放"的管理模式,促进财政分配行为的科学化和规范化,提高财政工作效率和财政资金的使用效益,更好地为人民理财。

7. 金盾工程

"金盾工程"是指公安通信网络与计算机信息系统建设工程,目的是实现以全国犯罪信息中心为核心,以各项公安业务应用为基础的信息共享和综合利用,为各项公安工作提供强有力的信息支持。

8. 金审工程

"金审工程"(Golden Auditing Project)是审计信息化系统建设项目的简称,其目的是建成对财政、银行、税务、海关等部门和重点国有企业事业单位的财务信息系统及相关电子数据进行密切跟踪,对财政收支或者财务收支的真实、合法和效益实施有效审计监督的信息化系统。

9. 金保工程

"金保工程"是全国劳动保障信息系统的总称,可以用"一二三四"来加以概括:一个工程,二大系统,三层结构,四大功能。即在全国范围内建立一个统一、高效、简便、实用的劳动和社会保障信息系统,包括社会保险和劳动力市场两大主要系统,由市、省、中央三层数据分布和网络管理结构组成,具备业务经办、公共服务、基金监管、决策支持四大功能。

10．金农工程

"金农工程"目的是加速和推进农业和农村信息化,建立农业综合管理和服务信息系统,向各级农业管理部门、生产单位及农民提供信息。

11．金质工程

国家质量监督检验检疫总局自 2001 年 4 月组建以来,高度重视信息化建设,提出以"金质工程"建设促进信息化发展的战略。"金质工程"的目的是提高质量监督检验检疫执法的透明度,促进质检系统执法电子化、信息化,为生产企业和外经贸企业带来更大的方便与效益,加大打击假冒伪劣的力度,更有效地规范市场秩序,促进社会主义市场经济的发展。

12．金水工程

"金水工程"即水利信息化,指的是充分利用现代信息技术,深入开发和广泛利用水利信息资源,包括水利信息的采集、传输、存储和处理,全面提升水利事业活动的效率和效能。

思考题

1．谈谈本人对科技强审的认识。
2．谈谈本人对数据审计的认识。
3．什么是计算机辅助审计技术?
4．常用的计算机辅助审计技术有哪些?
5．大数据环境对审计工作有何影响?

第 2 章 电子数据审计基础

本章学习目标

- 熟悉信息技术与组织业务之间的重要关系。
- 掌握数据库相关概念以及SQL语言在数据审计中的应用。
- 熟悉常用的电子表格软件和数据库及其在数据审计中的应用。
- 熟悉常用的大数据审计工具及其在数据审计中的应用。
- 熟悉常用的数据访问技术及其在数据审计中的应用。
- 掌握开放数据库连接(ODBC)及其在数据审计中的应用。

2.1 概述

为了在后文更好地学习及应用计算机辅助审计技术(特别是电子数据审计技术),本章简要介绍信息技术与组织业务的关系,数据库的相关概念,SQL语言,目前流行的电子表格软件及数据库工具,大数据审计工具以及数据访问技术,从而为学习及应用计算机辅助审计技术(特别是电子数据审计技术)打下基础。

2.2 信息技术与组织业务

如前文所述,国家机关、企事业单位等组织正在广泛运用计算机、数据库、网络等信息技术管理自己的业务,信息技术与组织业务的关系可简单描述为如图2.1所示。

相关概念说明如下。

1. 数据库

数据库(DataBase,DB)就是为了实现一定的目的按某种规则组织起来的"数据"的"集合"。

2. 数据库管理系统

数据库管理系统(DataBase Management System,DBMS)是位于用户与操作系统之间

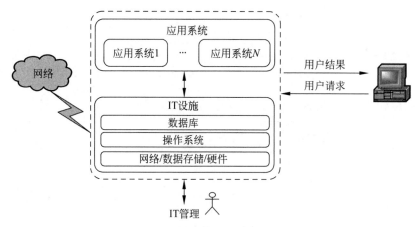

图 2.1 信息技术与组织业务的关系

的一层数据管理软件,它为用户或应用程序提供访问数据库的方法,包括数据库的创建、查询、更新及各种数据控制。

数据库管理系统都是基于某种数据模型,可以分为层次模型(hierarchical model)、网状模型(network model)、关系模型(relational model)和面向对象模型(object oriented model)等。

3. 数据库系统

数据库系统(DataBase System,DBS)是指引进数据库技术后的计算机系统,包括硬件系统、数据库集合、数据库管理系统及相关软件、数据管理员和用户。

4. 关系数据库

关系模型是用二维表格结构来表示实体及实体之间的各种联系的模型。关系模型概念简单、清晰,用户易懂易用,有严格的数学基础,大多数数据库系统都是关系模型的。关系数据库中常用的概念介绍如下。

1) 表

表是组织和存储数据的对象,它由行和列组成。数据库实际上是表的集合,数据库的数据或者信息都存储在表中的。

2) 字段

表中的每一列数据就是一个字段,字段具有自己的属性,如字段大小、类型等。

3) 记录

表中的每一行数据叫作一个记录。每一个记录包含这行中的所有信息,但记录在数据库中并没有专门的记录名,常常用它所在的行数表示这是第几个记录。

4) 值

数据库中存放在表的行列交叉处的数据叫作值,它是数据库中最基本的存储单元。

相关概念的实例如图 2.2 所示。

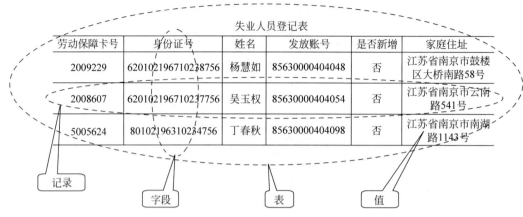

图 2.2 关系数据库中相关概念实例

2.3 SQL 语言与电子数据审计

SQL 是英文 Structured Query Language 的缩写,意思为结构化查询语言。按照美国国家标准学会(American National Standard Institute,ANSI)的规定,SQL 被作为关系数据库管理系统的标准语言。SQL 语言可以用来执行各种各样的操作,例如,更新数据库中的数据、从数据库中提取数据等。目前,绝大多数流行的关系数据库管理系统,如 Oracle、Sybase、Microsoft SQL Server、Microsoft Access 等都采用了 SQL 语言标准。

由于在实施电子数据审计过程中常常会用到 SQL 语言,因此,本节简要介绍 SQL 的应用。对于如何应用 SQL 语言开展电子数据审计,将在本书第 5 章和第 6 章详细介绍。

2.3.1 数据定义

1. 定义基本表

采用 SQL 语言定义基本表的语法如下。

```
CREATE TABLE 表名 [表级完整性约束条件]
列名 1 数据类型 [默认值 1,列级完整性约束条件 1]
列名 2 数据类型 [默认值 2,列级完整性约束条件 2]
⋮
列名 n 数据类型 [默认值 n,列级完整性约束条件 n]
```

2. 删除基本表

采用 SQL 语言删除基本表的语法如下。

```
DROP TABLE 表名
```

3. 修改表

采用 SQL 语言修改表的语法如下。

```
ALTER TABLE  表名
[ADD <新列名><数据类型>[完整性约束条件]]
[DROP <完整性约束条件>]
[ALTER COLUMN <列名><数据类型>]
```

其中"表名"是要修改的基本表，ADD 子句用于增加新列和新的完整性约束条件，DROP 子句用于删除指定的完整性约束条件，ALTER COLUMN 子句用于修改原有的列定义，包括修改列名和数据类型。

2.3.2　数据操纵

1．插入数据

插入数据的语法如下。

```
INSERT INTO 表名[(列名1,…)]
VALUES(值1,值2,…,值n)
```

2．修改数据

对表中已有数据进行修改的语句语法如下。

```
UPDATE 表名
SET 列名1 = 表达式1,列名2 = 表达式2,…
WHERE 条件
```

3．删除数据

删除数据的语法如下。

```
DELETE FROM 表名
WHERE 条件
```

4．表结构的修改

在已存在的表中增加新列的语法如下。

```
ALTER TABLE 表名
ADD (新列名 数据类型(长度))
```

5．表的删除

将已经存在的表删除的语法如下。

```
DROP TABLE 表名
```

2.3.3　数据查询

SELECT 语句在审计中应用较为广泛，本节介绍其基本语法及使用。SELECT 语句的基本语法如下。

```
SELECT [ALL|DISTINCT]<目标列表达式>[,<目标列表达式>]…
FROM <表名或视图名>[,<表名或视图名>]…
[WHERE <条件表达式>]
[GROUP  BY <列名1>[HAVING <条件表达式>]]
[ORDER  BY <列名2>[ASC|DESC]]
```

以某"税收数据"为例,详细介绍 SQL 语句的使用,"税收数据"的"征收表"的表结构见本书附录 A。

1．单表查询

1) 选择表中的若干列

(1) 查询指定列。SQL 语句中要注意:",""";"等符号必须要在英文状态下输入,否则不能正确执行。

- 查询征收表中所有的税务登记号与纳税人名称。

```
SELECT 税务登记号,纳税人名称
FROM 征收表;
```

- 查询征收表中所有的纳税人名称、税务登记号、行业代码、注册类型、隶属关系。

```
SELECT 纳税人名称,税务登记号,行业代码,注册类型,隶属关系
FROM 征收表;
```

(2) 查询全部列。将表中的所有属性列都选出来,有以下两种方法。

① 在 SELECT 关键字后面列出所有列名。

② 如果列的显示顺序与其在被查询表中的顺序相同,可将<目标列表达式>指定为"﹡"。

- 查询征收表中所有的记录。

```
SELECT *
FROM 征收表;
```

(3) 查询经过计算的值。

- 查询征收表中税务登记号以及应纳税差额。

```
SELECT  税务登记号, 应纳税额 - 实纳税额
FROM    征收表;
```

(4) 指定别名改变查询结果的列标题。

- 查询征收表中税务登记号以及应纳税差额。

```
SELECT  税务登记号, 应纳税额 - 实纳税额 AS 应纳税差额
FROM    征收表;
```

- 查询征收表中税务登记号以及应纳税差额,并把税务登记号显示为"swdjh"。

```
SELECT  税务登记号 AS swdjh, 应纳税额 - 实纳税额 AS 应纳税差额
FROM    征收表;
```

注意：在对采集来的数据进行分析时，为了便于审计人员理解，需要把字段名称进行更改，如把用字母表示的字段变成汉字等。

2) 选择表中的若干行

(1) 消除取值重复的行。

- 查询征收表中的征收类型

  比较以下两个 SQL 语句。

  ```
  SELECT  征收类型
  FROM    征收表;
  ```

和

  ```
  SELECT  DISTINCT 征收类型
  FROM    征收表;
  ```

(2) 查询满足条件的元组：WHERE 子句。WHERE 子句的条件表达式中可使用的运算符如下。

① 算术比较运算符。

$=,>,<,>=,<=,<>,!>,!<$

- 查询征收表中"经济性质"为"33"的"税务登记号"。

  ```
  SELECT  税务登记号
  FROM    征收表
  WHERE   经济性质 = "33";
  ```

- 查询征收表中"应纳税额"在 100 以下的"税务登记号"及"纳税人名称"。

  ```
  SELECT  税务登记号, 纳税人名称
  FROM    征收表
  WHERE   应纳税额 < 100;
  ```

② 确定范围。

BETWEEN…AND… 和 NOT BETWEEN…AND…

- 查询征收表中"应纳税额"在 100~1000（包括 100 和 1000）的"税务登记号""纳税人名称"及"应纳税额"。

  ```
  SELECT  税务登记号, 纳税人名称, 应纳税额
  FROM    征收表
  WHERE   应纳税额 BETWEEN 100 AND 1000;
  ```

- 查询征收表中"应纳税额"不在 100~1000（包括 100 和 1000）的"税务登记号""纳税人名称"及"应纳税额"。

  ```
  SELECT  税务登记号, 纳税人名称, 应纳税额
  FROM    征收表
  WHERE   应纳税额 NOT BETWEEN 100 AND 1000;
  ```

③ 确定集合（集合成员资格确认）运算符。

IN 表示查找属性值属于指定集合的元组，NOT IN 表示查找属性值不属于指定集合的

元组。

- 查询征收表中"经济性质"为"33""31""62"的"税务登记号""纳税人名称"及"经济性质"。

  SELECT　税务登记号,纳税人名称,经济性质
  FROM　　征收表
  WHERE　经济性质 IN　("33","31","62");

- 查询征收表中"经济性质"既不是"33""31",也不是"62"的"税务登记号""纳税人名称"及"经济性质"。

  SELECT　税务登记号,纳税人名称,经济性质
  FROM　　征收表
  WHERE　经济性质 NOT IN　("33","31","62");

④ 字符匹配。

LIKE 表示字符串的匹配,其一般语法格式如下。

[NOT]　LIKE　"<匹配串>"

其含义是查找指定的属性列值与<匹配串>相匹配的元组。<匹配串>可以是一个完整的字符串,也可以含有通配符 * 和 ?。其中, * 代表任意长度(长度可以为 0)的字符串,例如,a*b 表示以 a 开头,以 b 结尾的任意长度字符串,如 acb,addgb,ab。? 代表任一单个字符,例如,a?b 表示以 a 开头,以 b 结尾、长度为 3 的任意字符串,如 acb,afb。

- 查询征收表中"税务登记号"为"3816774"所有纳税信息。

  SELECT　*
  FROM　　征收表
  WHERE　税务登记号 LIKE　"3816774";

等价于:

  SELECT　*
  FROM　　征收表
  WHERE　税务登记号 = "3816774";

如果 LIKE 后面的匹配串中不含通配符,则可以用"＝"运算符取代 LIKE 谓词,用 !=或<>运算符取代 NOT LIKE 谓词。

- 查询征收表中"纳税人名称"里含有"南京"的"税务登记号"及"纳税人名称"。

  SELECT　税务登记号,纳税人名称
  FROM　　征收表
  WHERE　纳税人名称　LIKE　"南京*";

- 查询征收表中"纳税人名称"里含有"南京"且全名为 6 个汉字的"税务登记号"及"纳税人名称"。

  SELECT　税务登记号,纳税人名称
  FROM　　征收表
  WHERE　纳税人名称　LIKE　"南京????";

- 查询征收表中"纳税人名称"中第 2 个字为"通"的"税务登记号"及"纳税人名称"。

    SELECT 税务登记号,纳税人名称
    FROM 征收表
    WHERE 纳税人名称 LIKE "?通*";

- 查询征收表中"纳税人名称"里不含有"南京"的"税务登记号"及"纳税人名称"。

    SELECT 税务登记号,纳税人名称
    FROM 征收表
    WHERE 纳税人名称 NOT LIKE "南京*";

⑤ 空值。

IS NULL

⑥ 多重条件(逻辑运算符)。

AND,OR,NOT(可与其他类别运算符联合使用)

- 查询征收表中"经济性质"为"33""应纳税额"在 100 以下的"税务登记号"及"纳税人名称"。

    SELECT 税务登记号,纳税人名称
    FROM 征收表
    WHERE 经济性质 = "33" and 应纳税额 < 100;

3) 对查询结果排序

使用 ORDER BY 子句对查询结果按照一个或多个属性列的升序(ASC)或降序(DESC)排列,默认值为升序。

- 查询征收表中"经济性质"为"33"的"税务登记号""纳税人名称"及"实纳税额",查询结果按"实纳税额"降序排列。

    SELECT 税务登记号,纳税人名称,实纳税额
    FROM 征收表
    WHERE 经济性质 = "33"
    ORDER BY 实纳税额 DESC;

注意:对于空值,若按升序排列则含空值的元组显示在最后;若按降序排列则最先显示。

4) 使用集函数

(1) 统计元组个数:COUNT([DISTINCT|ALL] *)。

- 查询征收表中纳税人总数。

    SELECT COUNT(*)
    FROM 征收表;

(2) 统计列中值的个数:COUNT([DISTINCT|ALL] <列名>)。

- 查询征收表中"经济性质"的个数。

    SELECT COUNT(DISTINCT 经济性质)
    FROM 征收表;

(3) 计算列值的总和(此列数据类型必须是数值型)：SUM([DISTINCT|ALL] <列名>)。

- 查询征收表中"经济性质"为"33"的"实纳税额"总和。

```
SELECT   SUM(实纳税额)
FROM     征收表
WHERE    经济性质 = "33";
```

(4) 计算列值的平均值(此列数据类型必须是数值型)：AVG([DISTINCT|ALL] <列名>)。

- 查询征收表中"经济性质"为"33"的"实纳税额"的平均值。

```
SELECT   AVG(实纳税额)
FROM     征收表
WHERE    经济性质 = "33";
```

(5) 求一列值中的最大值：MAX([DISTINCT|ALL] <列名>)。

- 查询征收表中"经济性质"为"33"的"实纳税额"的最大值。

```
SELECT   MAX(实纳税额)
FROM     征收表
WHERE    经济性质 = "33";
```

(6) 求一列值中的最小值：MIN([DISTINCT|ALL] <列名>)。

- 查询征收表中"经济性质"为"33"的"实纳税额"的最小值。

```
SELECT   MIN(实纳税额)
FROM     征收表
WHERE    经济性质 = "33";
```

5) 对查询结果分组

GROUP BY 子句将查询结果表按某一列或多列值分组，值相等的为一组。

- 查询征收表中"经济性质"及相应的纳税人数量。

```
SELECT   经济性质, COUNT(经济性质)
FROM     征收表
GROUP BY 经济性质;
```

- 查询征收表中每个"经济性质"的"实纳税额"的总和。

```
SELECT   经济性质, SUM(实纳税额)
FROM     征收表
GROUP BY 经济性质;
```

2. 多表查询

- 查询征收表中"税务登记号""纳税人名称"及"级次"。

```
SELECT   税务登记号, 纳税人名称, 级次
FROM     征收表;
```

- 查询"税务登记号""纳税人名称"及"级次名称"。

```
SELECT   征收表.税务登记号, 征收表.纳税人名称, 级次表.级次名称
FROM     征收表, 级次表
WHERE    征收表.级次 = 级次表.级次代码;
```

2.4 常用电子表格软件及数据库与电子数据审计

了解常用的电子表格软件及数据库产品对于审计人员开展电子数据审计是非常必要的。例如,各种数据库产品和电子表格软件都有其固定的后缀名,通过后缀名,审计人员可以初步判断出被审计单位使用的是哪一种数据库产品或电子表格软件,这对完成审计数据采集来说是非常重要的。常见数据文件的后缀名如表 2.1 所示。

表 2.1 常见数据文件的类型及后缀名

数据文件类型	后缀名
文本文件	.txt
Excel	.xls .xlsx(2007)
Access	.mdb .accdb(2007)
Sybase	.db
dBASE 系列	.dbf
Paradox	.db
SQL Server	.mdf(主文件) .ldf(日志文件)
Oracle	.dmp(备份文件的后缀名)

本节仅从审计数据采集和数据分析的角度出发,介绍 Excel、Access、SQL Server、Oracle 这几种数据库产品和电子表格软件,从而为审计人员完成数据采集与分析打下基础。如果要详细了解更多的信息,请参照相关书籍。

2.4.1 Excel

1. Excel 概述

Excel 是微软公司开发的办公套装软件中的一个重要的组成部分,它可以进行各种数据的处理、统计分析和辅助决策操作,广泛地应用于管理、统计财经、财务、金融等众多领域。

2. Excel 的主要版本发展历程

便于审计人员了解 Excel,用于 Microsoft Windows 的 Excel 的主要版本发展历程可总结为如表 2.2 所示。

表 2.2 Excel 的主要版本

年份	版本	年份	版本
1987	Excel 2 for Windows	2001	Excel XP,也称 10
1990	Excel 3	2003	Excel 2003,也称 11
1992	Excel 4	2006	Excel 2007,也称 12
1993	Excel 5	2010	Excel 2010,也称 14
1995	Excel 95,也称 7	2013	Excel 2013,也称 15
1997	Excel 97,也称 8	2015	Excel 2016
1999	Excel 2000,也称 9		

3. Excel 2007 与电子数据审计相关的功能

以 Excel 2007 为例,其与电子数据审计相关的功能如下。

1) 获取外部数据

Excel 2007 的获取外部数据功能如图 2.3 所示,该功能可用于完成审计数据采集。

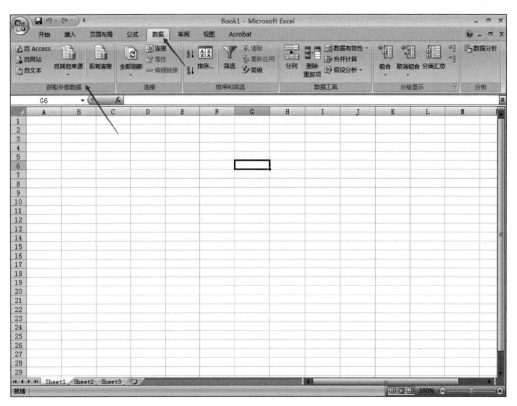

图 2.3 Excel 2007 的获取外部数据功能

2) 数据分析

Excel 2007 的排序和筛选、数据工具(如数据有效性等)、分析等功能可以对数据进行分析,如图 2.4 所示,这些功能可用于完成审计数据分析。

2.4.2 Access

1. Access 概述

Access 是 Microsoft Office 中的一个重要组成部分,它能够和 Office 产品的其他组成部分 Word、Exchange 等实现无缝的集成,构成办公自动化系统。起初,微软公司(Microsoft)是将 Access 单独作为一个产品进行销售的,后来微软公司发现如果将 Access 捆绑在 Office 中一起发售,将带来更加可观的利润,于是第一次将 Access 捆绑到 Office 97 中,成为 Office 套装软件中的一个重要成员。目前,Access 已经成为世界上较为流行的桌面数据库管理系统。

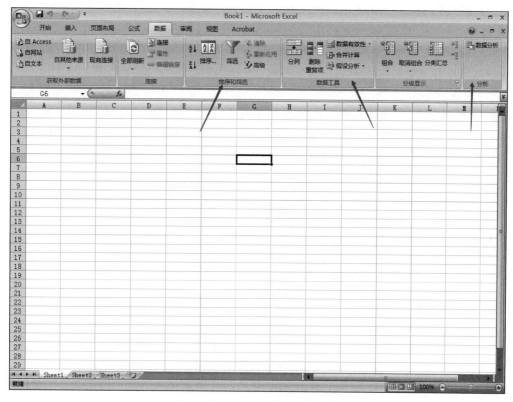

图 2.4　Excel 2007 的数据分析功能

1) 技术角度具有的优点

目前，Access 在电子数据审计中应用较为广泛。从技术角度考虑，Access 具有以下优点。

(1) 功能较强。支持查询、报表、窗体、Internet。

(2) 界面友好、操作人性化。数据库的查询、设计等都有方便的图形界面使用。

(3) 数据集成管理。不同于 FoxPro、dBASE 等桌面数据库，Access 将所有的数据文件、程序文件都集成在一个数据库文件中，方便管理。

(4) 扩展性好。Access 内置 VBA(Visual Basic for Application)语言，支持宏，用户可以方便地进行扩展。

2) 应用角度具有的优点

从应用角度考虑，Access 具有以下优点。

(1) Access 和 Excel 的应用比较普及。目前一般审计人员的计算机上都具备这些软件，而且经过近年的普及培训，很多审计人员都掌握了这些软件的基本应用操作技能。

(2) 实践应用比较成熟，适合审计人员使用。Access 配合 SQL 语言的查询，能够提供较强大的数据分析功能。

(3) 方便性和灵活性的有机结合。一方面，Access 具备较好的图形化界面，初级用户很容易入门使用。另一方面，高级用户能够通过 SQL 语言和 VBA 对 Access 功能进行开发、扩展。

(4) 方便审计人员采集各种类型的数据源数据。以 Access 2007 为例，审计人员可以将其他 Office Access 数据库的数据库、Microsoft Office Excel 电子表格、Office SharePoint Server 站点、开放数据库连接（Open Database Connectivity，ODBC）数据源、Microsoft SQL Server 数据库和其他数据源中的数据采集到 Access 数据库中。

当然，Access 也有自身的局限性。首先，Access 能够处理的数据量有局限性。在 Windows 平台下，能够处理的最大数据量为 2GB，在大型项目中可能满足不了要求。另外，Access 的数据分析是基于关系数据库原理的，而不是基于审计需求设计的。因此，对于很多结构化不是很强的分析需求，需要审计人员先对审计问题进行分析，转化为结构化的查询方法。这就要求审计人员具有较强的审计业务能力和软件操作技能。

2．Access 的主要版本发展历程

为了便于审计人员了解 Access，Access 的主要版本发展历程可总结为如表 2.3 所示。

表 2.3 Access 的主要版本

年份	版 本	支持的操作系统	Office 包版本
1992	Access 1.1	Windows 3.0	
1993	Access 2.0	Windows 3.1x	Office 4.3 Pro
1995	Access for Windows 95	Windows 95	Office 95 Professional
1997	Access 97	Windows 9x，NT 3.51/4.0	Office 97 Professional 及 Developer
1999	Access 2000	Windows 9x/NT 4.0/2000	Office 2000 Professional，Premium 及 Developer
2001	Access 2002	Windows 98/Me/2000/XP	Office XP Professional 及 Developer
2003	Access 2003	Windows 2000/XP/Vista	Office 2003 Professional 及 Professional Enterprise
2007	Access 2007	Windows XP SP2/Vista，Windows 7/8	Office 2007 Professional，Professional Plus，Ultimate 及 Enterprise
2010	Access 2010	Windows XP SP3/Vista SP1，Windows 7/8	Office 2010 Professional，Professional Academic 及 Professional Plus
2012	Access 2013	Windows 7/8，Windows Server 2012/ Windows Server 2008 R2	Office 2013 Professional 及 Professional Plus
2015	Access 2016	Windows 7/8/10	Office 2016 Professional 及 Professional Plus

3．Access 的主要对象

考虑到目前 Access 2007 在审计人员中应用较为普遍，本节以 Access 2007 为例，介绍 Access 的主要对象。在 Access 2007 中选择需要显示的对象，如图 2.5 所示，例如，选择显示"所有 Access 对象"，其结果如图 2.6 所示。Access 的主要对象，包括"表""查询""窗体""报表""宏"和"模块"等，其中"表"用于存储数据；"查询"用于查找数据；用户通过"窗体""报表"等获取数据；而"宏"和"模块"则用于实现数据。这些对象在数据库中各自负责一定的功能并且相互协作，构成一个完整的数据库系统。

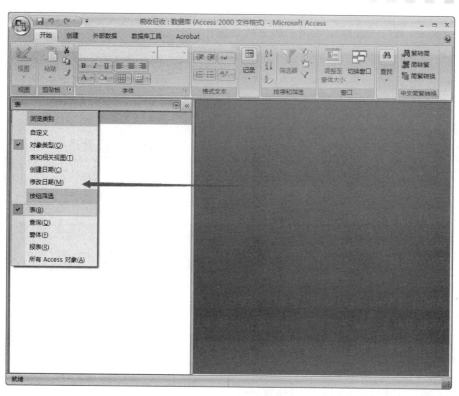

图 2.5 在 Access 中选择需要显示的对象

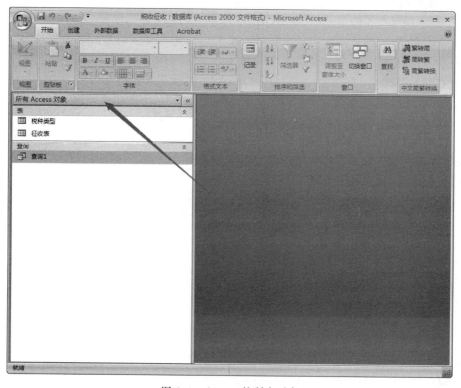

图 2.6 Access 的所有对象

4. Access 与电子数据审计相关的主要功能

Access 2007 与电子数据审计相关的主要功能简要分析如下。

1) 数据导入

Access 2007 的数据导入如图 2.7 所示,该功能可用于完成审计数据采集。

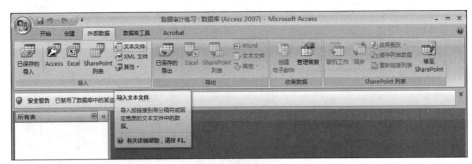

图 2.7 Access 的数据导入功能

2) 数据查询分析

在完成电子数据审计的过程中,审计人员有时会采用 Access 的查询功能来完成审计数据分析,以下简要介绍 Access 的查询功能。

(1) Access 中的查询类型。

Access 中常见的查询包括以下四种类型。

① 选择查询。

选择查询是最常见的查询类型,它从一个或多个的表中检索数据,并且在可以更新记录(带有一些限制条件)的数据表中显示结果。也可以使用选择查询对记录进行分组,并且对记录作总计、计数、平均值以及其他类型的总和的计算。

② 交叉表查询。

交叉表查询显示来源于表中某个字段的总结值(合计、计算以及平均),并将它们分组,一组列在数据表的左侧,一组列在数据表的上部。

③ 操作查询。

操作查询是仅在一个操作中更改许多记录的查询,共有以下四种类型。

- 删除查询:从一个或多个表中删除一组记录。
- 更新查询:对一个或多个表中的一组记录做全局的更改。
- 追加查询:从一个或多个表将一组记录追加到一个或多个表的尾部。
- 生成表查询:对一个或多个表中的全部或部分数据新建表。

④ 参数查询。

参数查询是这样一种查询,它在执行时显示自己的对话框以提示用户输入信息。

(2) Access 查询分析器的三种视图。

Access 的查询分析器提供三种视图,分别如下。

① 设计视图。

设计视图用于提供图形化界面操作,其界面如图 2.8 所示。

② SQL 视图。

SQL 视图用于提供 SQL 编程界面,其界面如图 2.9 所示。

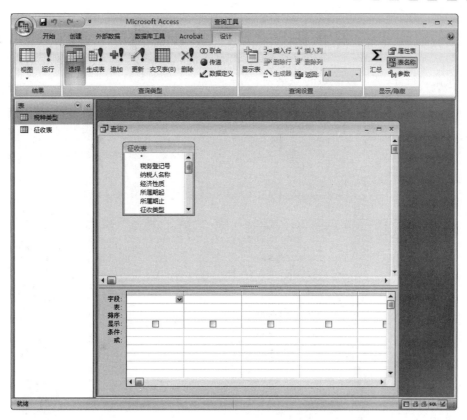

图 2.8　Access 查询分析器的设计视图界面

图 2.9　Access 查询分析器的 SQL 视图界面

③ 数据表视图。

数据表视图用于显示查询分析的结果数据,其界面如图 2.10 所示。数据表视图中不能插入或删除列,不能修改查询字段的字段名,但是可以移动列,而且在查询的数据表中也可以改变列宽和行高,还可以隐藏和冻结列。

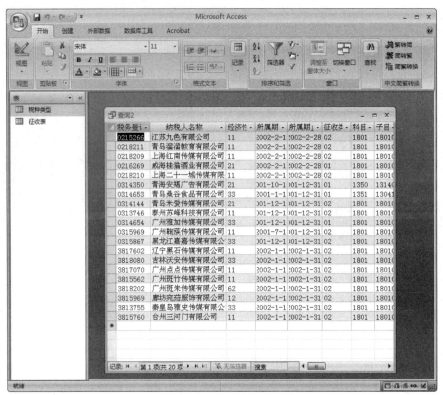

图 2.10　Access 查询分析器的数据表视图界面

(3) Access 查询分析器三种视图之间的切换方法。

在查询状态下,单击"开始"选项卡,然后单击"视图"选项,如图 2.11 所示,就可以完成三种视图之间的切换。

2.4.3　SQL Server

1. SQL Server 概述

SQL Server 是微软公司推出的关系数据库管理系统,它最初由 Microsoft、Sysbase 和 Ashton-Tate 三家公司共同开发的,于 1988 年推出第一个 OS/2 版本,后来微软公司开始为 Windows NT 平台开发新的 SQL Server 版本。SQL Server 可跨越从运行 Microsoft Windows 98 的计算机到运行 Microsoft Windows 2012 的大型多处理器的服务器等多种平台使用,具有使用方便、可伸缩性好,以及与相关软件集成程度高等优点。

2. SQL Server 的主要版本发展历程

为了便于审计人员了解 SQL Server,SQL Server 的主要版本发展历程可总结为如表 2.4 所示。

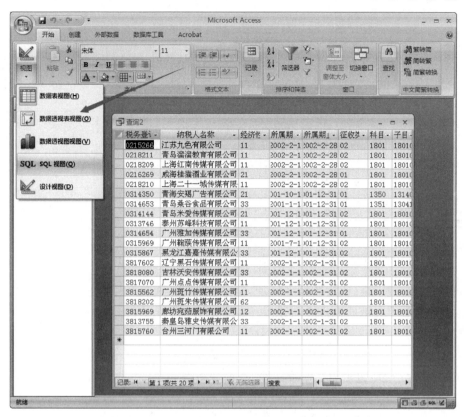

图 2.11 Access 查询分析器三种视图之间的切换方法

表 2.4 SQL Server 的主要版本

年份	版 本	支持的操作系统	特 点
1988	第一个 OS/2 版本	OS/2	略
1992	Windows NT 版本	Windows NT	略
1996	SQL Server 6.5	Windows NT	略
1998	SQL Server 7.0	Windows NT、Windows95/98/2000 专业版	该版本在数据存储和数据库引擎方面发生了根本性的变化
2000	SQL Server 2000	Windows Me、Windows 98、Windows NT Workstation 4.0、Windows 2000 Professional、Microsoft Windows NT Server 4.0、Windows 2000 Server	该版本继承了 SQL Server 7.0 版本的优点,同时又增加了许多更先进的功能。包括企业版、标准版、开发版、个人版四个版本
2005	SQL Server 2005	Windows XP、Windows Vista、Windows 7、Windows 2003	它是一个全面的数据库平台,使用集成的商业智能(BI)工具提供了企业级的数据管理
2008	SQL Server 2008	Windows XP、Windows Vista、Windows 7、Windows 2003、Windows 2008	为当时最优秀最完善的 SQL Server 数据库。该版本功能可以使用存储和管理许多数据类型,包括 XML、E-mail、时间/日历、文件、文档、地理等,同时提供一个丰富的服务集合来与数据交互作用

续表

年份	版本	支持的操作系统	特点
2012	SQL Server 2012	Windows 7、Windows 8、Windows Server 2008 R2、Windows Server 2008 SP2、Windows Vista SP2	此次版本的定位是帮助企业处理每年大量的数据增长,对大数据环境提供支持
2014	SQL Server 2014	Windows 7、Windows 8、Windows Server 2008、Windows Server 2012	微软公司将 SQL Server 2014 定位为混合云平台,它更容易整合 Windows Azure
2016	SQL Server 2016	Windows 8、Windows 10、Windows Server 2008、Windows Server 2012、Windows Server 2016	从本地到云均提供一致的数据平台

3. SQL Server 2008 简介

目前,SQL Server 已成为数据库管理方面的主流产品之一。考虑到目前 SQL Server 2008 在审计人员中应用较为普遍,下面以 SQL Server 2008 为例,结合审计应用来介绍其主要功能。

在 SQL Server 2008 中,SQL Server Management Studio 是一个集成环境,它将早期版本的 SQL Server 中所包含的企业管理器、查询分析器和 Analysis Manager 功能整合到单一的环境中,用于访问、配置、管理和开发 SQL Server 的所有组件。SQL Server Management Studio 的界面如图 2.12 所示。

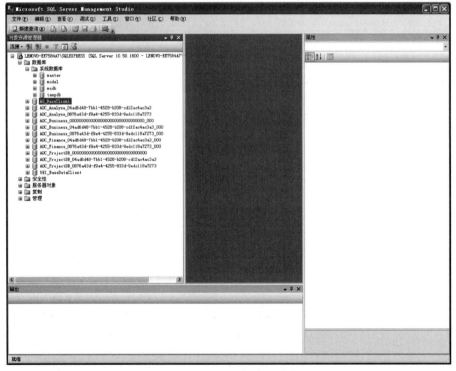

图 2.12　SQL Server 数据库初始管理界面

4. SQL Server 2008 与电子数据审计相关的主要功能

SQL Server 2008 与电子数据审计相关的主要功能如下。

1）数据导入和导出

SQL Server 2008 的数据导入和导出如图 2.13 所示，该功能可用于完成审计数据采集以及分析结果的导出。

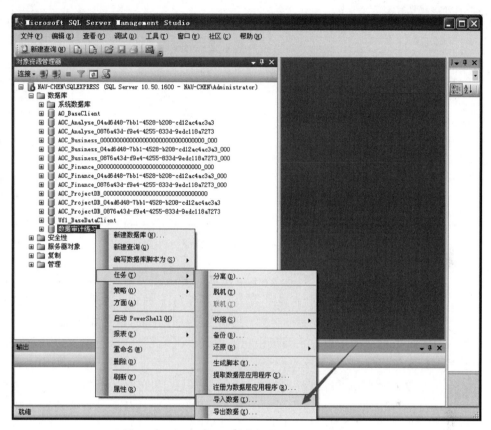

图 2.13　SQL Server 的数据导入和导出功能界面

2）数据查询分析

SQL Server 2008 的数据查询分析功能如图 2.14 所示，该功能可用于完成审计数据分析。

在图 2.14 中，A 用于新建一查询窗口，B 表示将要对哪个数据库进行分析，C 是执行数据查询的命令按钮，D 是数据查询 SQL 语句输入窗口，E 是数据查询结果显示窗口，F 窗口显示当前 SQL Server 2008 中所有的数据库。

2.4.4　Oracle

1. Oracle 概述

Oracle 公司是全球最大的信息管理软件和服务供应商，也是全球第二大独立软件公

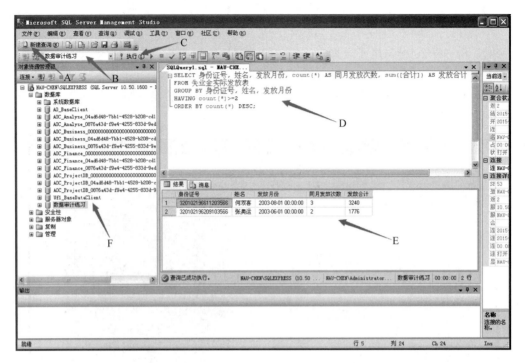

图 2.14 SQL Server 数据库数据查询分析功能主界面

司,成立于 1977 年,总部位于美国加州。Oracle 是世界上第一个商品化的关系数据库管理系统,也是第一个在其全线产品中开发并部署 100%基于互联网企业软件的公司,为世界上 150 个以上的国家提供数据库、服务器、开发工具和企业应用产品,以及相关的咨询、教育和支持服务。Oracle 数据库的用户群主要集中在航空、航天、通信、金融行业、公用事业、媒体行业以及消费行业等。

Oracle 关系数据库产品可以运行在 100 多种硬件平台上,包括微型机、小型机、中型机和大型机等,支持多种操作系统。用户的 Oracle 应用可以方便地从一种计算机配置移至另一种计算机配置上。Oracle 的分布式结构可以将数据和应用驻留在多台计算机上,而相互间的通信是透明的。

Oracle 支持最大数据库,其大小可达到几百千兆,可以充分利用硬件设备。支持大量用户同时在同一数据上执行各种数据应用,并使数据争用最小,保证数据一致性。系统维护具有高的性能,Oracle 每天可以连续 24 小时工作,个别故障不会中断数据库的使用。

Oracle 为了充分利用计算机系统和网络,允许将处理分为数据库服务器和客户应用程序,所有共享的数据管理由数据库管理系统的计算机处理,而运行数据库应用的工作站用于解释和显示数据。通过网络连接的计算机环境,Oracle 将存放在多台计算机上的数据组合成一个逻辑数据库,可被全部网络用户存取。分布式系统像集中式数据库一样具有透明性和数据一致性。

2. Oracle 数据库的 SQL 查询工具 PL/SQL Developer 8.0 简介

由于大数据环境下被审计的数据量较大,所以审计人员可以采用 Oracle 数据库系统开展大数据多数据源综合分析。Oracle 数据库的 SQL 查询工具 PL/SQL Developer 8.0 简介如下。

(1) 在 PL/SQL Developer 8.0 中新建一个查询窗口的操作如图 2.15 所示。

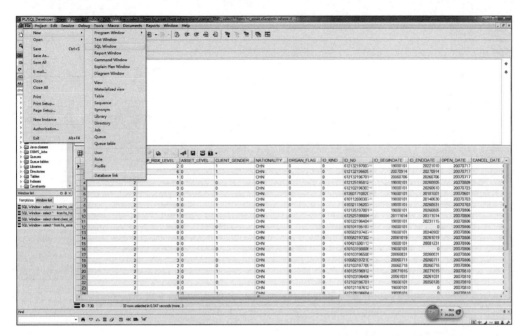

图 2.15　在 PL/SQL Developer 8.0 中新建查询操作窗口操作示例

(2) 在 PL/SQL Developer 8.0 的查询窗口中运行 SQL 语句的示例如图 2.16 所示。

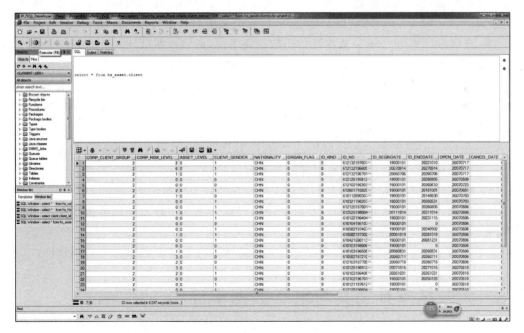

图 2.16　在 PL/SQL Developer 8.0 中运行 SQL 语句示例

（3）在 PL/SQL Developer 8.0 的查询窗口中导出分析结果的示例如图 2.17 所示。

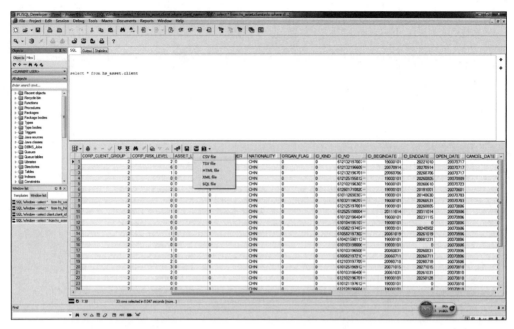

图 2.17　在 PL/SQL Developer 8.0 中导出查询结果操作示例

3．Oracle 数据库与数据审计

当被审计单位使用 Oracle 数据时，一般采用的分析方法是服务器—客户端模式，即将需要分析的数据库放在服务器上，审计人员通过若干客户端连接到数据库服务器上对数据进行查询分析。对于 Oracle 数据库环境，审计数据采集与分析的方法一般如下。

（1）把被审计单位 Oracle 数据库中的数据先备份，然后再在审计人员的 Oracle 数据库系统中恢复。由于恢复时环境要求高，一般只在特殊情况下考虑。

（2）将 Oracle 数据库中的数据表导入至 SQL Server 中，即建立到 Oracle 数据库服务器的网络连接，利用 SQL Server 的导入/导出功能将 Oracle 数据库中的数据表导入 SQL Server，再进行审计数据分析。

（3）将 Oracle 数据库中的数据导入 Access 数据库中，然后再将 Access 数据库中的数据导入审计人员的分析工具中进行审计数据分析。

（4）使用 PL/SQL 等客户端查询分析工具连接到被审计单位的 Oracle 数据库服务器，通过查询方式将查询结果导出保存，然后把导出的数据导入审计人员的分析工具中进行审计数据分析。

其中，(2)～(4) 三种方法都需要在审计人员的计算机上安装 Oracle 客户端软件。

2.5　大数据审计工具与电子数据审计

大数据分析需要一些能在有限的时间内对大量数据进行有效分析的技术。为了充分从大数据中挖掘有用的信息，不同种类的大数据技术被研究出来，这些技术覆盖了计算机科学、统计学、经济学等学科。同时,一些用于分析大数据的工具也被开发出来。不同的大数据分析工具有不同的专长,一些主要为批处理数据设计,一些擅长实时数据分析。另外,一些大数据开源工具也可以很好地帮助审计人员开展大数据审计工作。以下对一些有效的大数据审计工具做出简单分析,从而为后续大数据审计方法的应用打下基础。

2.5.1 R 语言

1. R 语言简介

R 语言在统计领域广泛使用,它是诞生于 1980 年左右的 S 语言的一个分支,可以认为 R 语言是 S 语言的一种实现。S 语言是由 AT&T 贝尔实验室开发的一种用来进行数据探索、统计分析和作图的解释型语言。最初 S 语言的实现版本主要是 S-PLUS。S-PLUS 是一个商业软件,它基于 S 语言,并由 MathSoft 公司的统计科学部进一步完善。后来,新西兰奥克兰(Auckland)大学的 Ross Ihaka 和 Robert Gentleman 开发了 R 语言,由于 Ross Ihaka 和 Robert Gentleman 两人名字的首字母都是 R,因此称为 R 语言。

R 语言作为一种统计分析软件,集统计分析与图形显示于一体,是一个免费的自由软件,它提供了广泛的统计分析和绘图技术,包括线性和非线性模型、统计检验、时间序列、分类、聚类等方法。它分别有 UNIX、Linux、MacOS 和 Windows 版本,可以免费下载和使用。R 语言的主要优点概述如下。

1)使用方便

R 语言是一款开源的大数据可视化分析软件,目前广泛应用于数据分析与统计等领域,是目前最受欢迎的数据分析和可视化软件之一;R 语言软件(如 RStudio 等)安装方便,所占计算机内存小;相比较其他编程语言来说,其操作难度较低。这些特点为审计人员应用 R 语言提供了方便。

2)数据采集功能强大

R 语言能读取各种不同类型的被审计数据,如 Microsoft Excel、SPSS、SAS 等,以及从网页上抓取的数据,完全满足审计人员开展大数据审计工作的需要。

3)数据分析功能强大

R 语言包含众多不同功能的函数、程序包,可满足审计人员的需要;作为免费的开源软件,用户还在不断创建新的包来更新丰富 R 语言的使用功能;R 语言作为大数据分析软件,能够实现大量数据分析。

4)数据可视化功能强大

R 语言强大的数据可视化功能可以满足审计人员在可视化分析方面的各种需求。利用关联、聚类等建模手段,通过可视化手段直观分析被审计数据间隐藏的各种关联信息,可方便审计人员对分析结果进行宏观观察、分析,从而帮助审计人员从被审计大数据中发现审计线索及其规律。

2. R 语言开发工具简介

常见的 R 语言开发工具如下。

1) R

R 是一个免费的自由软件,它分别有 Windows、UNIX、Linux 和 Mac OS 版本,R 可以在 CRAN(Comprehensive R Archive Network)上免费下载(http://cran.r-project.org),审计人员可以根据所选择的平台安装和使用。R 的主界面如图 2.18 所示。

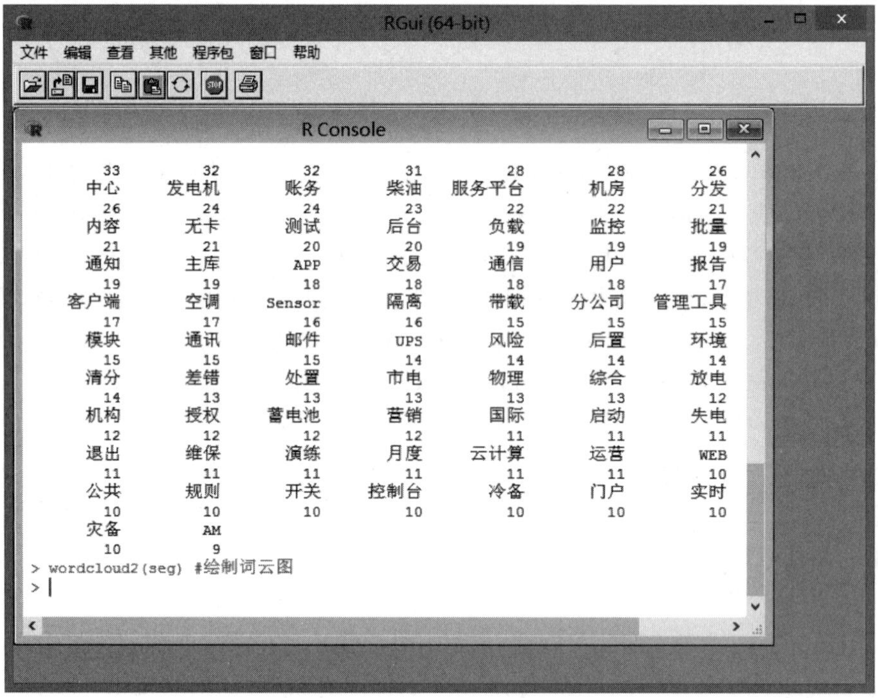

图 2.18　Windows 中的 R 主界面

2) RStudio

RStudio 是一个 R 语言集成开发环境(IDE)。主界面分为四个部分:默认左上角是一个代码编辑器;左下角是一个控制台(console)和终端;右侧包含了多个可选的功能标签,包括环境、命令历史、文件目录、绘图、数据源连接、包管理、帮助、构建工具、VCS 以及查看器。在 RStudio 中可以直接运行代码,支持绘图、历史命令显示、代码调试和工作空间管理。RStudio 的主界面如图 2.19 所示。

3) 其他工具

另外,R Commander、Rattle、StatET、Tinn-R(只用于 Windows 操作系统)等也是比较常见的 R 语言开发工具,例如,Rattle(the R Analytical Tool To Learn Easily)是一个基于 R 语言的可视化数据挖掘工具,它也非常适用于 R 语言数据分析的学习。

3. 基于 R 语言开发工具的数据采集

在采用 R 语言开发工具进行数据审计时,需要把相关数据采集到 R 语言开发工具中来。R 语言开发工具可以采集多种类型的数据,如统计软件 SAS、SPSS、Stata;文本文件 ASCII、XML、CSV、网页数据抓取;数据库数据 Oracle、Access、My SQL;电子表格数据 Excel 等,很好地满足大数据审计的需要。相关内容将在本书第 4 章进行分析。

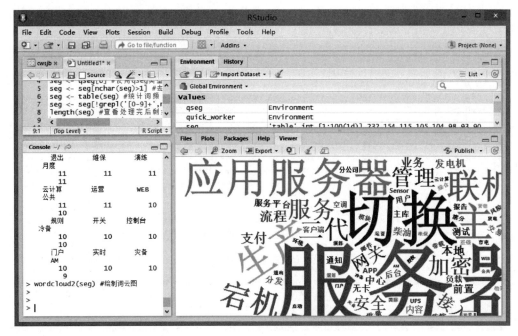

图 2.19　RStudio 的主界面

4. 基于 R 语言的数据分析

借助 R 语言开发工具,审计人员可以做数据查询、文件分析、数据可视化分析等数据分析,从而发现审计线索。以 R 语言开发工具 RStudio 为例,数据分析方法与过程示例如图 2.20～图 2.23 所示。

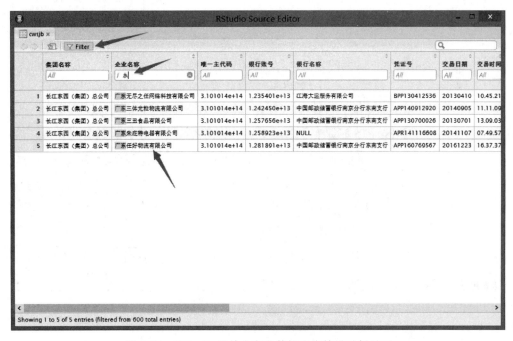

图 2.20　RStudio 的单个字段数据查询结果示例界面

图 2.21　RStudio 的全字段数据查询结果示例界面

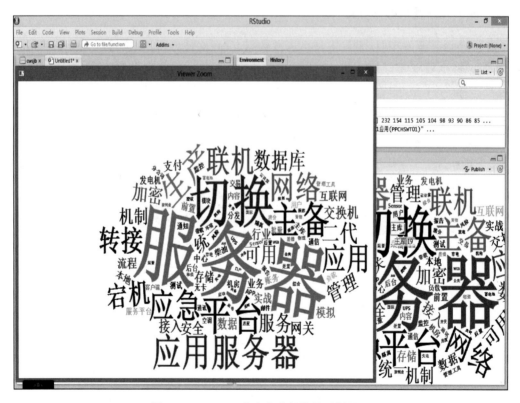

图 2.22　RStudio 的文本分析结果示例界面

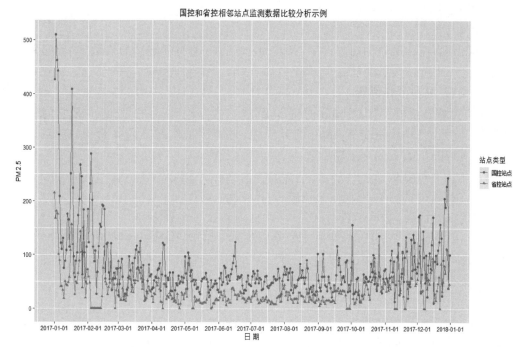

图 2.23　RStudio 的散点图分析结果示例界面

另外,在 RStudio 中通过连接数据库,可以采用 SQL 语句对数据库中的数据进行查询分析。

2.5.2　Python 语言

1. Python 语言简介

Python 语言的创始人为荷兰人吉多·范罗苏姆(Guido van Rossum),它是一种面向对象、解释型、动态数据类型的高级程序设计语言。Guido van Rossum 曾参加设计了一种教学语言 ABC,这种语言非常优美和强大,是专门为非专业程序员设计的。但是,ABC 语言并没有成功,Guido van Rossum 认为是其非开放造成的。1989 年圣诞节期间,在阿姆斯特丹,Guido van Rossum 为了打发圣诞节的无趣,决心开发一个新的脚本解释程序,作为 ABC 语言的一种继承。由于 Guido van Rossum 是一个叫 Monty Python 的喜剧团体的爱好者,因此,他选中 Python 作为该编程语言的名字。

Python 语言第一个公开发行版发行于 1991 年。由于 Python 语言语法简捷、清晰,功能强大、简单易学,并且具有丰富和强大的类库,是一种不受局限、跨平台的开源编程语言,因此,自 Python 语言诞生至今,得到了广泛应用和支持。在国外用 Python 做科学计算的研究机构也日益增多,一些知名大学,如卡耐基梅隆大学、麻省理工学院等已经采用 Python 来教授程序设计课程。众多开源的科学计算软件包都提供了 Python 的调用接口。因此,Python 语言及其众多的扩展库所构成的开发环境十分适合工程技术、科研人员处理实验数据、制作图表,甚至开发科学计算应用程序。商用软件 MATLAB 的大部分常用功能都可以在 Python 中找到相应的扩展库。

概括来说,Python语言具有以下特点。

1) 简单易学

Python语言有相对较少的关键字,结构简单;有一个明确定义的语法,学习起来更加简单。

2) 免费、开源和可移植性

使用者可以自由地发布 Python 的副本,阅读它的源代码,对它做改动,把它的一部分用于新的自由软件中。由于 Python 的开源性,它能够工作在不同平台上,包括 Linux、Windows、Macintosh、Solaris、OS/2 等。

3) 易于维护和阅读

Python 代码定义清晰,源代码是比较容易维护的。

4) 具有丰富的库

Python 标准库庞大,可以帮助处理各种工作,包括正则表达式、文档生成、单元测试、线程、数据库、网页浏览器、GUI(图形用户界面)等。除了标准库以外,还有许多其他高质量的库,如 Python 图像库等。

5) 可连接各种类型的主流商业数据库

Python 提供所有主要的商业数据库接口,可以连接各种类型的主流商业数据库。

6) 在科学计算方面优于 MATLAB

MATLAB 是一款商用软件,而 Python 完全免费;与 MATLAB 相比,Python 能让用户编写出更易读、易维护的代码;MATLAB 主要专注于工程和科学计算,而 Python 有着丰富的扩展库,可以轻易完成各种高级任务,开发者可以用 Python 实现完整应用程序所需的各种功能。

2. Python 开发工具简介

有很多的 Python 集成开发环境(Integrated Development Environment,IDE)工具可以使用,审计人员可以使用最基本的文本编辑器进行 Python 编程,也可以用功能丰富的 Python 集成开发环境工具进行 Python 编程,常见的 Python 开发工具如下。

1) PyCharm

PyCharm 是专业的全功能 Python 集成开发环境,它来自 JetBrains 公司。PyCharm 有两个版本,一个是免费的社区版本,另一个是面向企业开发者的专业版本。

2) Spyder Python

Spyder Python 是一个开源、免费的 Python 集成开发环境,非常适合用于进行科学计算方面的 Python 开发,它可以运行于 Windows、Mac OS、Linux 等操作系统之上。

3) Spyder

Spyder(Scientific Python Development EnviRonment)是一个强大的交互式 Python 语言开发环境,提供高级的代码编辑、交互测试、调试等特性,支持 Windows、Linux 和 Mac OS 系统。和其他的 Python 开发环境相比,Spyder 最大的优点就是可以方便地观察和修改数组的值。

4) Pydev

Pydev 是一个运行在 eclipse 上的开源插件,它是免费、功能强大、使用普遍的 Python

集成开发环境。它还提供很多强大的功能来支持高效的 Python 编程。

5）PTVS

PTVS（Python Tools for Visual Studio）是开源、免费的 Python 集成开发环境，它集成在 Visual Studio 中，将 Visual Studio 变成了一个功能强大、丰富的 Python 集成开发环境。

6）Anaconda

Anaconda 是一个用于科学计算的、开源的 Python 发行版本，包含了 Python 和相关的配套工具，提供了包管理与环境管理的功能。

7）其他工具

除了以上工具外，Eric、Wing IDE 等也是比较常见的 Python 开发工具。

3. 基于 Python 开发工具的数据采集

在采用 Python 开发工具进行数据审计时，需要把相关数据采集到 Python 开发工具中。Python 开发工具可以采集多种类型的数据，如文本文件 CSV、网页数据抓取；数据库数据，如 Oracle、Access、My SQL 等数据库中的数据；电子表格数据，如 Excel 数据等，很好地满足大数据审计的需要。例如，Python 中可以使用 xlrd（xls 文件 read 库）来读取 Excel 文件。

4. 基于 Python 开发工具的数据分析

基于 Python 工具，审计人员可以实现各种大数据分析，例如社会网络分析等大数据智能分析，文本数据分析，柱状图（bar chart）、折线图（line chart）、饼图（pie chart）、散点图（scatter chart）、气泡图（bubble chart）、雷达图（radar chart）、地区分布图（choropleth map）、树地图（tree map）、热力图（heat map）等分析。其示例详见本书 6.5 节。

2.5.3 Tableau

常见的商业数据可视化工具软件很多种，常见的软件有 Tableau、Qlikview、SAS、SAP Business Object 水晶易表、IBM Cognos、Excel 等。其中，Tableau 是一款较为简单的数据可视化工具软件，它实现了数据运算与美观的图表的完美结合，用户只需要将大量数据拖放到数字"画布"上，便能创建好所需要的各种图表（Tableau，2014 年），如气泡图、柱状图、条形图、热力图、折线图、饼图、散点图等。

Tableau 分为 Desktop 版和 Server 版。Desktop 版又分为个人版和专业版，个人版只能连接到本地数据源，专业版还可以连接到服务器上的数据库；Server 版主要是用于处理仪表盘，上传仪表盘数据，进行共享，各个用户通过访问同一个 Server 就可以查看到其他用户处理的数据信息。

审计人员可以采用 Tableau 连接各种类型的被审计数据，包括所有主流数据库以及 Hadoop 等数据库。以 Desktop 版 Tableau 为例，其数据采集方法如图 2.24 所示。

在完成数据采集之后，便可进行数据可视化分析。以 Desktop 版 Tableau 为例，其可视化数据分析方法如图 2.25 和图 2.26 所示。

对以上可视化分析的结果，可以提取相应的数据进行查看和保存，如图 2.27 所示。

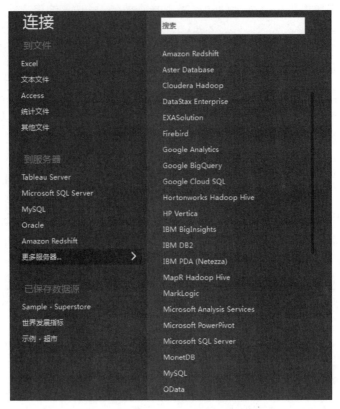

图 2.24　Tableau 的数据采集示例

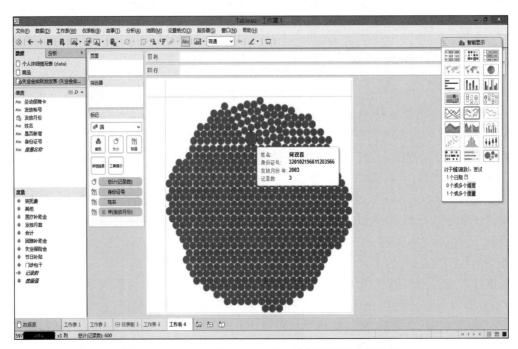

图 2.25　Desktop 版 Tableau 的气泡图可视化分析示例

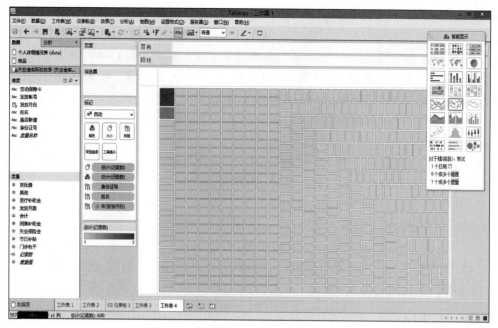

图 2.26 Desktop 版 Tableau 的树地图可视化分析示例

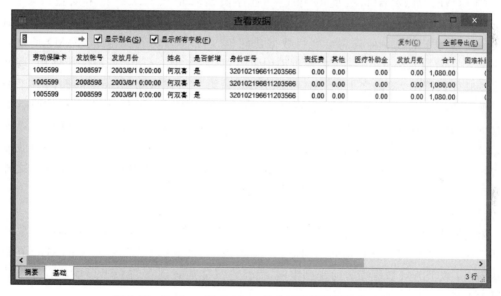

图 2.27 Desktop 版 Tableau 的分析结果数据提取示例

2.6 数据访问技术与电子数据审计

2.6.1 常见数据访问技术分析

数据库产品和技术发展很快,数据访问技术必须始终追随数据库产品和技术的快速变化。早期的数据库连接是非常困难的,每个数据库的格式都不一样,开发者必须对他们所开发的每种数据库的底层 API(Application Programming Interface,应用程序接口)有深刻的了解。因此,能处理各种各样数据库的通用 API 就应运而生了,即现在的 ODBC,ODBC 是人们在创建通用 API 的早期产物,许多数据库遵从了这种标准。但 ODBC 并不是完美无缺的,它仍然含有大量的低级调用,开发 ODBC 应用程序仍比较困难。后来微软公司提出了一个解决方案——DAO(Data Access Objects,数据访问对象),然后,DAO 演变为 RDO(Remote Data Objects,远程数据对象),再后来是 ADO(ActiveX Data Objects,ActiveX 数据对象)等。

为了使审计人员更好地理解数据采集的原理,灵活地掌握数据采集的方法,本节对这些常见的数据访问技术做简单的分析。

1) ODBC

ODBC 是微软公司开放服务结构(Windows Open Services Architecture,WOSA)中有关数据库的一个组成部分,它建立了一组规范,并提供了一组对数据库访问的标准 API。ODBC 使用 SQL 作为访问数据的标准,一个应用程序可以通过共同的一组代码访问不同的 SQL 数据库管理系统。因此,ODBC 技术为访问异类的 SQL 数据库提供了一个共同的接口。

2) DAO

ODBC 使用底层接口,因此 C 和 C++ 程序员是真正从 ODBC 技术受益最多的人。Visual Basic(简称 VB)程序员没有一种简单的方法来访问 ODBC 接口。在 VB 6.0 之前,开发人员不得不依赖一种较高级别的数据访问模式(DAO)访问数据库。DAO 是建立在 Microsoft Jet(Microsoft Access 的数据库引擎,最早是给 Microsoft Access 所使用,现在已经支持其他数据库)基础之上的。Microsoft Jet 是第一个连接到 Access 的面向对象的接口。使用 Access 的应用程序可以用 DAO 直接访问数据库。由于 DAO 是严格按照 Access 建模的,因此,使用 DAO 是连接 Access 数据库最快速、最有效的方法。DAO 也可以连接到非 Access 数据库,例如 Oracle 和 SQL Server。DAO 使用 ODBC,但是由于 DAO 是专门设计用来与 Jet 引擎对话的,Jet 将解释 DAO 和 ODBC 之间的调用。使用除 Access 之外的数据库时,这种额外的解释步骤导致较慢的连接速度。

3) RDO

要克服 DAO 的限制,微软公司创建了 RDO,RDO 是一个到 ODBC 的、面向对象的数据访问接口,RDO 可以直接访问 ODBC API,而无须通过 Jet 引擎。不足的是,RDO 在很好地访问 Jet 或 ISAM 数据库方面受到限制,而且它只能通过现存的 ODBC 驱动程序来访问关系数据库。

4) OLE DB

OLE DB 是微软公司的一个战略性应用程序接口,用于管理整个组织内的数据。ODBC 提供了基于标准的接口,接口要求 SQL 处理功能,并被优化用于基于 SQL 的方法,但不能访问不使用 SQL 的非关系数据源。OLE DB 是建立在 ODBC 功能之上的一个开放规范。ODBC 是为访问关系数据库而专门开发的,OLE DB 则用于访问关系型和非关系型信息源。

5) ADO

ADO 是 DAO/RDO 的后继产品。ADO 采用基于 DAO 和 RDO 的对象,并提供比

DAO 和 RDO 更简单的对象模型。

2.6.2 ODBC 总体结构及其应用

如前文所述,ODBC 是常见的数据访问技术。审计人员在进行数据采集或访问被审计单位的数据库系统时,常常会用到 ODBC 接口,即使一些专门的审计软件也提供了通过 ODBC 接口采集被审计单位数据的功能。为了能灵活使用,本节介绍 ODBC 的原理及应用,从而为开展电子数据审计提供方便。

1. ODBC 总体结构

ODBC 由以下几部分组成。

(1) 应用程序。

(2) ODBC 管理器。ODBC 管理器位于 Windows 控制面板的 ODBC 内,其主要任务是管理安装的 ODBC 驱动程序和管理数据源。

(3) 驱动程序管理器。驱动程序管理器包含在 ODBC32.DLL 中,对用户是透明的,其任务是管理 ODBC 驱动程序,是 ODBC 中最重要的部件。

(4) ODBC API。

(5) ODBC 驱动程序。ODBC 驱动程序是一些动态链接库(Dynamic Link Library, DLL),提供了 ODBC 和数据库之间的接口。

(6) 数据源。数据源包含了数据库位置和数据库类型等信息,实际上是一种数据连接的抽象。

ODBC 各部件之间的关系如图 2.28 所示。

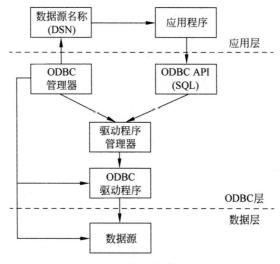

图 2.28 ODBC 部件关系图

应用程序要访问一个数据库,首先必须用 ODBC 管理器注册一个数据源,ODBC 管理器根据数据源提供的数据库位置、数据库类型及 ODBC 驱动程序等信息,建立起 ODBC 与具体数据库的联系。这样,只要应用程序将数据源名提供给 ODBC,ODBC 就能建立与相应数据库的连接。

在 ODBC 中，ODBC API 不能直接访问数据库，必须通过驱动程序管理器与数据库交换信息。驱动程序管理器负责将应用程序对 ODBC API 的调用传递给正确的驱动程序，而驱动程序在执行完相应的操作后，将结果通过驱动程序管理器返回给应用程序。

2. ODBC 的使用

在使用 ODBC 接口访问数据库时，首先需要创建一个 ODBC 数据源，该数据源直接连接到所要访问的数据库上。创建步骤如下。

(1) 在操作系统中，打开"控制面板"窗口，如图 2.29 所示。

图 2.29　"控制面板"窗口

(2) 在图 2.29 中找到"管理工具"，打开"管理工具"窗口，如图 2.30 所示，找到"数据源(ODBC)"，打开"ODBC 数据源管理器"对话框，如图 2.31 所示。

图 2.30　"管理工具"窗口

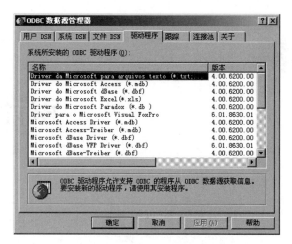

图 2.31 "ODBC 数据源管理器"对话框

在图 2.31 中,"ODBC 数据源管理器"各个选项卡的作用说明如下。

① "用户 DSN"选项卡。"用户 DSN"选项卡用于创建用户数据源,通过该选项卡创建的数据源对计算机来说是本地的,并且只能被创建它的用户使用。

② "系统 DSN"选项卡。"系统 DSN"选项卡用于创建系统数据源,通过该选项卡创建的数据源只在本地计算机中,但不专属于用户,此系统或其他具有权限的用户可通过系统 DSN 来使用该数据源的设置。

③ "文件 DSN"选项卡。"文件 DSN"选项卡用于创建文件数据源,这些基于文件的数据源可以在安装同样驱动程序的所有用户之间共享,因此,它们都具有对数据库的访问权。这些数据源不必专属于某一用户或本地计算机。

④ "驱动程序"选项卡。"驱动程序"选项卡用于显示已安装的 ODBC 驱动程序的相关信息。ODBC 驱动程序列表会显示计算机中已经安装的驱动程序的列表。

⑤ "跟踪"选项卡。"跟踪"选项卡可指定 ODBC 驱动程序管理器跟踪调用 ODBC 函数的方式。驱动程序管理器可使用的跟踪方式有:连续跟踪调用、只跟踪唯一的连接、动态执行跟踪或由自定义的跟踪 DLL 来执行跟踪。

⑥ "连接池"选项卡。"连接池"选项卡可以修改连接重试等待时间,以及当使用连接池时所选择的驱动程序的超时时间,也可以启用和禁用记录统计信息数量的"性能监视"。

⑦ "关于"选项卡。"关于"选项卡用于显示 ODBC 核心组件的有关信息,包括驱动程序管理器、光标库、安装程序 DLL 文件以及任何其他组成核心组件的文件。

思考题

1. 信息技术的发展对一个组织产生了哪些影响?
2. 了解常用电子表格软件及数据库工具对开展电子数据审计有何意义。
3. 开展电子数据审计为什么要掌握数据访问技术?
4. 目前主要有哪些电子表格软件和数据库工具?
5. 目前比较流行的大数据分析工具有哪些?

第3章 审计软件

本章学习目标

- 熟悉什么是审计软件。
- 掌握国内外审计软件的现状及分类。
- 熟悉常用的国内外审计软件。
- 掌握国内外审计软件功能上的异同。

3.1 概述

为了提高工作效率,审计人员在开展审计的过程中会用到各种各样的辅助工具,审计软件就是一类常用的计算机辅助审计工具。广义上讲,审计软件是指能用于帮助审计人员完成审计工作的各种软件工具,包括各类数据库工具,如 SQL Server、Microsoft Access 以及 Microsoft Excel 电子表格工具等,这类软件工具虽然可以用于帮助完成审计工作,但不是专门为审计工作开发的,本书中,我们把这些软件称为通用软件;狭义上的审计软件指的是专门为审计工作而开发的各类软件,如 AO(现场审计实施系统)、IDEA、ACL 等。本书中,审计软件指的是狭义上的审计软件。

本章主要介绍常见的国内外审计软件,从而为后文审计数据采集与审计数据分析打下基础。

3.2 国内外审计软件概况

3.2.1 国外审计软件概况

根据 Internal Auditor 杂志的调查,审计人员常用的各类审计软件归纳如下。

1. 数据采集软件

数据采集软件是指用于采集被审计单位信息系统中电子数据的软件。

2．数据分析软件

数据分析软件是指用于分析所采集的被审计单位电子数据的软件。

3．欺骗检测/预防软件

欺骗检测/预防软件是用于完成检测欺骗事件和预防欺骗事件的软件。

4．Sarbanes-Oxley（萨班斯-奥克斯利）软件

Sarbanes-Oxley 即萨班斯-奥克斯利法案，该法案由美国众议院金融服务委员会主席奥克斯利和参议院银行委员会主席萨班斯联合提出，2002年由美国国会通过。其目的主要是通过改进企业信息披露的准确性和可靠性来保护投资者的利益。Sarbanes-Oxley 软件就是指能服务于萨班斯-奥克斯利法案的软件。

5．审计管理软件

审计管理软件是用于完成如审计统计、审计计划等功能的软件。

6．风险管理/分析软件

风险管理/分析软件是用于对被审计单位的风险情况进行管理和分析的软件。

7．网络安全评估软件

网络安全评估软件是用于对被审计单位的网络安全状况进行评估的软件。

8．控制自评估软件

控制自评估软件是用于完成对被审计单位自身的内部控制情况进行评估的软件。

9．持续监控软件

持续监控软件是用于实现对被审计单位进行持续监控的软件。

3.2.2　国内审计软件概况

为了适应审计信息化的需要，近年来我国开发了一些审计软件。概括起来，审计软件可分为以下五种类型。

1．审计作业软件

审计作业软件是指审计人员在进行审计作业时应用的软件，如"金审工程"一期的成果——现场审计实施系统（AO）软件，国际流行的审计软件如 IDEA、ACL 等。审计作业软件是审计工作的主流，是审计工作的主要工具，审计作业软件的发展水平代表计算机辅助审计软件的发展水平。

2．审计管理软件

审计管理软件是用于完成审计统计、审计计划等功能的审计软件，如"金审工程"一期的成果——现场审计管理系统（OA）软件。

3．专用审计软件

专用审计软件是指为完成特殊审计项目而专门设计的审计软件，如海关审计软件、基建工程预算审计软件、财政预算执行审计软件、银行审计软件、外资审计软件等。

4．法规软件

法规软件主要是为了帮助审计人员在海量的各种财经法规中快速找到所需要的法规条目及内容的软件。

5．联网审计软件

除了以上四种类型的审计软件之外，为了适应联网审计的需要，近年审计署以及一些审计机关还开发了一些专门的联网审计软件，如社保联网审计软件、地税联网审计软件等。

3.3 电子数据审计软件的基本功能

根据以上分析，可以看出审计软件的基本功能可包括的范围很广，从支持审计计划管理、内控制度调查评价到各类审计证据的收集、评价，以及各种审计报告的编制，都可以使用审计软件辅助完成。本书关注的是如何使用审计软件完成面向数据的计算机辅助审计（电子数据审计）。目前，用于电子数据审计的审计软件基本功能主要包括如下几点。

1．审计数据采集功能

审计软件应该能够访问不同结构的数据文件或数据库，能把所需的不同类型的数据进行采集，方便后继的审计数据分析。

2．审计数据预处理功能

审计软件应该能够提供一些数据预处理功能，能对所采集的电子数据进行转换和清理，使其满足审计数据分析的需要。

3．审计数据分析功能

审计软件应该能够提供足够的、方便灵活的数据分析方法，满足审计人员对审计数据分析的需要。

4．其他辅助功能

辅助功能主要是帮助审计人员辅助完成审计工作，如审计计划和审计报告编制、审计底稿和档案管理自动化、审计成本的管理等。

3.4 常用审计软件介绍

为了便于掌握审计软件的使用,本节介绍目前几种具有代表性的国内外审计软件。

3.4.1 国内审计软件

国内的审计软件主要用于帮助完成电子数据审计,在政府审计中比较流行的软件有现场审计实施系统等,一些软件公司也根据市场的需要开发了一些审计软件。几款具有代表性的审计软件简要介绍如下。

1. 现场审计实施系统

前文介绍了"金审工程"。"金审工程"一期应用系统的框架如图 3.1 所示,其中,"现场审计实施系统"是"金审工程"一期应用系统建设成果之一。"现场审计实施系统"也称审计师办公室(Auditor Office,AO),是一个用于现场环境对电子数据进行审计的操作平台,它是整合审计行业原有审计软件,并有效提升、创新发展的结果,是审计人员对被审计单位开展审计工作的工具。"现场审计实施系统"的主要版本有 2005 版、2008 版和 2011 版,其中 2008 版和 2011 版最为常用。2011 版可运行的操作系统为简体中文 Windows XP SP2/SP3、Windows 7(32 位)。

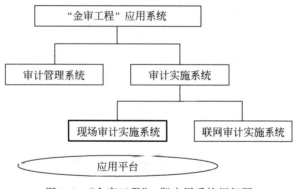

图 3.1 "金审工程"一期应用系统框架图

下面以"现场审计实施系统"(2011 版)单机版软件为例,详细介绍它的基本功能。"现场审计实施系统"(2011 版)单机版软件是为了给审计人员提供一个安装在便携式计算机上,对被审计单位开展现场和远程审计方式的审计软件,可以满足审计数据采集、分析、管理和交互的软件适应性的要求。

"现场审计实施系统"的登录界面如图 3.2 所示。选择账号并输入密码后单击"确定"按钮,进入系统,其主界面如图 3.3 所示,由图 3.3 可以看出,"现场审计实施系统"的主界面包括五个区域。

1) 系统功能区

系统功能区又可分成一级功能区、二级功能区以及三级功能区。

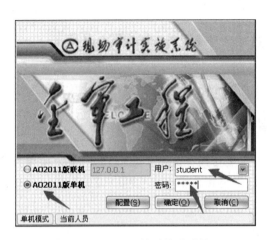

图 3.2 AO 2011 的系统登录界面

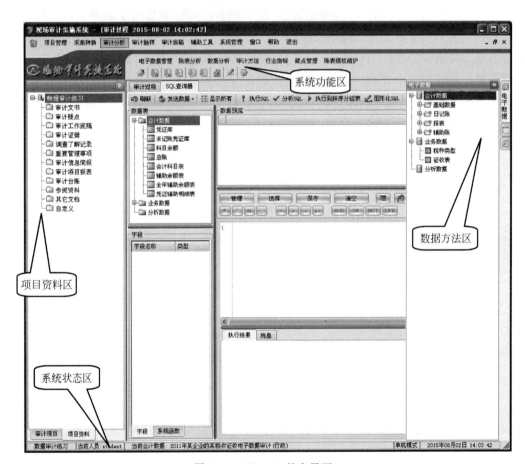

图 3.3 AO 2011 的主界面

（1）一级功能区：包括项目管理、采集转换、审计分析、审计抽样、审计底稿等 5 个主要功能，以及辅助工具、系统管理等 2 个辅助功能。在 7 个一级功能下，还有二级功能和三级功能。

（2）二级功能区：在单击每个一级功能后，二级功能区中展示对应的二级功能。

(3) 三级功能区：在每个二级功能区下还有对应的三级功能。例如，图 3.4 为三级功能"SQL 查询器"，它包含在一级功能"审计分析"下的二级功能"数据分析"之中。

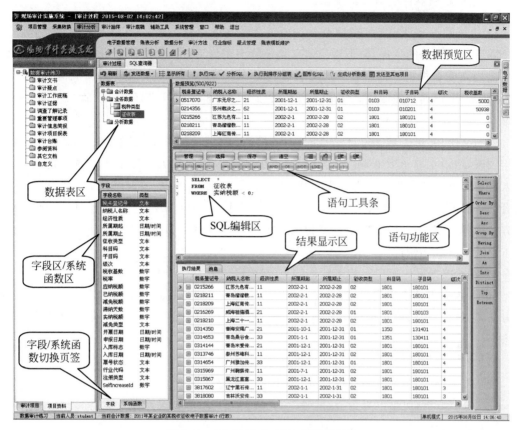

图 3.4　AO 2011 的 SQL 查询器窗体

2) 项目资料区

"现场审计实施系统"按审计项目进行资料管理和展示。资料区中展示当前审计项目的各类信息目录。审计人员可以通过选择或定义项目资料目录模板，按通用规则模板或个性化模板进行审计项目的资料管理。

3) 作业区

在不同的一级功能和二级功能下，系统提供不同的工作区界面，满足项目审计业务的不同需求。

4) 状态区

状态区显示当前的操作状态。

5) 数据方法区

数据方法区是系统提供给用户的审计工具快捷入口，分为以下几项。

(1) 电子数据：显示当前电子数据中的数据表，审计人员可以快速打开这些数据表。

(2) 会计科目：显示当前电子数据中的会计科目，审计人员可以快速打开科目余额表。

(3) 审计方法：显示审计方法以及通用审计工具，供审计人员使用。

对于"现场审计实施系统"的数据采集与分析功能,将会在后文做具体分析。

2. 电子数据审计模拟实验室软件

1)电子数据审计模拟实验室软件的研究背景

随着信息技术的发展,为了适应信息化环境下审计事业发展的需要,国内外政府、高校、培训机构高度重视审计信息化方面的教育与培训工作,众多高校、政府培训机构开设了IT(信息技术)审计的相关课程。作为一门交叉、新兴课程,如何开设好这一课程成为困扰大家的难题。

如前文所述,电子数据审计是目前国内外审计领域关注的重点,2014年12月,审计署机构调整,增设了电子数据审计司。因此,电子数据审计在我国审计工作中越来越重要,审计人员掌握电子数据审计技术成为必然,为了能更好地适应电子数据审计实践教学的需要,笔者结合目前电子数据审计的研究与应用现状,设计了一个供用户学习和掌握电子数据审计方法的模拟实验平台,形象地称之为电子数据审计模拟实验室软件。该软件特别适合作为本书的实验教学软件。

2)电子数据审计模拟实验室软件的主要功能

"电子数据审计模拟实验室"是一个形象的比喻,用户可用这个软件来练习电子数据审计方法,它就像一个虚拟实验室。通过本软件,用户可以练习并掌握以下电子数据审计方法。

(1)数据采集(数据准备),包括采集文本文件、Excel文件、Access数据库。

(2)数据查询,包括快速条件查询、SQL查询模拟器。

(3)数值分析,包括重号分析、断号分析、Benford定律应用。

(4)统计分析,包括一般统计和分层分析。

(5)审计抽样,包括间隔抽样和随机抽样。

(6)数据匹配,主要是针对两个数据表进行数据的匹配分析,包括一般匹配和长度过滤匹配。

(7)相似数据查询,主要是针对同一个数据表内的数据进行相似数据查询,包括一般相似查询和长度过滤相似查询。

概括来说,"电子数据审计模拟实验室软件V1.0"目前已有的主要功能如图3.5所示。

3)电子数据审计模拟实验室软件的部分功能示例

"电子数据审计模拟实验室软件V1.0"的部分功能示例如图3.6和图3.7所示。

对于"电子数据审计模拟实验室软件V1.0"的具体应用,将会在实验指导书中做具体分析。

3. 其他审计软件

除以上所列出的代表性审计软件之外,市场上还有一些由软件公司开发的审计软件,本书不再赘述,读者可以根据需要去查询。

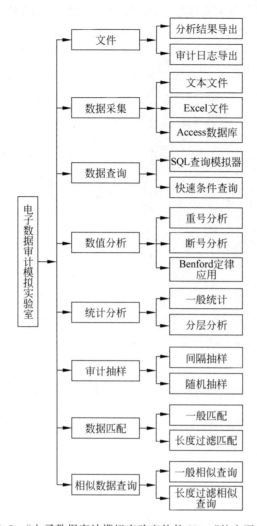

图 3.5 "电子数据审计模拟实验室软件 V1.0"的主要功能

3.4.2 国外审计软件

1. IDEA

1) IDEA 简介

IDEA 是 Interactive Data Extraction and Analysis 的缩写,意思是交互式数据抽取与分析,它体现了强大的分析功能与 Windows 操作系统下友好的用户界面的组合。IDEA 是由加拿大的 CaseWare International 公司(快思维国际有限公司)开发并推出的数据审计软件产品。CaseWare International 公司是老牌的审计软件提供商,主要提供数据分析软件、工作底稿软件、小型财务软件及其他服务,主要产品有 IDEA、WORKPAPER 等。IDEA 主要提供海量数据分析,WORKPAPER 主要提供工作底稿的编辑管理功能。该公司的网址为:http://www.caseware-idea.com。IDEA 软件的主要特点如下。

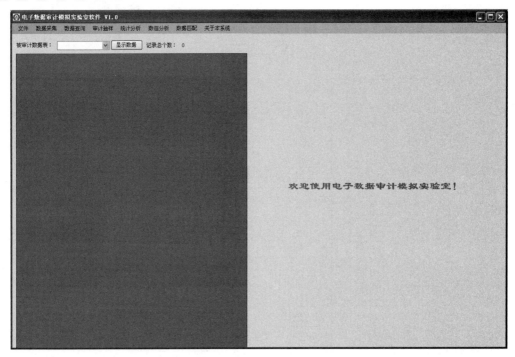

图 3.6 "电子数据审计模拟实验室软件 V1.0"的主界面

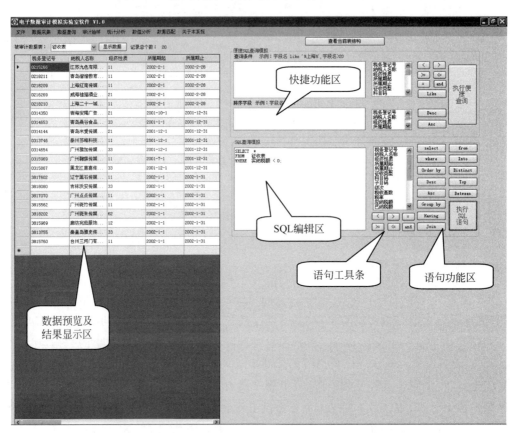

图 3.7 "电子数据审计模拟实验室软件 V1.0"的 SQL 查询模拟器功能主界面

(1) 简单易用、操作方便。

IDEA 给审计人员提供了一个方便的 Windows 操作系统界面,所有的功能操作起来都非常简便,使得学习及使用变得轻而易举。IDEA 能够支持多种数据库,且无须审计人员掌握程序编写知识,只需要审计人员使用按钮就可以运用分析功能。IDEA 中帮助文件详细,方便了审计人员的使用。IDEA 能够协助审计人员快捷地完成审计测试,把复杂的审计工作变得简单快捷。

(2) IDEA 功能强大。

IDEA 为审计人员提供了强大的数据采集功能和多种审计数据分析方法。

(3) 具有很强的数据安全性。

在实际应用中,IDEA 的一个突出的优点就是它不会更改原始数据,相对于传统工具软件 Excel 具有无可比拟的优势,因此,可以防止审计人员的舞弊行为,具有很强的数据安全性。

(4) 能提供操作轨迹。

对于每一项审计测试,IDEA 都能提供操作轨迹,为以后数据跟踪以及提供可靠的法律效力提供了依据。

2) IDEA 基本功能介绍

总体来说,IDEA 的主要功能如下。

(1) 将分析计划和进程归档于计划列表中。

(2) 能采集各种类型数据文件中的数据。

(3) 创建自定义的数据视图及报告。

(4) 执行数据分析,包括数据查询、统计分析、断号分析、重号分析等。

(5) 对异常或不连续的项目可以应用简单或复杂的标准来进行异常测试。

(6) 使用系统、随机、属性或货币单位的抽样技术来选择抽样。

(7) 匹配或比较不同的文件。

(8) 为多维分析生成数据透视表。

(9) 自动生成一个完整的历史文件,将分析结果归档。

(10) 可以使用自定义的 IDEA 脚本创建宏。

3) IDEA 8 基本功能简介

以 IDEA 8(2010 年 8 月发行)为例,启动 IDEA 8 后,系统中有被输入或打开的文件时的操作界面如图 3.8 所示。各部分的功能说明如下。

(1) "资源管理器"窗口以树状或分类视图显示了在工作文件夹中的所有文件。数据库可以被打开、重命名、删除、合并或添加到另一个数据库中去,也可以在该窗口中对现有选项进行标记。

(2) "资源管理器"工具栏提供了文件管理功能,它包含的按钮提供了文件管理功能的快捷途径。

(3) "操作"工具栏为一些最常用的功能提供了快捷方式。

(4) "属性"窗口中在任何项目旁的复选标记指明了它在当前视图中处于活动状态。

从"属性"窗口中,可以访问以下部分和功能。

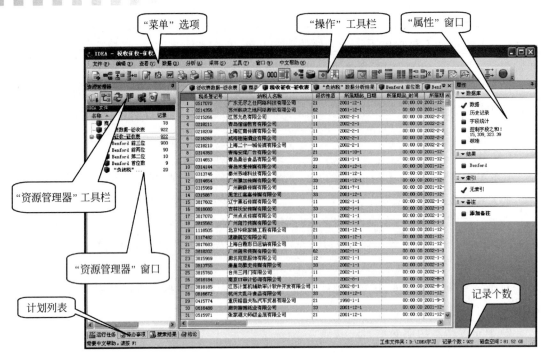

图 3.8　IDEA 的主界面

① 数据库，主要包括以下部分。

• 数据

IDEA 的数据视图如图 3.9 所示。数据视图是一个多文档界面（Multiple Document Interface，MDI）子窗口，它使得审计人员可以在数据库中查看所包含的字段。打开数据库时，数据视图将显示在主窗口中，并将在"属性"窗口的数据库区域内的数据链接旁出现一个复选标记，以指明数据属性可用。数据视图显示为一个二维数据表，字段名称显示为列标题，而记录号码显示为行号。所有的列（字段）都是可以调整尺寸的，例如，双击字段分隔符，将提供一个最佳或优化的字段宽度，也可以通过调整字段名之间的分隔符来调整字段宽度，单击并拖拉到期望的宽度。尽管一次可以打开多个数据库，但是每个数据库都是在不同的数据窗口中被打开的，而当前的数据库的名称显示在 IDEA 标题栏中。数据库中记录个数、路径，以及在工作文件夹中可利用的磁盘空间，都将显示在应用窗口底部的状态栏中。

数据视图中也显示 IDEA 的分析结果，例如，采用 IDEA 的数据查询功能对某一税收征收数据进行分析，其结果视图如图 3.10 所示。

• 历史记录

IDEA 的"历史记录"属性视图如图 3.11 所示。"历史记录"属性可生成一个线性日志，对在数据库中执行的所有任务进行审计追踪或记录，包括数据库的导入和每次审计测试。通过"历史记录"属性可以追溯数据的创建过程。

• 字段统计

IDEA 的字段统计视图如图 3.12 所示。"字段统计"属性提供了关于活动数据库中所有数值、日期和时间字段的统计信息，包括总计、平均、最大、最小等信息。字段统计提供了一个有价值的数据库初步分析，帮助审计人员理解数据，甚至发现问题以便做进一步的调查。

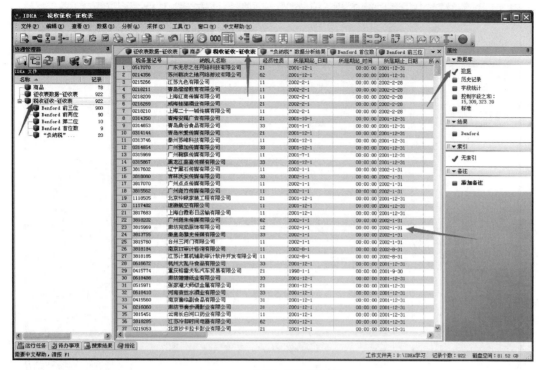

图 3.9 IDEA 的数据视图

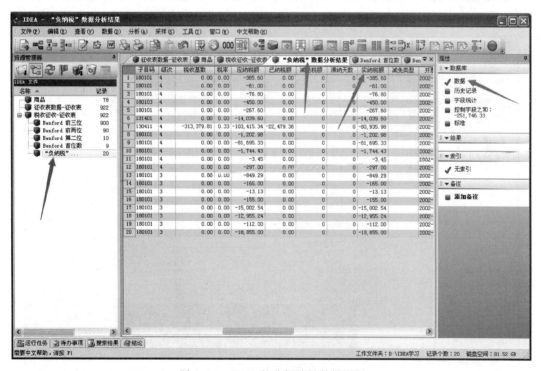

图 3.10 IDEA 的分析结果数据视图

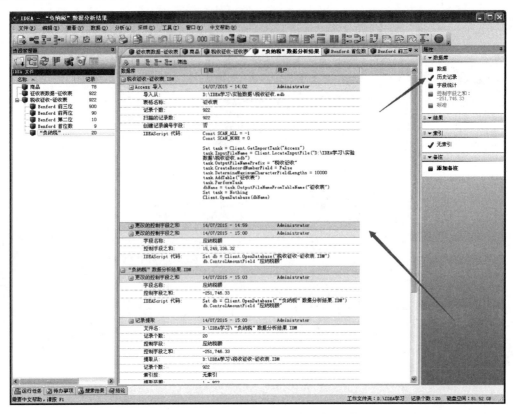

图 3.11 IDEA 的"历史记录"属性视图

图 3.12 IDEA 的字段统计视图

- 控制字段之和

IDEA 的控制字段之和视图如图 3.13 所示。使用"控制字段之和"属性,可将选定"数值"字段的总计显示在"属性"窗口数据库区域里控制字段之和的旁边。

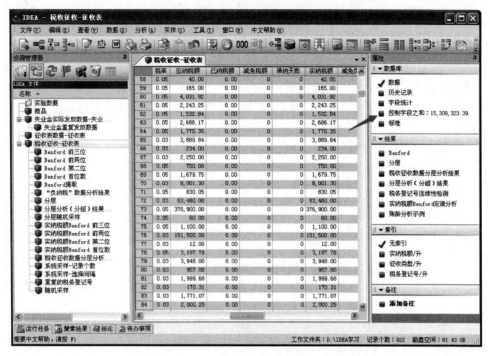

图 3.13　IDEA 的控制字段之和视图

- 标准

IDEA 的标准视图如图 3.14 所示。"标准"属性类似于 IDEA 数据分析功能中的直接提取任务,可以使用它来确定满足特定标准的项目。但是,标准并不生成输出数据库,它只是在"数据库"窗口中显示符合标准的那些记录,状态条记录了在数据库中满足给定标准的记录个数。

② 结果

许多 IDEA 分析会生成一个结果视图。以 Benford 定律为例,IDEA 的结果视图如图 3.15 所示。每个结果视图提供了一个工具栏,工具栏中所含的相应的选项是由测试来决定的,例如打印视图、将结果输出到文件等。

③ 索引

IDEA 的索引视图如图 3.16 所示。在 IDEA 中使用"索引"功能可以创建、删除和重新生成索引。

IDEA 的索引功能具有以下特点。

- 一旦创建了索引,IDEA 就会在数据库中按索引顺序显示记录。
- 索引并不是将记录排列在单独的数据库中,而是以指定的顺序排列记录。
- 审计人员选择的用于排列记录的字段称为关键量,一个索引最多可以包含 8 个关键量。如果创建了某个索引,最重要的字段(主关键量)将被首先选定,然后才是第二重要的字段,依次类推,直到最不重要的字段(次关键量)。

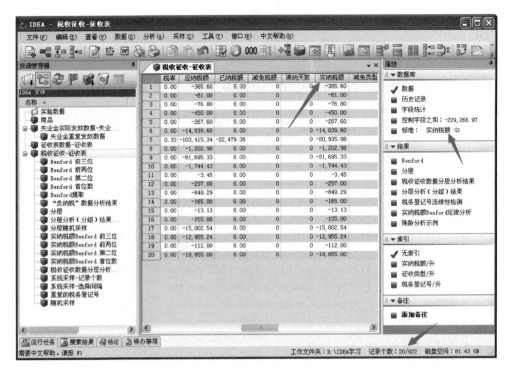

图 3.14 IDEA 的标准视图

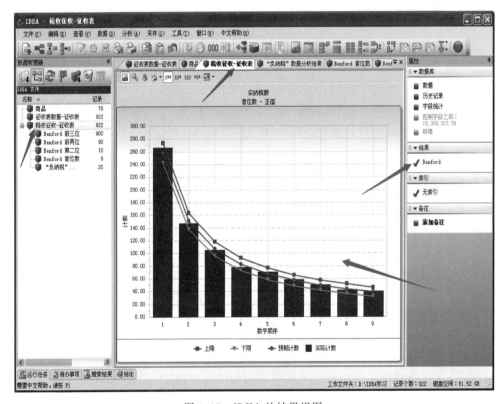

图 3.15 IDEA 的结果视图

- "属性"窗口的索引区域中提供了所有生成的索引,当前索引以复选标记突出显示。
- IDEA 同时在已索引字段列标题上显示方向箭头,使审计人员能轻易识别已索引的字段及其顺序(升序或降序)。其中,主关键量以红色箭头表示,而次关键量以蓝色箭头表示。

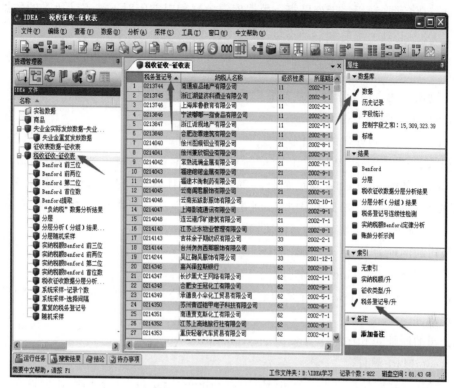

图 3.16　IDEA 的索引视图

2. ACL

ACL(Audit Command Language,审计命令语言)是由加拿大 ACL 公司开发的面向大中型企业的审计软件,主要提供数据分析软件及服务,特别适合金融、电信、保险等行业海量数据的分析。该公司的网址为 http://www.acl.com。

总的来说,ACL 软件的主要特点如下。

1) 大数据量处理

ACL 软件可以处理几千万条数据。

2) 能采集各种类型数据文件中的数据

ACL 软件可以读取、转换任何类型的被审计数据。

3) 功能强大

除了常规功能外,在数据分析过程中,ACL 软件可以不断增加并存储其灵活程序或命令,审计人员可以结合自己的工作经验或业务需要,充分运用 ACL 提供的广泛分析解决方案、交互式数据分析、可再编辑的命令程序,直接进行全面数据分析。另外,ACL 可通过日志文件等方式归类各种分析,记录各类数据分析,进行信息的整合。

4) 具有持续监控功能

ACL 软件可以持续监控被审计单位数据,预防新的舞弊现象的发生,使审计人员从大量的重复性工作中解脱出来,可以更关注于风险的防范和预防。ACL 软件已经在微软公司及汇丰银行中加以应用。在微软公司,采用 ACL 软件实时监管公司业务,为公司决策者提供有效决策信息支持。在汇丰银行,ACL 公司针对银行数据量大的特点,在银行数据库服务器旁搁置服务器,利用每天夜里银行数据库服务器相对空闲时下载审计所需的数据,审计人员使用 ACL 软件对下载的数据进行分析,从而发现审计线索。

3. 国外其他审计软件概述

以上列出了两个国际上比较流行的审计软件,除此之外,国外部分其他审计软件简介如下,读者可以根据需要去查询。

1) Horwath 公司开发的审计软件

英国 Horwath Clark Whitehill 会计师事务所的主要产品有 Galileo 和 Magique Risk Management,其中,Galileo 是满足企业内审要求的审计软件,它包括审计计划、审计进度表、审计底稿、审计报告、项目人员管理、问题追踪等审计工作所需要的模块;Magique Risk Management 是进行企业整体风险评估的审计软件。

该公司的网址为 http://www.horwathsoftware.com。

2) AutoAudit for windows 软件

AutoAudit for windows 软件是加拿大的 Paisley 公司开发的面向会计师事务所的审计项目管理软件。

该公司的网址为 http://www.paisleyconsulting.com。

3) TeamMate 软件

TeamMate 软件是普华永道公司(PricewaterhouseCoopers)开发的审计项目管理软件,它包括风险评估、审计计划、底稿复核等功能模块。

普华永道公司是由 Price Waterhouse 和 Coopers & Lybrand 拥有 150 多年历史的两家公司合并而成。合并之前的 Coopers & Lybrand 公司是英国最大的咨询公司,公司在财务咨询、业务流程重组和系统集成方面有很强的优势,而 Price Waterhouse 公司也在 IT 咨询方面有很强的实力。

该公司的网址为 http://www.pwcglobal.com。

4) Pentana 公司开发的审计软件

Pentana 公司主要提供内部审计软件,其主要产品有 PAWS Risk & Audit Management、Retain Resource Planning Software、Pentana Checker Questionnaire Software。Pentana 审计软件包含审计风险评估、审计计划、财务披露等模块,该软件开发公司总部在英国。

该公司的网址为 http://www.pentana.com。

3.5 国内外审计软件功能比较

AO 和 IDEA 分别是目前国内和国外著名的通用审计软件。为了便于了解国内外审计软件在功能上的异同,以 AO 2011 和 IDEA 8 为例,二者功能的比较如表 3.1 所示。

表 3.1　AO 2011 和 IDEA 8 的功能比较

功　　能		AO 2011	IDEA 8
账表分析		√	
统计分析		√	√
数据查询		√	√
数据比较			√
从两个不同的文件创建一个新文件		√	√
重号分析		√	√
断号分析		√	√
抽样功能		√	√
Benford 定律检测			√
账龄分析(Aging)			√
批命令处理			√
操作日志			√
数据采集模板		√	
数据采集对象	Access	√	√
	ODBC	√	√
	dBASE	√	√
	Text	√	√
	Excel	√	√

3.6　国内审计人员开展审计使用的主要软件概况

以国家审计为对象,对国内审计人员开展审计使用的主要软件概况进行调查,相关结果如下。

1. 审计人员在开展审计工作中主要使用的数据库软件情况

通过对调查问卷分析,审计人员在开展工作中主要使用的数据库软件情况如图 3.17 所示。可以看出,审计人员目前在开展工作中主要使用的数据库软件是 SQL Server(主要版本有 2000、2005、2008 等),其次就是 Access。由问卷调查可知,尽管审计人员目前最熟悉的数据库软件是 Access,但使用最多的数据库软件仍然是 SQL Server,这说明考虑到被审计单位数据量大、SQL Server 数据库功能较强大等因素,SQL Server 更能满足目前审计人员开展电子数据审计的需要。需要指出的是,部分审计人员目前在开展工作中也多使用 Excel,表明尽管 Excel 在数据分析上存在一定的不足,但仍然是一个比较方便使用的工具。另外,通过现场调查和座谈,部分审计人员使用 Oracle 数据库(主要版本有 9g、10g 等),这说明对审计人员来说,尽管 Oracle 数据库在处理大数据量时非常有用,但使用起来仍存在一定的难度。

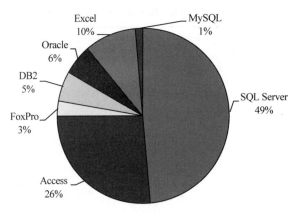

图 3.17 审计人员在开展工作中主要使用的数据库软件占比情况

2. 审计人员在开展审计工作中主要使用的审计软件情况

通过对调查问卷分析,审计人员在开展工作中主要使用的审计软件情况如图 3.18 所示。可以看出,审计人员目前在开展审计工作中使用审计软件主要是 AO(主要版本有 AO 2008 和 AO 2011),这说明作为"金审工程"的一项重要成果,AO 在审计工作中得到广泛应用,充分说明了"金审工程"的实施对审计人员开展电子数据审计起到了很大的促进作用。另外,通过现场调查和座谈,一些审计部门也尝试使用联网审计系统软件。

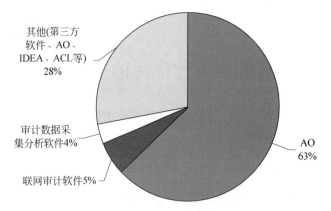

图 3.18 审计人员在开展工作中主要使用的审计软件占比情况

思考题

1. 什么是审计软件?
2. 一般来说审计软件包括哪些常用的功能?
3. 列举你所知道的国内外审计软件。
4. 大数据环境对审计软件有何影响?
5. 谈谈今后审计软件的发展趋势。

第 4 章 审计数据采集

> **本章学习目标**
>
> ❑ 理解审计数据采集的重要性。
> ❑ 掌握审计数据采集的原理、特点、主要步骤以及方法。
> ❑ 掌握如何使用通用软件采集数据。
> ❑ 掌握如何使用审计软件采集数据。
> ❑ 掌握如何使用大数据审计软件采集数据。
> ❑ 理解审计数据验证的重要性、熟悉审计数据验证的方法以及审计数据采集阶段的审计数据验证。

4.1 概述

如何把被审计单位的电子数据采集过来,是开展电子数据审计的关键步骤。《中华人民共和国审计法》(2006 年)(以下简称《审计法》)对审计数据采集做了更具体的规定。《审计法》第三十一条规定:审计机关有权要求被审计单位按照审计机关的规定提供预算或者财务收支计划、预算执行情况、决算、财务会计报告,运用电子计算机储存、处理的财政收支、财务收支电子数据和必要的电子计算机技术文档,在金融机构开立账户的情况,社会审计机构出具的审计报告,以及其他与财政收支或者财务收支有关的资料,被审计单位不得拒绝、拖延、谎报。被审计单位负责人对本单位提供的财务会计资料的真实性和完整性负责。国务院关于加强审计工作的意见(国发〔2014〕48 号)中指出:"(十二)提供完整、准确、真实的电子数据。有关部门、金融机构和国有企事业单位应根据审计工作需要,依法向审计机关提供与本单位、本系统履行职责相关的电子数据信息和必要的技术文档;在确保数据信息安全的前提下,协助审计机关开展联网审计。在现场审计阶段,被审计单位要为审计机关进行电子数据分析提供必要的工作环境。"

本章首先介绍数据采集的原理、特点及方法,然后重点介绍如何使用通用软件,如 Excel、Access、SQL Server 等,采集被审计单位不同格式类型的电子数据;如何使用专门的审计软件,如 IDEA、AO 等,采集被审计单位不同格式类型的电子数据,以及使用大数据审计软件采集被审计单位不同格式类型的电子数据和使用网络爬虫技术采集互联网上公开的数据。

4.2 审计数据采集理论分析

4.2.1 审计数据采集的原理

简单地讲,审计数据采集就是审计人员为了完成审计工作,在进行审计时,按照审计需求从被审计单位的信息系统或其他来源中获得相关电子数据的过程。其原理如图4.1所示。

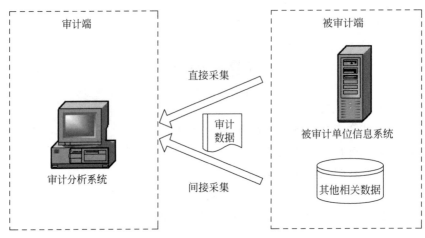

图 4.1　审计数据采集的原理

审计数据采集的对象一般是被审计单位信息系统中的电子数据或数据库中的备份数据,审计人员也可以从其他来源获得被审计单位的相关审计数据,例如从会计核算中心、税务等部门获得审计数据,以及通过网络爬虫工具获得一些互联网上的公共数据。

4.2.2 审计数据采集的特点

一般来说,审计数据采集具有以下特点。

1) 选择性

选择性是指审计人员在进行审计数据采集时只采集与审计需求相关的数据。审计人员在进行审计数据采集工作之前,必须认真分析和研究本次审计工作方案中明确的审计范围、审计内容以及审计重点,结合审前调查所提出的数据需求,确认本次审计数据采集的范围、内容以及重点,特别是在不能完全采集电子数据的情况下,例如,当审计人员面对海关、银行、税务等被审计单位"海量"的电子数据时,审计数据采集必须要做到有的放矢,减少盲目性,提高审计效率,降低审计风险。

2) 目的性

目的性是指审计数据采集是为进行审计数据分析、发现审计线索、获取审计证据做基础数据准备的。为了完成面向电子数据审计,首先,需要采集被审计对象信息系统中的数据,即审计数据采集;然后,根据对这些数据的分析和理解,将其转换为满足审计数据分析需要的数据形式,即审计数据预处理;最后,使用通用软件或专门的审计软件对采集到的电子数据进行分析,从而发现审计线索,获得审计证据,即审计数据分析。由此可见,审计数据采集是开展电子数据审计的首要步骤,是为进行审计数据分析、发现审计线索、获取审计证据做基础数据准备的,具有一定的目的性。

3) 可操作性

可操作性是指审计人员在进行数据采集时,需根据被审计单位的实际情况选择最合适的审计数据采集方案。后文将会介绍各种实现审计数据采集的技术和方法,因此,在完成审计数据采集任务时,需要根据被审计单位的具体情况,采取最佳的审计数据采集方案,以降低审计成本和审计风险。

4) 复杂性

信息化环境下,被审计单位的信息化程度差异较大,一些小的单位多使用一些自己开发的应用软件,数据库系统也一般使用单机版,如 Access、FoxPro 等;而一些重要的单位,如银行等部门,信息化程度高,使用的应用软件和数据库系统层次也较高,数据库系统多数使用 Oracle 数据库;有些单位非法使用盗版软件,这样的软件部分功能不能使用,不能备份数据库,从而不能完整地采集数据。被审计单位信息化程度的差异性造成了审计人员在审计数据采集过程中不能采用同一种审计数据采集方法,必须根据被审计单位的实际情况,选择合适的审计数据采集方法,从而造成了审计数据采集的复杂性。

4.2.3 审计数据采集的主要步骤

在实际的电子数据审计过程中,审计数据采集一般可以归纳为以下几个主要步骤,如图 4.2 所示。

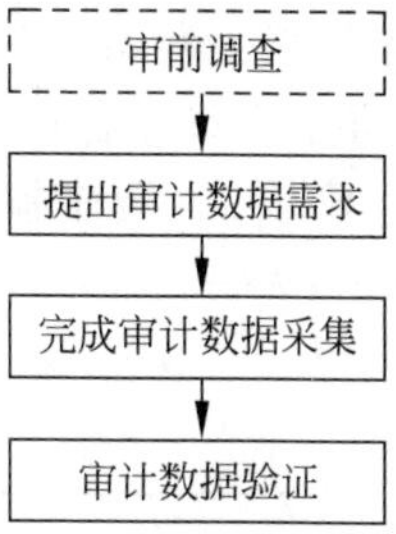

1) 审前调查

开展电子数据审计之前,应在对被审计单位的组织结构进行调查的基础上,掌握被审计单位信息系统在其组织内的分布和应用的总体情况。然后,根据审计的目的和被审计单位信息系统的重要性确认是否深入调查,进行全面、详细的了解。通过审前调查,了解被审计单位信息系统的相关情况。

2) 提出审计数据需求

在审前调查的基础上,提出审计数据需求,指定采集的系统名

图 4.2 审计数据采集的主要步骤

称(或指定数据库中具体的表名称、字段名称等)、采集的具体方式、数据传递格式、所需数据的时间段、交接方式、数据上报期限和注意事项等内容。关键步骤如下。

(1) 确定所需数据内容。

应在审计组内将被审计单位信息系统的相关情况进行通报,将调查所形成的材料分发给审计组相关成员阅读,并由负责具体调查工作的组员对材料进行讲解。审计组相关成员应对所需数据的内容进行讨论,然后决定初步的审计数据需求,主要原因如下。

① 通过讨论可以提出尽量全面、完整的数据需求,防止因考虑不周全而多次、零星地提出数据需求,从而延误电子数据的获取。

② 通过讨论使审计组成员了解被审计单位信息系统及其数据的概况,为后面的审计数据分析打下基础。

(2) 确定审计数据采集的具体方式。

经过审计组讨论,初步确定审计数据需求后,应同被审计单位的信息系统管理人员商量,从技术的角度考虑所需要的数据能否采集,以哪种方式采集更好,具体的文件格式、传递

介质等问题。如果在发出正式的数据需求前不向被审计单位的技术人员询问，有可能造成审计数据需求不合理，特别是在数据格式不现实或审计数据采集方式不是最佳方式的情况下，不利于采集审计数据的开展。

(3) 提出正式的审计数据需求。

在做好上述两步工作后，审计组应发出正式的审计数据需求。审计数据需求的主要内容应包括以下几个方面：被采集的系统名称、数据的内容、数据格式、传递方式、时限要求等。在实践中，常用的方式是请被审计单位将指定数据转换为通用的、便于审计组采集分析的格式；也可以要求被审计单位搭建系统分析环境；也可以通过 ODBC 等方式连接，直接对数据进行采集。无论采取哪种方式，都应该以审计组的名义发出审计数据需求，明确目的、内容和责任等事项。审计数据需求可以消除只进行口头说明可能引起的需求不明，它能准确表达审计组的要求，并使被审计单位正确理解数据需求，从而为顺利采集审计数据打下基础。另外，在审计数据需求中规定安全控制措施、双方责任等事项还可以在一定程度上避免审计风险。为了便于理解如何提出书面数据需求，本书参照《审计信息化》(高等教育出版社，2017 年)中的实例，相关审计数据需求实例如例 4.1 和例 4.2 所示。

3) 完成审计数据采集

根据审计数据需求，从被审计单位获得所需要的审计数据。

4) 审计数据验证

对获得的审计数据进行检查，以保证审计数据采集的真实性和完整性，从而降低审计风险。

需要指出的是，在审计数据采集的过程中，由于电子资料比纸质资料更容易被篡改，并且难以发现篡改的痕迹，因此，为了降低开展电子数据审计的风险，必须建立电子数据承诺制，即被审计单位必须保证所提供电子数据的真实性和完整性。

例 4.1 要求被审计单位搭建系统分析环境

江展市审计局

审计需求（编号）

江发制造集团有限公司：

　　根据我局审计工作安排，请在审计组指定的计算机上搭建以下系统运行环境。

　　(1) 安装数据库管理系统 Oracle 11g，Oracle 数据库的 SQL 查询工具 PL/SQL Developer 8.0 和财务共享管理系统 3.0，并将包含 2013 年—2017 年数据的备份数据库附加到系统中。

　　(2) 在财务共享管理系统 3.0 中为审计组专设一个操作员账号，专设账号不得与公司在用的任何用户名和口令相同。

　　上述需求请于 5 月 16 日前完成。

联系人：钱林肯　王朗普

联系电话：025-88889966，13812345678

2017 年 5 月 12 日

例 4.2　要求被审计单位提供数据

江展市审计局

审计需求(编号)

江发制造集团有限公司：

　　根据我局审计工作安排,请准备以下资料。

　　(1) 公司 2013 年—2016 年的财务数据,数据字段包括：集团名称、企业名称、唯一主代码、银行账号、银行名称、凭证号、交易日期、交易时间、入账日期、入账时间、借贷标志、对方单位名称、对方银行名称、对方银行账号、币种、交易金额、摘要。该数据请以文本文件格式提供。

　　(2) 请提供以上财务数据表的数据字典。该数据请以 Word 文件格式提供。

　　上述需求请于 5 月 18 日前完成。

　　　　　　　　　　　　　　　　　　　联系人：钱林肯　　王朗普
　　　　　　　　　　　　　　　　　　　联系电话：025-88889966,13812345678
　　　　　　　　　　　　　　　　　　　　　　　　　2017 年 5 月 16 日

4.2.4　审计数据采集的方法

在审计数据采集过程中,审计人员常用的审计数据采集方法主要有以下五种。

1) 直接复制

当被审计单位的数据库系统与审计人员使用的数据库系统相同时,只须直接将被审计对象的数据复制到审计人员的计算机中即可,即直接复制的方式。

2) 通过中间文件采集

通过中间文件采集是指被审计单位按照审计要求,将原本不符合审计软件要求的数据转换成审计软件能读取的格式(如 TXT 格式、XML 格式等)提供给审计人员。

对于一些比较敏感的系统,审计人员可能不便于直接接触其系统和相关资料。在这种情况下,可以在审计人员的监督下,由被审计单位技术人员将其数据转换为标准格式数据或审计人员指定格式的数据,交给审计人员。

在数据采集的实际应用中,很多情况下采用文本文件作为约定的格式,这主要是因为大多数数据库管理系统都能导出、导入文本文件,应用范围广泛。审计人员在开展电子数据审计的过程中,经常会通过文本文件导入数据,所以掌握文本文件的导入是十分必要的。

3) 通过 ODBC 接口采集

通过 ODBC 接口采集数据是指审计人员通过 ODBC 数据访问接口直接访问被审计单位信息系统中的数据,并把数据转换成审计所需的格式。

4) 通过备份/恢复的方式采集

通过备份/恢复的方式采集是指审计人员首先把被审计单位数据库系统中的数据进行备份(或者让被审计单位把该单位数据库系统中的数据进行备份),然后把该备份数据在审计人员的数据库系统中恢复成数据库格式的数据,在审计人员的数据库系统中对采集到的被审计单位的数据进行审计分析。

5) 通过专用模板采集

一些审计软件针对不同的被审计信息系统设计了相应的"专用采集模板",审计人员在进行审计数据采集时,通过选择相应的模板,可以自动实现数据的采集,这种方式被称为"通过专用模板采集"。

这种方式的优点是使用简单,自动化程度高,对审计人员的技术水平要求不高;缺点是审计软件必须为每一类被审计对象的应用软件(包括该软件的不同版本)设计一个专用采集模板。由于目前被审计单位所使用的应用软件各种各样,很难为每一类应用软件以及相应的各种版本设计相应的模板,这使得专用模板采集法的成本相对较高。审计人员在实际的工作中,应根据被审计单位的实际情况,有采集模板时用模板采集法,没有采集模板时再用其他数据采集方法。

国内的审计软件 AO 就采用了这种模板采集方法,以 AO 2011 为例,其模板采集方法的界面如图 4.3 所示。

五种数据采集方法的优缺点分析如表 4.1 所示。

图 4.3 AO 2011 的模板采集方法界面

表 4.1 常用五种数据采集方法的优缺点分析

数据采集方法	影响使用的因素				
	动态还是静态	对被审计信息系统的影响	专业知识需求	对被审计单位的依赖性	灵活程度
直接复制	静态	影响小	不需要	不依赖	一般
通过中间文件采集	静态	影响小	不需要	依赖	一般
通过 ODBC 接口采集(从被审计单位信息系统中采集)	动态	影响大	需要	不依赖	高
通过备份/恢复的方式采集	静态	影响小	需要	如果请被审计单位备份,则依赖	一般
通过专用模板采集(从备份数据中采集)	静态	影响小	不需要	不依赖	低

4.3 审计数据采集:以通用软件为例

在进行审计数据采集时,审计人员可根据审计任务的需要以及被审计单位的实际情况,依据审计数据采集的相关理论,使用通用软件或专门的审计软件来完成。本节首先介绍如何使用通用软件完成审计数据采集。

4.3.1 基于 Excel 的数据采集

在完成电子数据审计的过程中,审计人员有时会用 Excel 来分析被审计单位的电子数据,这时,就需要把不同类型的电子数据采集到 Excel 中。本节以 Excel 2007 为例,通过实例详细介绍如何把常用类型的电子数据采集到 Excel 中。

1. 采集文本文件数据

有时,被审计单位提供给审计人员的是文本文件格式的数据,把该格式的数据采集到 Excel 中可采用以下方法。

1) 第一种方法:直接打开文本文件

该方法的操作过程如下。

(1) 打开 Excel。

(2) 单击"Office 按钮",选择"打开"命令,如图 4.4 所示,按照提示步骤,选择需要采集的文本文件数据,即可完成数据采集工作。

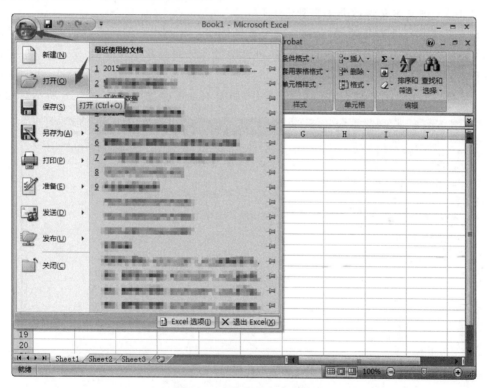

图 4.4 直接打开文本文件

2) 第二种方法:通过 Excel 的数据导入功能来完成

该方法的操作过程如下。

(1) 打开 Excel。

(2) 单击"数据"选项卡,然后单击"自文本"选项,如图 4.5 所示,按照提示步骤,选择需要采集的文本文件数据,即可完成数据采集工作。

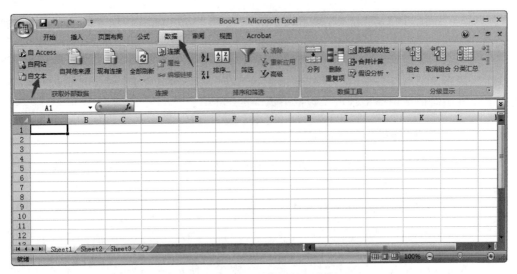

图 4.5　Excel 的数据导入功能

例 4.3　把文本文件数据采集到 Excel 中

现有某零售企业商品数据"商品.txt",如本书附录 A 所示。请将该数据采集到名为"商品"的 Excel 文件中,要求不导入订购量和再订购量。把商品数据采集到 Excel 文件中的操作过程如下。

(1) 单击"Office 按钮",选择"打开"命令,如图 4.4 所示,则出现如图 4.6 所示对话框。

图 4.6　选择需要导入的商品数据

(2) 在图 4.6 中选择需要采集的商品数据,单击"打开"按钮,进入"文本导入向导"对话框,如图 4.7 所示。

(3) 在图 4.7～图 4.11 中,按照系统提示,进行相应的设置。

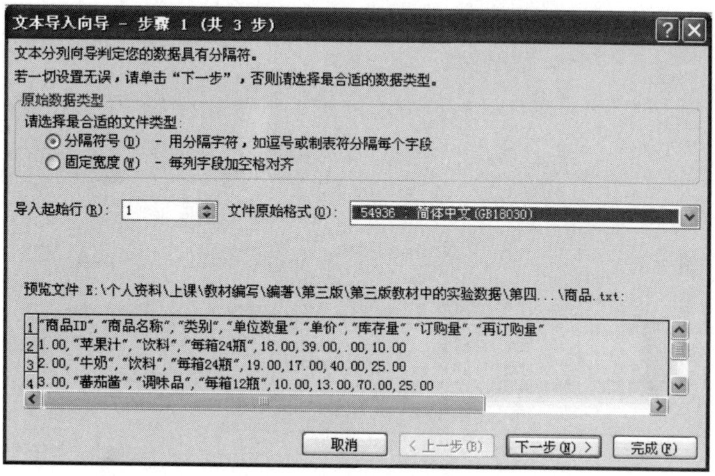

图 4.7 进入“文本文件导入向导”对话框

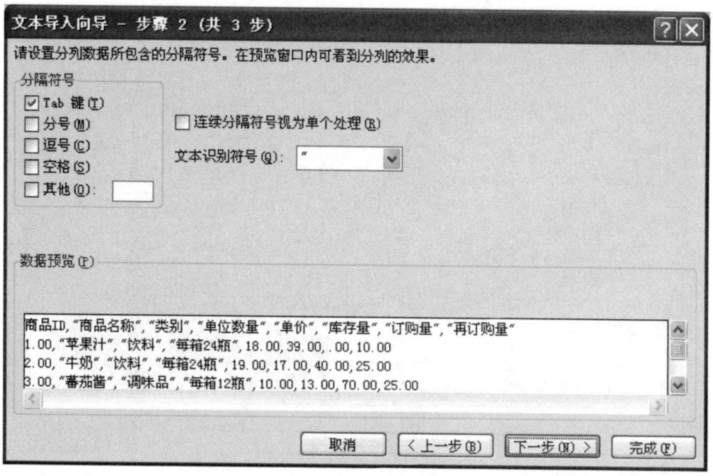

图 4.8 分隔符设置

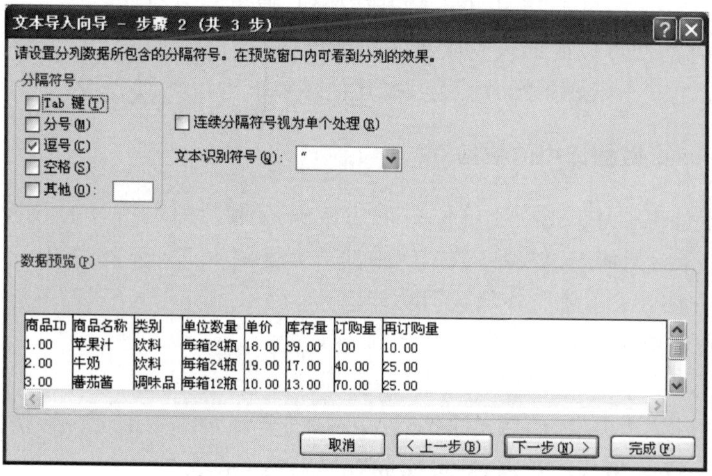

图 4.9 选择文本数据的分隔符

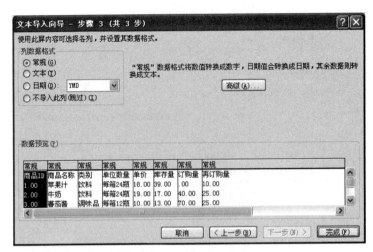

图 4.10 列数据格式设置

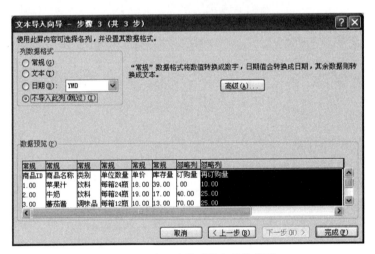

图 4.11 设置不需要导入的数据列

（4）设置完成后，在图 4.11 中单击"完成"按钮，便可完成数据的采集，如图 4.12 所示。通过以上步骤，便可按照要求完成数据的采集。

以上的演示是基于 Excel 2007 环境，在其他环境下方法类似。

2．采集 Access 数据库中的数据

在实际的审计工作中，被审计单位多采用数据库来管理本单位的数据，本节以 Excel 2007 为例，详细介绍如何把 Access 数据库中的数据采集到 Excel 2007 中。

1）第一种方法：采用获取外部数据功能

该方法的操作步骤如下。

（1）打开 Excel。

（2）单击"数据"选项卡，然后单击"自 Access"选项，如图 4.13 所示，按照提示步骤，选择需要采集的 Access 格式的数据，即可完成数据采集工作。

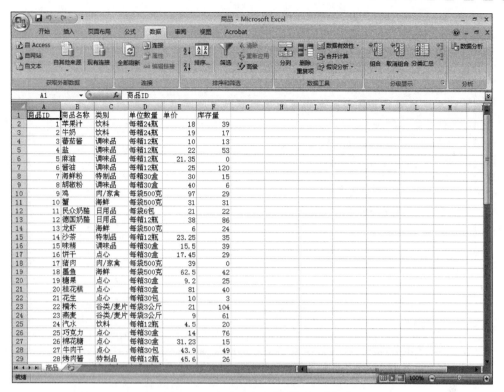

图 4.12 完成文本文件数据的采集

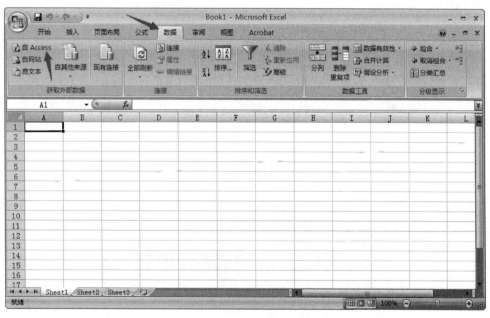

图 4.13 Excel 中 Access 数据库数据采集功能

例 4.4 把某 Access 数据库中的数据采集到 Excel 中

现有某税收征收电子数据(文件名为"税收征收.mdb",数据表名为"征收表"),表结构见本书附录 A。把 Access 数据库中的数据采集到 Excel 中的操作步骤如下。

(1) 在 Excel 中，单击"数据"选项卡，然后单击"自 Access"选项，如图 4.13 所示，弹出"打开"对话框，如图 4.14 所示。

图 4.14 "打开"对话框

(2) 在图 4.14 中选择要采集的 Access 数据，然后，单击"打开"按钮，弹出"选择表格"对话框，如图 4.15 所示。

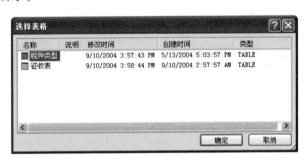

图 4.15 "选择表格"对话框

(3) 在图 4.15 中选择要采集的数据库中的数据表，结果如图 4.16 所示，然后单击"确定"按钮，弹出如图 4.17 所示对话框。

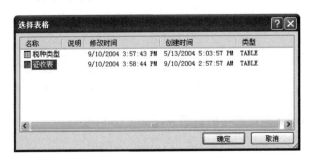

图 4.16 选择要采集的数据表界面

图 4.17 "导入数据"对话框

(4) 在图 4.17 中单击"确定"按钮,完成数据采集,结果如图 4.18 所示。

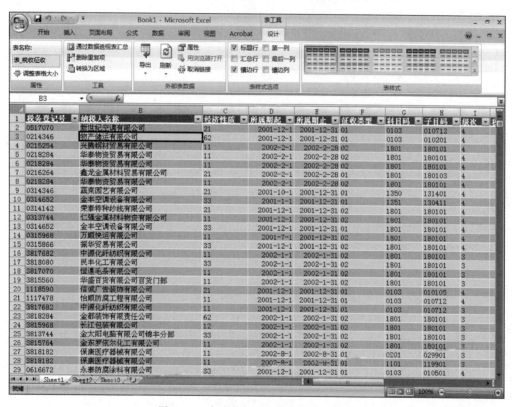

图 4.18 完成数据采集后的 Excel 界面

2) 第二种方法:使用"Office 按钮"直接打开

该方法的操作步骤如下。

(1) 打开 Excel。

(2) 单击"Office 按钮",选择"打开"命令,如图 4.19 所示,按照提示步骤,选择需要采集的 Access 数据库文件数据,即可完成数据采集工作,其操作过程同上。

3. 采集 SQL Server 数据库中的数据

在实际的审计工作中,很多被审计单位还使用 SQL Server 数据库来管理本单位的数

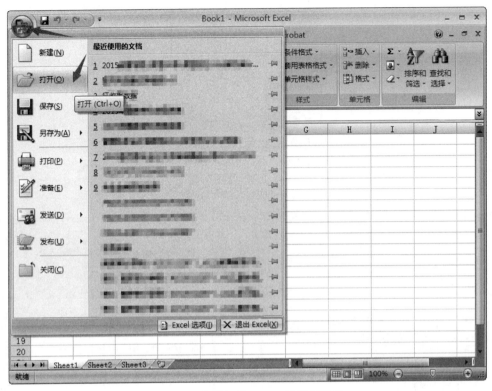

图 4.19　直接打开 Access 数据库数据

据,本节以 Excel 2007 为例,详细介绍如何把 SQL Server 数据库中的数据采集到 Excel 中。该方法的操作步骤如下。

(1) 打开 Excel。

(2) 单击"数据"选项卡,选择"自其他来源"选项,如图 4.20 所示。

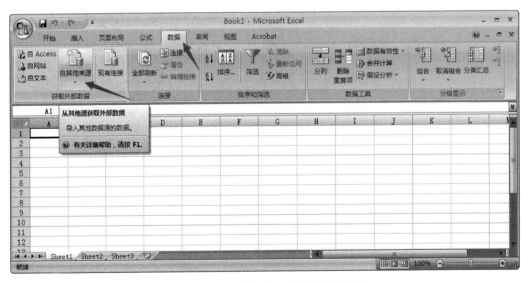

图 4.20　Excel 的其他来源数据采集功能

(3) 选择"来自 SQL Server"选项,如图 4.21 所示,进入"数据连接向导"对话框,如图 4.22 所示。

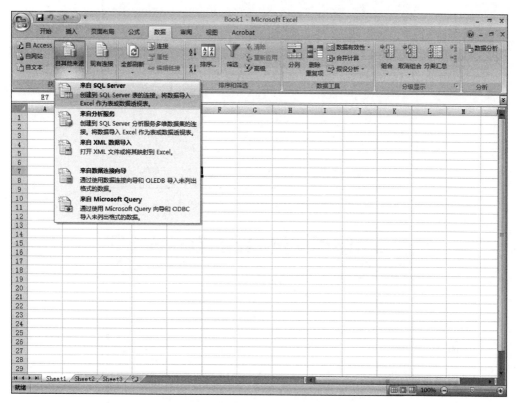

图 4.21　Excel 的 SQL Server 数据采集选择界面

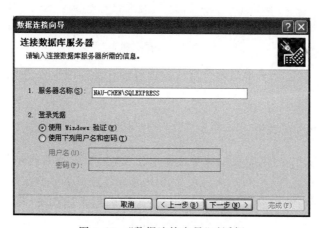

图 4.22　"数据连接向导"对话框

(4) 在图 4.22 中输入所要连接的 SQL Server 数据库服务器名称。注意:本实例中创建的数据库服务器名称为"NAU-CHEN\SQLEXPRESS",如图 4.23 所示,其中,"NAU-CHEN"为 SQL Server 数据库所安装的计算机的名称。

(5) 在图 4.22 中,单击"下一步"按钮,进入"选择数据库和表"界面,选择需要采集的数据库中的数据表,如图 4.24 所示。

图 4.23　数据库服务器名称信息界面

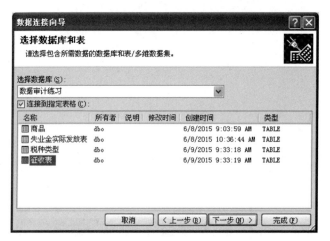

图 4.24　"选择数据库和表"界面

（6）在图 4.24 中，单击"下一步"按钮，根据数据连接向导提示，即可完成数据采集，如图 4.25 所示。

4. 采集 XML 格式的数据

在实际的审计工作中，不管被审计单位使用什么数据库来管理本单位的数据，一般可以导出为 XML 数据，交给审计单位，审计单位可以把这些数据采集到 Excel 中进行分析。本节以 Excel 2007 为例，详细介绍如何把 XML 格式的数据采集到 Excel 中。该方法的操作步骤如下：

（1）打开 Excel。

（2）单击"数据"选项卡，选择"自其他来源"选项，如图 4.26 所示，然后单击"来自 XML 数据导入"，如图 4.27 所示。

（3）选取数据源，如图 4.28 所示，按照提示步骤，即可完成数据采集工作。

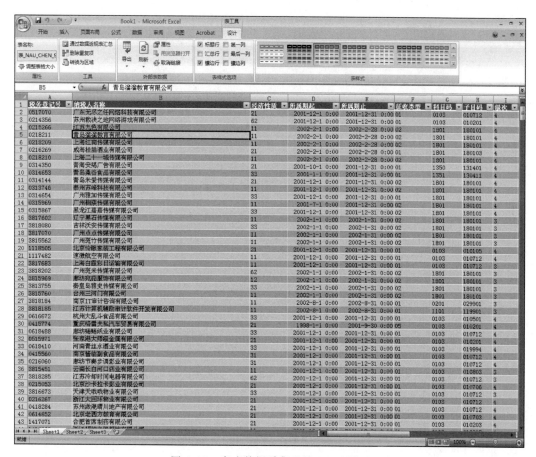

图 4.25 完成数据采集后的 Excel 界面

图 4.26 Excel 的其他来源数据采集功能

图 4.27　Excel 的 XML 数据源采集选择界面

图 4.28　Excel 的"选取数据源"对话框

5. 采集其他数据源中的数据

在实际的审计工作中,除了文本文件、Access 数据库数据等之外,被审计单位提供的数据可能会多种多样,这些数据也可能通过 ODBC 采集到 Excel 中,其操作步骤如下。

(1) 打开 Excel。

(2) 单击"数据"选项卡,选择"自其他来源"选项,然后单击"来自 Microsoft Query",如

图 4.29 所示,按照提示步骤,即可通过 ODBC 完成数据采集工作。

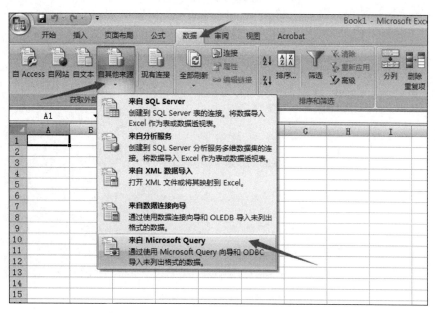

图 4.29 Excel 的 ODBC 数据源采集选择界面

4.3.2 基于 Access 的数据采集

在完成电子数据审计的过程中,审计人员有时会用 Access 来分析被审计单位的电子数据,或者借助 Access 数据库对被审计单位的电子数据进行采集,这时,需要把不同类型的电子数据采集到 Access 数据库中。本节以 Access 2007 为例,详细介绍如何把常用类型的电子数据采集到 Access 中。

1. 采集文本文件数据

有时,被审计单位提供给审计人员的是文本文件格式的数据,把该格式的数据采集到 Access 中可采用以下方法。

1) 第一种方法:直接打开文本文件

该方法的操作步骤如下。

(1) 假设新建一个名为"数据审计练习"的 Access 数据库,并打开该数据库。

(2) 在"数据审计练习"Access 数据库中,单击"Office 按钮",选择"打开"命令,如图 4.30 所示,按照提示步骤,选择需要采集的文本文件数据,即可完成审计数据采集工作。

2) 第二种方法:导入文本文件

该方法的操作步骤如下。

(1) 假设新建一个名为"数据审计练习"的 Access 数据库,并打开该数据库。

(2) 单击"外部数据"→"文本文件",如图 4.31 所示,按照提示步骤,选择需要采集的文本文件数据,即可完成审计数据采集工作。

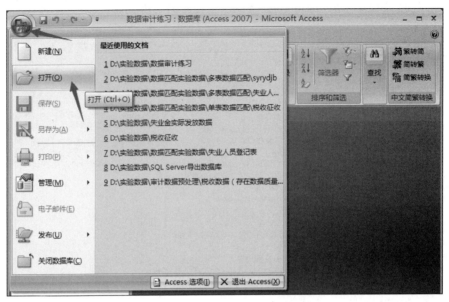

图 4.30　Access 的文件"打开"命令

图 4.31　Access 的文本文件数据导入功能

2．采集 Excel 中的数据

有时，被审计单位提供给审计人员的是 Excel 格式的数据，把该类型的数据采集到 Access 中可采用以下方法。

1）第一种方法：直接打开 Excel 文件

该方法的操作步骤如下。

（1）假设新建一个名为"数据审计练习"的 Access 数据库，并打开该数据库。

（2）在"数据审计练习"Access 数据库中，单击"Office 按钮"，选择"打开"命令，如图 4.30 所示，按照提示步骤，选择需要采集的 Excel 文件，即可完成审计数据采集工作。

2）第二种方法：导入 Excel 文件

该方法的操作步骤如下。

（1）假设新建一个名为"数据审计练习"的 Access 数据库，并打开该数据库。

（2）单击"外部数据"→Excel，如图 4.32 所示，按照提示步骤，选择需要采集的 Excel 文件数据，即可完成审计数据采集工作。

图 4.32　Access 的 Excel 文件数据导入功能

3. 采集 Access 中的数据

有时,被审计单位提供给审计人员的是 Access 格式的数据,把该格式的数据采集到 Access 中可采用以下方法。

1) 第一种方法:直接打开 Access 数据库文件

该方法的操作步骤如下。

(1) 假设新建一个名为"数据审计练习"的 Access 数据库,并打开该数据库。

(2) 在"数据审计练习"Access 数据库中,单击"Office 按钮",选择"打开"命令,如图 4.30 所示,按照提示步骤,选择需要采集的 Access 数据库文件,即可完成审计数据采集工作。

2) 第二种方法:导入 Access 数据库文件

该方法的操作步骤如下。

(1) 假设新建一个名为"数据审计练习"的 Access 数据库,并打开该数据库。

(2) 单击"外部数据"→Access,如图 4.33 所示,按照提示步骤,选择需要采集的 Access 数据库文件,即可完成审计数据采集工作。

图 4.33　Access 的 Access 数据导入功能

3) 第三种方法:通过 ODBC 采集 Access 数据库文件

通过 ODBC 采集 Access 数据库文件有以下两种方法。

(1) 假设新建一个名为"数据审计练习"的 Access 数据库,并打开该数据库。在"数据审计练习"Access 数据库中,单击"Office 按钮",选择"打开"命令,如图 4.30 所示,进入"打开"界面,如图 4.34 所示,在"文件类型"中选择"ODBC 数据库",按照提示步骤,通过设置相应的 ODBC,即可完成审计数据采集工作。本部分内容将在后文做详细分析。

图 4.34 "文件类型"选择

(2) 假设新建一个名为"数据审计练习"的 Access 数据库,并打开该数据库。单击"外部数据"→"其他"→"ODBC 数据库",如图 4.35 所示,按照提示步骤,即可完成审计数据采集工作。

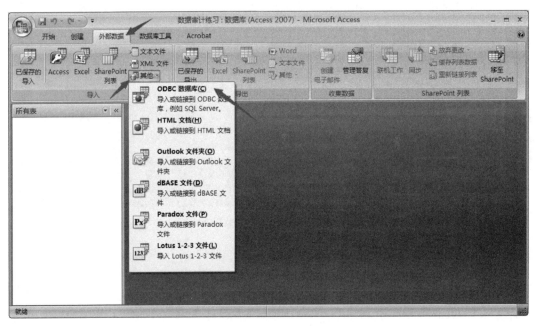

图 4.35 Access 的 ODBC 数据导入功能

4. 采集 dBASE 格式的数据

有时,被审计单位提供给审计人员的是 dBASE 格式的数据,把该格式的数据采集到 Access 中可采用以下方法。

1) 第一种方法:直接打开 dBASE 格式数据文件

该方法的操作步骤如下。

(1) 假设新建一个名为"数据审计练习"的 Access 数据库,并打开该数据库。

(2) 在"数据审计练习"Access 数据库中,单击"Office 按钮",选择"打开"命令,如图 4.30 所示,按照提示步骤,选择需要采集的 dBASE 文件,即可完成审计数据采集工作。

2) 第二种方法:导入 dBASE 格式数据文件

该方法的操作步骤如下。

(1) 假设新建一个名为"数据审计练习"的 Access 数据库,并打开该数据库。

(2) 单击"外部数据"→"其他"→"dBASE 文件",如图 4.36 所示,按照提示步骤,选择需要采集的 dBASE 文件,即可完成审计数据采集工作。

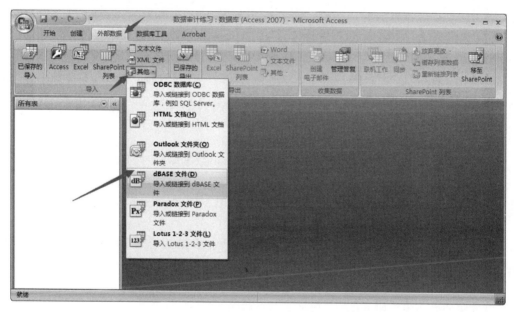

图 4.36 Access 的 dBASE 数据导入功能

5. 采集 XML 格式的数据

在实际的审计工作中,不管被审计单位使用什么数据库来管理本单位的数据,一般都可以导出为 XML 格式的数据,交给审计单位,这里以 Access 2007 为例,详细介绍如何把 XML 格式的数据采集到 Access 中。该方法的操作步骤如下。

(1) 假设新建一个名为"数据审计练习"的 Access 数据库,并打开该数据库。

(2) 单击菜单"外部数据"→"XML 文件",如图 4.37 所示,按照提示步骤,选择需要采集的 XML 文件数据,即可完成审计数据采集工作。

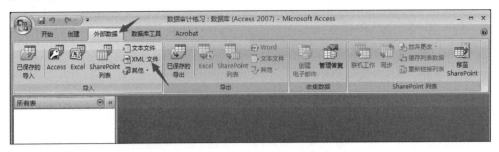

图 4.37 Access 的 XML 文件数据导入功能

6. 通过 ODBC 采集数据

有时,被审计单位使用的是 SQL Server、Oracle 等数据库系统,在完成电子数据审计的过程中,审计人员有时需要把这类数据库中的数据采集到 Access 中,借助 ODBC 可以完成这些操作,方法如下。

1) 第一种方法:直接打开

该方法的操作步骤如下。

(1) 假设新建一个名为"数据审计练习"的 Access 数据库,并打开该数据库。

(2) 在"数据审计练习"Access 数据库中,单击"Office 按钮",选择"打开"命令,如图 4.30 所示,进入"打开"界面,如图 4.34 所示,在文件类型中选择"ODBC 数据库",按照提示步骤,通过设置相应的 ODBC,即可完成审计数据采集工作。

2) 第二种方法:通过"外部数据"选项卡

该方法的操作步骤如下。

(1) 假设新建一个名为"数据审计练习"的 Access 数据库,并打开该数据库。

(2) 在"数据审计练习"Access 数据库中,单击"外部数据"→"其他"→"ODBC 数据库",如图 4.35 所示,按照提示步骤,选择需要采集的 ODBC 数据库,即可完成审计数据采集工作。

例 4.5 采集 SQL Server 数据库中的数据

假设图 4.38 为某 SQL Server 数据库的界面,现把其中的"征收表"和"税种类型"数据表中的数据采集到 Access 中,其操作方法如下。

1) 第一种方法:直接采集 SQL Server 数据库中的数据

该方法的操作步骤如下。

(1) 假设新建一个名为"数据审计练习"的 Access 数据库,并打开该数据库。

(2) 单击"外部数据"→"其他"→"ODBC 数据库",如图 4.35 所示,按向导提示完成数据采集。

2) 第二种方法:间接采集 SQL Server 数据库中的数据

间接采集 SQL Server 数据库中的数据是指使用 SQL Server 的数据导出功能,把 SQL Server 中的数据导出为所需格式的数据。该方法的操作步骤如下。

(1) 调用 SQL Server 的数据导出功能,如图 4.39 所示,则出现如图 4.40 所示的界面。

(2) 在图 4.40 中单击"下一步"按钮,进入"选择数据源"界面,如图 4.41 所示。

(3) 在图 4.41 中,选择需要导出的数据源并单击"下一步"按钮,进入如图 4.42 所示界面。

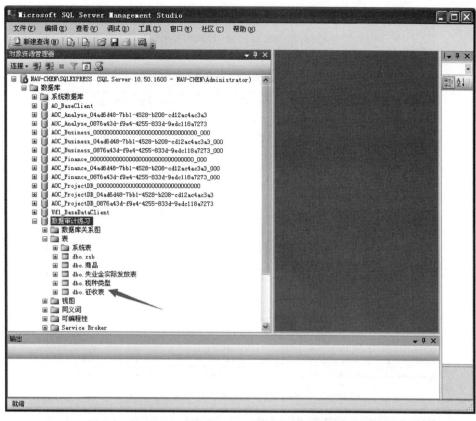

图 4.38 某 SQL Server 数据库的界面

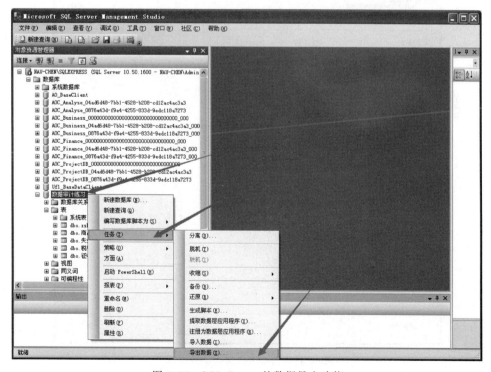

图 4.39 SQL Server 的数据导出功能

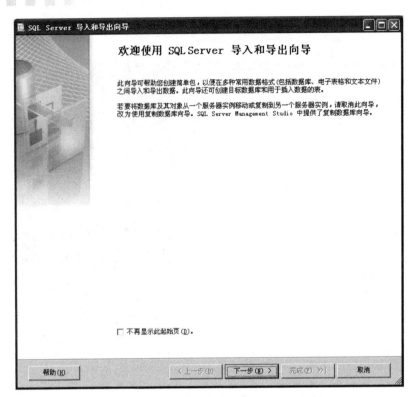

图 4.40 "SQL Server 导入和导出向导"对话框

图 4.41 选择需要导出的数据源

(4) 在图 4.42～图 4.45 中,根据向导的提示,设置目标数据库(假设目标数据库名称为 "SQL Server 导出数据库"),即需要将此数据导出到何处。

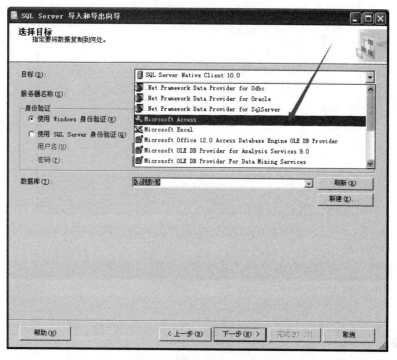

图 4.42 选择目标数据库的类型

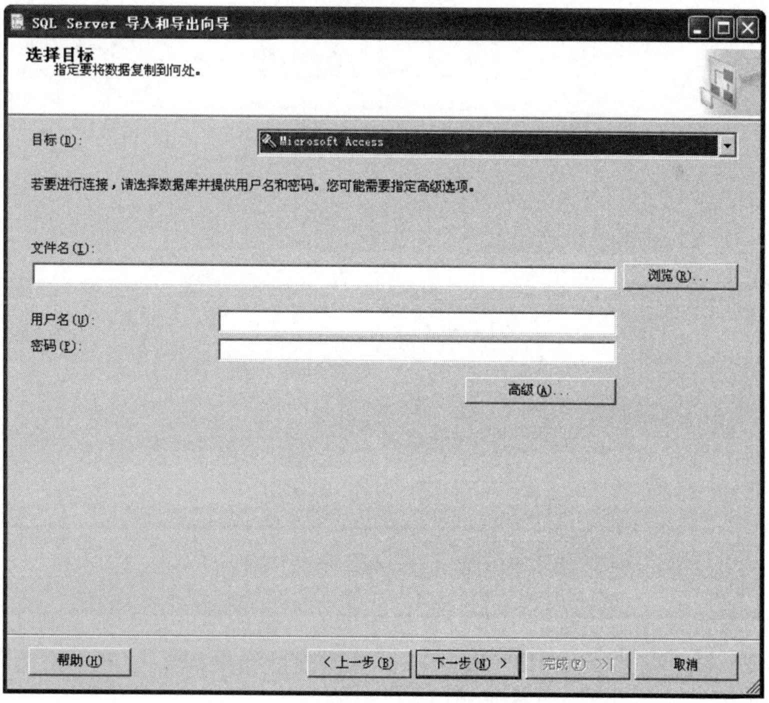

图 4.43 目标数据库类型的设置

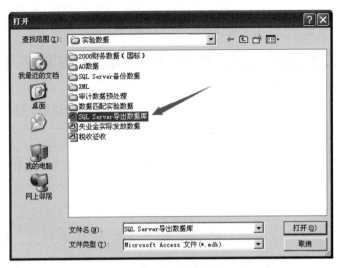

图 4.44 选择目标数据库文件

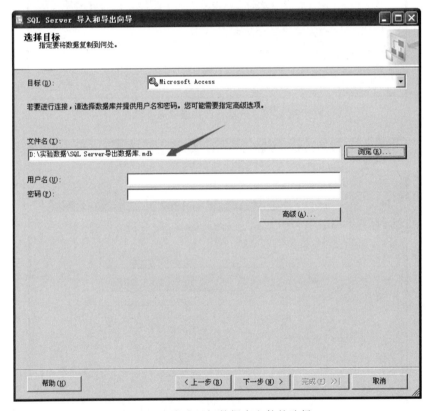

图 4.45 完成目标数据库文件的选择

(5) 设置"指定表复制或查询",即设置要导出的数据的形式是整表复制还是查询选择,如图 4.46 所示。数据采集过程中一般选择整表复制。如果需要指定导出范围,可以选择"编写查询以指定要传输的数据"单选按钮。

(6) 根据向导的提示,设置后续导入和导出向导,如图 4.47～图 4.50 所示。

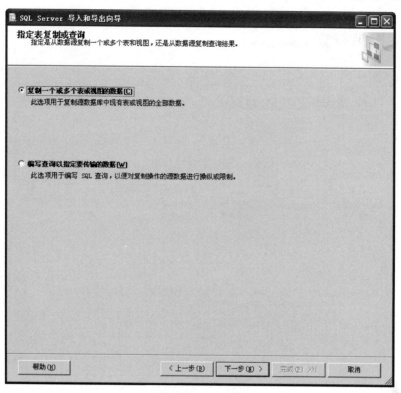

图 4.46　设定数据选择方式

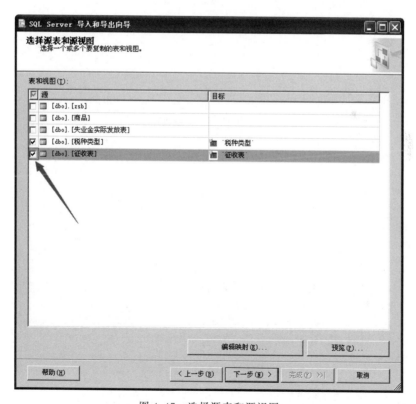

图 4.47　选择源表和源视图

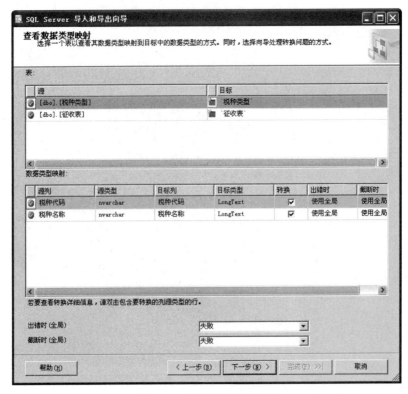

图 4.48 查看数据类型映射

图 4.49 数据导出操作执行前的运行包确认界面

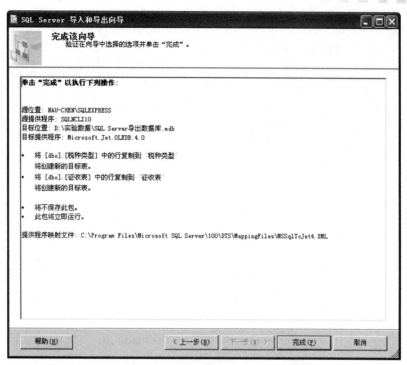

图 4.50　数据导出操作执行前的确认界面

（7）完成数据的导出操作，如图 4.51 所示。数据导出成功与否，可以根据"状态"栏的信息进行判断。完成数据导出后的 Access 数据库如图 4.52 所示。

图 4.51　完成数据的导出操作

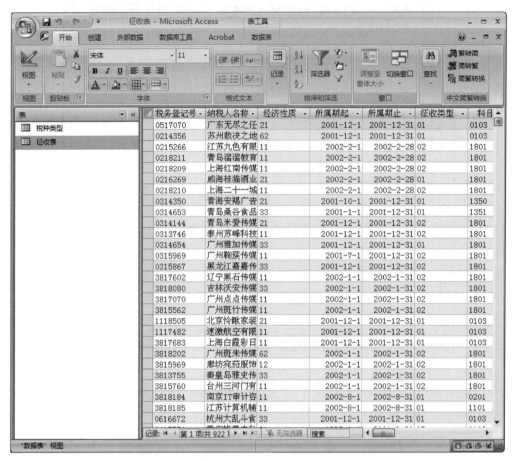

图 4.52 完成数据导出后的 Access 数据库界面

3) 第三种方法：通过其他软件间接采集 SQL Server 数据库中的数据

该方法是指先通过其他软件，如 Excel 2007，把 SQL Server 数据库中的数据采集到 Excel 中，然后，再把 Excel 中的数据采集到 Access 中。

7. 采集 Oracle 数据库中的数据

有时，被审计单位采用的是大型数据库系统，如 Oracle 数据库系统，而审计人员一般对 Oracle 数据库不能熟练地使用，这时，可以把 Oracle 数据库中的数据采集到 Access 中。下面以一实例详细介绍如何完成这一操作。

例 4.6 采集 Oracle 数据库中的数据

假设图 4.53 为某 Oracle 数据库的界面，现把其中的部分数据采集到 Access 中，该方法的操作步骤如下。

(1) 假设新建一个名为"数据审计练习"的 Access 数据库，并打开该数据库。

(2) 单击"外部数据"→"其他"→"ODBC 数据库"，如图 4.35 所示，进入如图 4.54 所示的界面。

(3) 在图 4.54 所示的界面中，单击"确定"按钮，弹出"选择数据源"对话框，在该对话框中选择"机器数据源"选项卡，如图 4.55 所示。

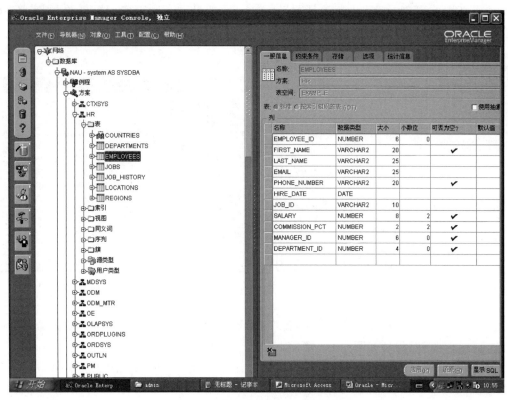

图 4.53 某 Oracle 数据库界面

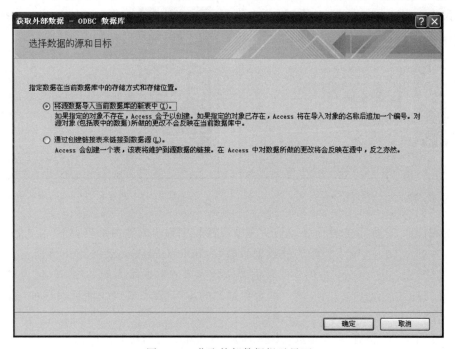

图 4.54 获取外部数据提示界面

(4) 在图 4.55 所示的"机器数据源"选项卡中,如果没有所需要的数据源,则单击"新建"按钮,弹出"创建新数据源"对话框,如图 4.56 所示。

图 4.55 "机器数据源"选项卡　　　　　图 4.56 "创建新数据源"对话框

(5) 在图 4.56 所示的"创建新数据源"对话框中,数据源类型选择"用户数据源"选项,单击"下一步"按钮,出现如图 4.57 所示对话框。

(6) 在图 4.57 所示的界面中,驱动程序选择 Oracle in OraHome92 选项,单击"下一步"按钮,出现如图 4.58 所示的界面。

 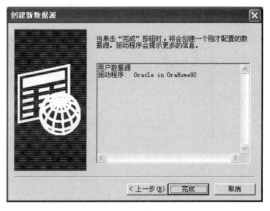

图 4.57 驱动程序选择界面　　　　　图 4.58 创建新数据源的确认界面

(7) 在图 4.58 所示的界面中,单击"完成"按钮,则弹出配置对话框,如图 4.59 所示。

(8) 在图 4.59 中,输入要配置的数据源参数,其中,Data Source Name 为所定义的数据源名称,TNS Service Name 为创建的数据源所要连接的数据库实例名称,User 为登录用户名称,单击 Test Connection 按钮,测试配置数据源的连接情况,则弹出测试对话框,如图 4.60 所示。

(9) 在图 4.60 中,输入各参数,其中,Service Name 为创建的数据源所要连接的数据库实例名称,User Name 为登录用户名称,Password 为登录用户密码,单击 OK 按钮,若弹出如图 4.61 所示的信息提示框,则表示连接成功,否则,重新设置数据源的连接。

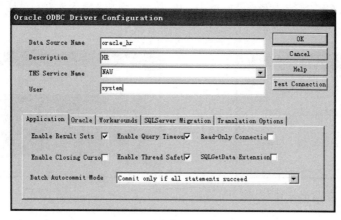

图 4.59 Oracle 新数据源创建的配置对话框

图 4.60 配置数据源连接情况的测试对话框

图 4.61 配置数据源连接情况的测试结果信息提示框

（10）若测试成功，单击"确定"按钮，则弹出如图 4.62 所示的界面，由图 4.62 中可以看出，所配置的新数据源已显示在"机器数据源"选项卡中。

图 4.62 含有新数据源的"机器数据源"选项卡

（11）在图 4.62 中，选择所配置的数据源，单击"确定"按钮，则弹出输入参数的对话框，如图 4.63 所示。

(12) 在图 4.63 中,输入各参数,单击 OK 按钮,弹出"导入对象"对话框,如图 4.64 所示,要连接的数据库实例中所有的表都显示在该界面中。

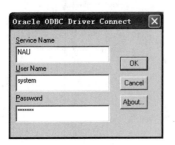

图 4.63　连接 Oracle 数据源的参数输入对话框　　　　图 4.64　"导入对象"对话框

(13) 在图 4.64 中,选择需要采集的数据表,单击"确定"按钮,则所选择的数据表都被采集到 Access 中,如图 4.65 所示。

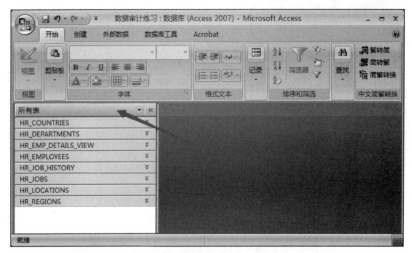

图 4.65　完成数据采集后的 Access 数据库

4.3.3　基于 SQL Server 的数据采集

SQL Server 是目前应用范围非常广泛的数据库系统,在开展电子数据审计的过程中,审计人员有时用 SQL Server 来分析被审计单位的电子数据,这时,需要掌握 SQL Server 数据库的数据采集功能。

本节以 SQL Server 2008 为例,介绍如何使用 SQL Server 采集数据。

1. 采集文本文件数据

有时,被审计单位提供给审计人员的是文本文件格式的数据,把该格式的数据采集到 SQL Server 中可采用以下方法。

(1) 在 SQL Server Management Studio 界面中,选中要导入到的目标数据库,右击选择"任务"→"导入数据",如图 4.66 所示,弹出"SQL Server 导入和导出向导"对话框,如图 4.67 所示。

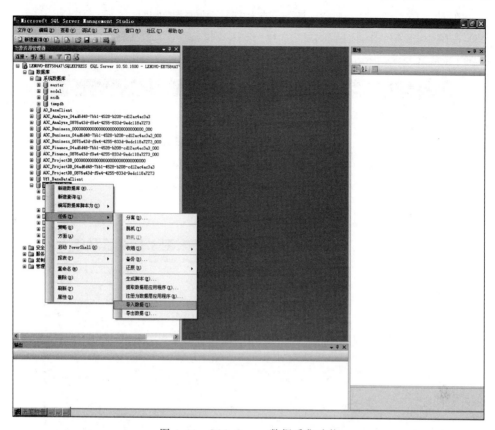

图 4.66 SQL Server 数据采集功能

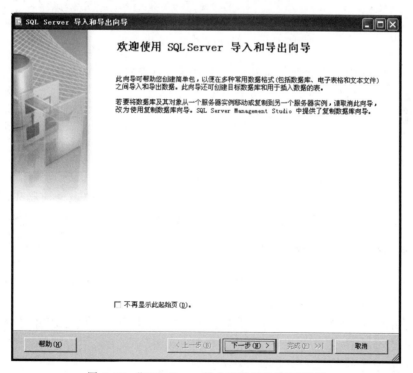

图 4.67 "SQL Server 导入和导出向导"对话框

(2) 在图 4.67 中单击"下一步"按钮,进入"选择数据源"界面。

(3) 在图 4.68 中,根据向导的提示,在"选择数据源"中选择"平面文件源"。根据后续提示,即可完成文本文件格式数据的采集。

图 4.68 选择所采集数据源的类型

(4) 在图 4.69 中可以对所要采集的文本数据进行设置,例如,去掉文本数据中字符数据两边的引号""",可以在"格式"→"文本限定符"中设置。

需要指出的是,对于导入后的文本文件数据,可以根据需要在 SQL Server 2008 数据库中进行修改,如更改字段类型等,然后对更改后的结果进行保存。当系统不允许保存更改结果时,解决方法如下。

在 SQL Server 2008 数据库的 Management Studio 中,选择"工具"→"选项",打开"选项"对话框,如图 4.70 所示。在"选项"对话框中设置"设计器"→"表设计器和数据库设计器",不勾选"阻止保存要求重新创建表的更改"复选框即可。

2. 采集 Excel 格式的数据

有时,被审计单位提供给审计人员的是 Excel 格式的数据,把该格式的数据采集到 SQL Server 中可采用以下方法。

在图 4.71 所示的"SQL Server 导入和导出向导"对话框中,在"数据源"中选择 Microsoft Excel。根据后续提示,即可完成 Excel 格式数据的采集。

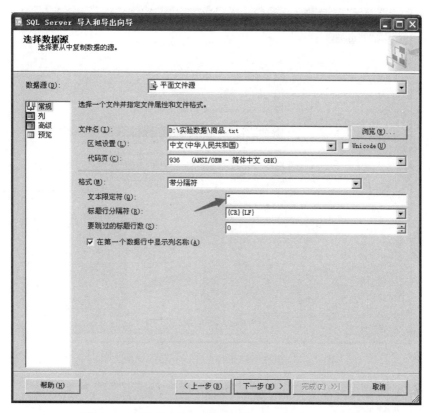

图 4.69　去掉文本数据中字符数据两边的引号的设置

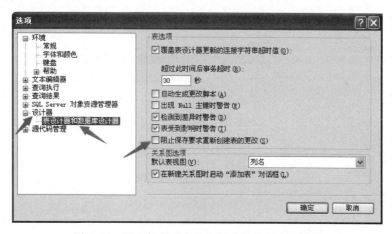

图 4.70　阻止保存要求重新创建表的更改的设置

3. 采集 Access 数据库中的数据

有时,被审计单位提供给审计人员的是 Access 格式的数据,把该格式的数据采集到 SQL Server 中可采用以下方法。

在图 4.72 所示的"SQL Server 导入和导出向导"对话框中,在"数据源"中选择 Microsoft Access。根据后续提示,即可完成 Access 格式数据的采集。

图 4.71　选择所需采集的 Excel 数据源的类型

图 4.72　选择所采集的 Access 数据源的类型

4. 通过 ODBC 采集数据

有时,被审计单位提供给审计人员的是 ODBC 数据源,通过设置 ODBC 采集到 SQL

Server 中可采用以下方法。

（1）在图 4.73 所示的"SQL Server 导入和导出向导"对话框中，在"数据源"界面中选择".Net Framework Data Provider for Odbc"，进入 ODBC 数据源选择（配置）界面，如图 4.74 所示。

图 4.73 选择所采集数据源的类型

图 4.74 ODBC 数据源选择（配置）界面

(2) 在图 4.74 中输入 Dsn 名称,配置 ODBC 数据源,其中,要输入的 Dsn 名称为用户在操作系统的"控制面板"→"数据源(ODBC)"中所创建的 DSN 数据源。

(3) 在图 4.74 中完成数据源配置后,单击"下一步"按钮,根据后续提示,即可通过 ODBC 完成数据库中数据的采集。

5. 采集 dBASE 格式的数据

有时,被审计单位提供给审计人员的是 dBASE 格式的数据库中的数据,把该类型的数据采集到 SQL Server 中可采用以下方法。

(1) 通过 ODBC。该方法参照上文"4. 通过 ODBC 采集数据"。

(2) 借助其他工具采集数据,如 Excel、Access 等。先把 dBASE 格式的数据库中的数据采集到 Excel 或 Access 中,然后,再把 Excel 或 Access 中的数据采集到 SQL Server 中,这种方法最为简单。

6. 采集 SQL Server 备份数据

有时,被审计单位提供给审计人员的是 SQL Server 备份数据,把该类型的数据采集到 SQL Server 中的方法如图 4.75 所示。即在如图 4.75 所示的界面中选中要导入到的目标数据库,右击鼠标,在弹出的快捷菜单中选择"任务"→"还原"→"数据库",按照系统的提示便可完成 SQL Server 备份数据的采集。

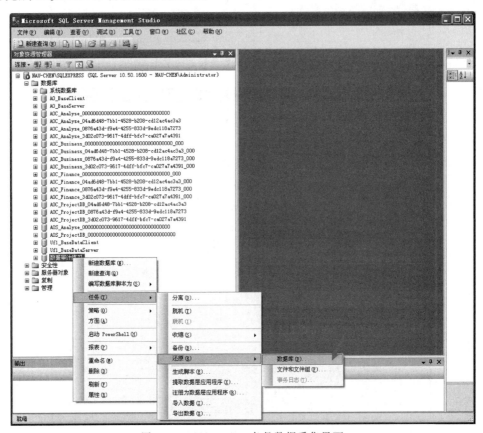

图 4.75　SQL Server 备份数据采集界面

7. 采集 XML 格式的数据

有时,被审计单位提供给审计人员的是 XML 格式的数据,把该类型的数据采集到 SQL Server 中可采用以下方法。

(1) 使用 SQL Server 的专用工具,例如,可以使用 SQL Server BIDS(SQL Server Business Intelligence Development Studio)完成 XML 格式数据的采集。

(2) 借助其他工具,如 Excel(2007 版以上)、Access(2007 版以上)等。先把 XML 格式的数据采集到 Excel 或 Access 中,然后,再把 Excel 或 Access 中的数据采集到 SQL Server 中,这种方法最为简单。

例 4.7 采用 SQL Server 采集 Access 数据库中的数据

现有某税收征收电子数据(文件名为"税收征收.mdb"),表结构见本书附录 A。要求在 SQL Server 数据库中新建一个名为"数据审计练习"的数据库,然后把"税收征收"数据库中的"征收表"和"税种类型"数据采集到"数据审计练习"数据库中。

其操作步骤如下。

(1) 打开 SQL Server 数据库,如图 4.76 所示。

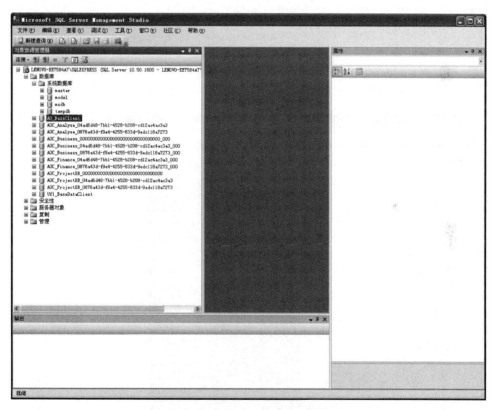

图 4.76 SQL Server 数据库管理界面

(2) 在图 4.76 中新建一个名为"数据审计练习"的数据库,如图 4.77 所示。

(3) 在图 4.77 中右击,在弹出的快捷菜单中选择"任务"→"导入数据",如图 4.78 所示,弹出"SQL Server 导入和导出向导"对话框,如图 4.79 所示。

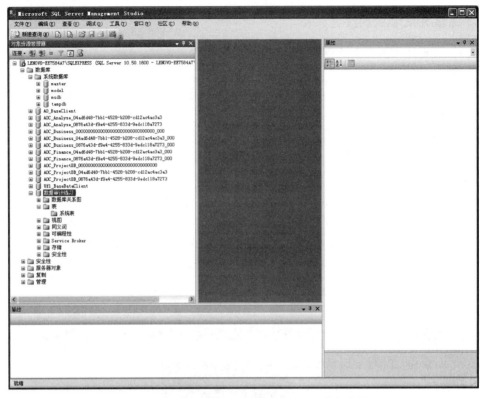

图 4.77　创建"数据审计练习"后的 SQL Server 数据库管理界面

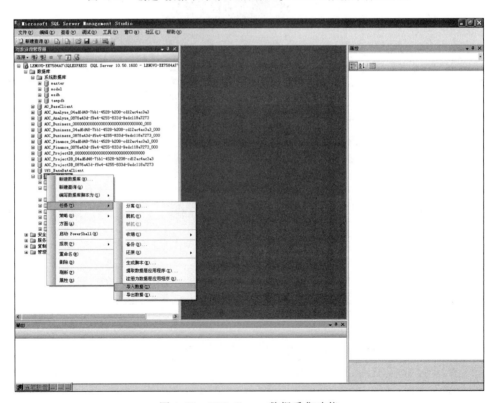

图 4.78　SQL Server 数据采集功能

(4) 在图 4.79 中单击"下一步"按钮,进入"SQL Server 导入和导出向导"对话框。

图 4.79 "SQL Server 导入和导出向导"对话框

(5) 在图 4.80～图 4.83 中,根据向导的提示,选择需要采集的 Access 数据库。

图 4.80 选择所采集数据源的类型

图 4.81　选择所采集数据源的界面

图 4.82　选择所需采集的数据源

（6）在图 4.84 中，设置目标数据库，即设置将此数据导出为何种格式。

（7）设置"指定表复制或查询"，即设置要导出的数据的形式是整表复制还是查询选择，如图 4.85 所示。数据采集过程中一般选择整表复制。如果需要指定导出范围，可以选择"编写查询以指定要传输的数据"单选按钮。

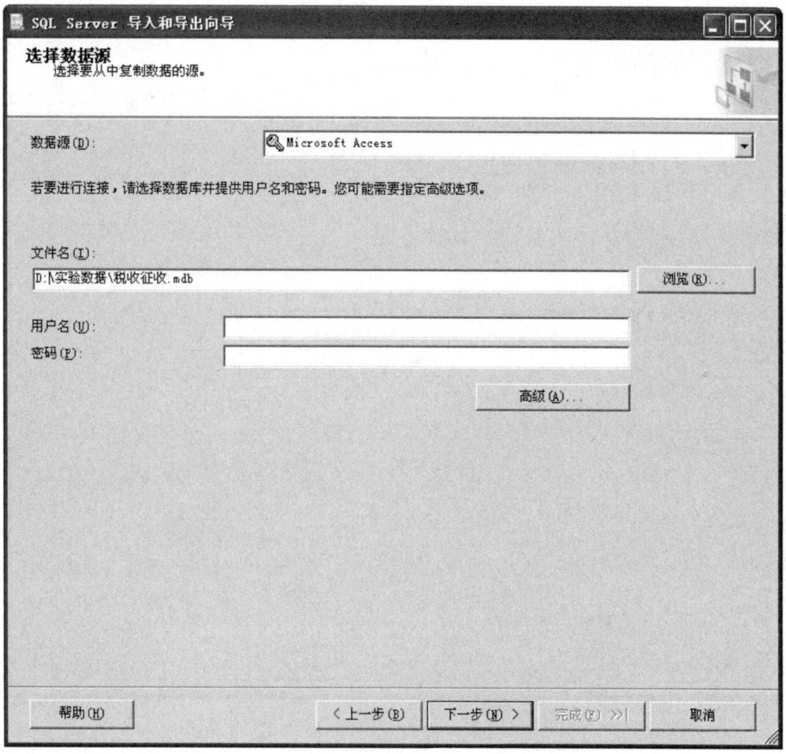

图 4.83 完成所采集数据源的选择

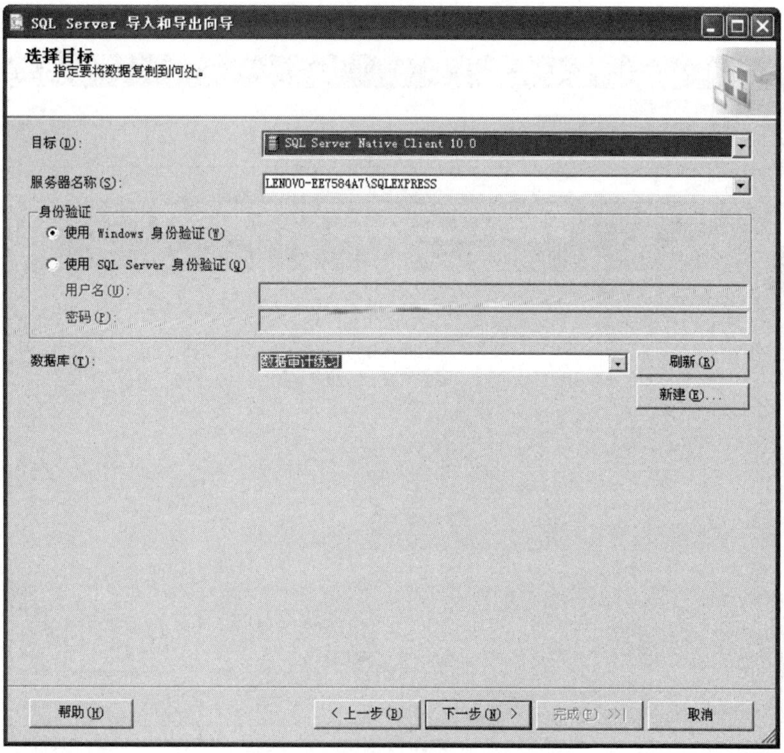

图 4.84 目标数据库的设置界面

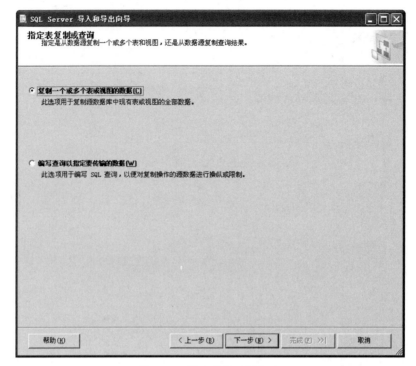

图 4.85　设置数据选择方式

（8）根据向导的提示，设置后续 SQL Server 导入和导出向导，如图 4.86 和图 4.87 所示。

图 4.86　选择源表和源视图

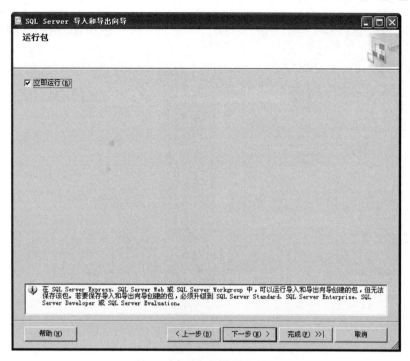

图 4.87 运行包的设置界面

(9) 完成数据的采集操作,如图 4.88 所示。数据采集成功与否,可以根据"状态"栏的信息进行判断。完成数据采集后的 SQL Server 数据库如图 4.89 所示。

图 4.88 完成数据采集操作

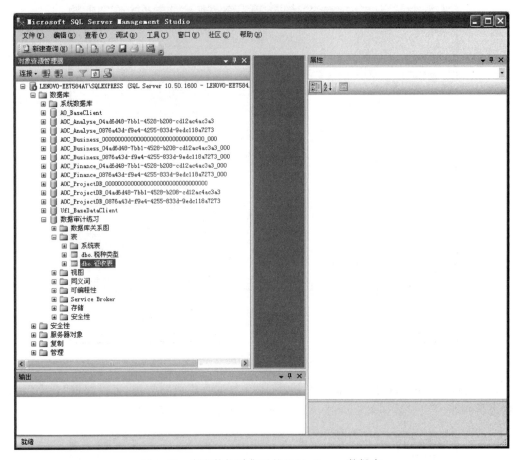

图 4.89 完成数据采集后的 SQL Server 数据库

4.4 审计数据采集:以审计软件为例

目前,国内外已开发了一系列的审计软件,这些审计软件可以帮助审计人员方便地完成电子数据审计工作。在电子数据审计过程中,要采用这些审计软件完成辅助审计,首先需要把被审计单位的电子数据采集到审计软件中。本节通过实例详细介绍如何把常用类型的电子数据采集到审计软件中。

4.4.1 基于 AO 的数据采集

在 AO 中,根据采集对象的不同,把数据的采集分成财务数据采集和业务数据采集两部分。其中,财务数据采集主要是先把被审计单位的财务数据采集过来,然后再还原成电子账表,审计人员就可以直观地审查被审计单位的总账、明细账、凭证、资产负债表等财务数据了;而业务数据采集和其他软件的数据采集类似,数据采集完成之后不还原成电子账表,而是直接对电子数据进行审计。

1. 财务数据采集

在 AO 中,根据被审计单位提供的财务数据的形式,财务数据的采集又分成"采集财务软件备份数据"和"采集数据库中的财务数据"两种方法。

1) 第一种方法:采集财务软件备份数据

该方法的操作步骤如下。

(1) 进入 AO。

(2) 单击菜单"采集转换"→"财务数据"→"财务软件备份数据"→"采集数据",如图 4.90 所示,按照提示步骤,选择需要采集的财务备份数据,即可完成数据采集工作。

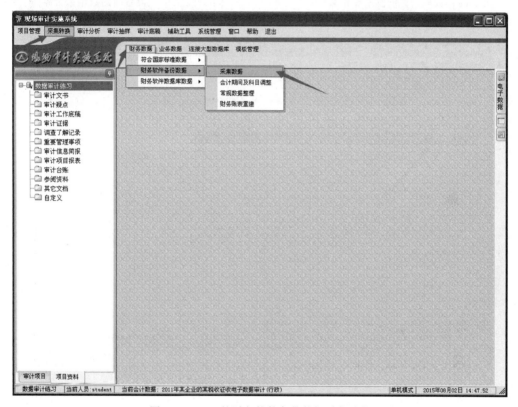

图 4.90 AO 的财务软件备份数据采集功能

例 4.8 使用 AO 采集财务备份数据

把某财务备份数据采集到 AO 中的操作步骤如下。

(1) 单击菜单"采集转换"→"财务数据"→"财务软件备份数据"→"采集数据",如图 4.90 所示,则出现如图 4.91 所示的界面。

(2) 在图 4.91 中设置相应的采集参数,如图 4.92 所示。

(3) 在图 4.92 中单击"开始"按钮,执行数据采集,出现如图 4.93 所示的界面。

(4) 在图 4.93 中设置存放采集数据的会计数据名称(如果没有,可以新建会计数据),然后单击"确定"按钮,即可完成财务备份数据的采集。

图 4.91 数据采集模板设置界面

图 4.92 设置后的数据采集界面

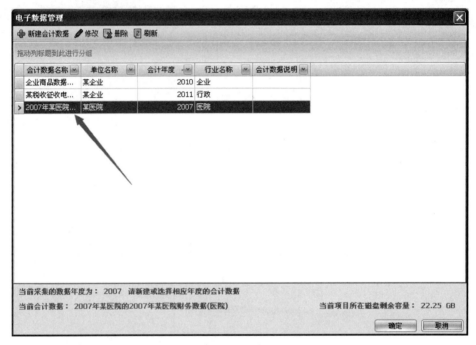
图 4.93 电子账簿设置界面

2) 第二种方法：采集数据库中的财务数据

该方法的操作步骤如下。

(1) 进入 AO。

(2) 单击菜单"采集转换"→"财务数据"→"财务软件数据库数据"→"采集数据"，如图 4.94 所示，按照提示步骤，选择需要采集的财务数据，即可完成数据采集工作。

3) 第三种方法：采集国家标准数据

该方法的操作步骤如下。

(1) 进入 AO。

(2) 单击菜单"采集转换"→"财务数据"→"符合国家标准数据"→"采集数据"，如图 4.95 所示，按照提示步骤，选择需要采集的国家标准数据，即可完成数据采集工作。

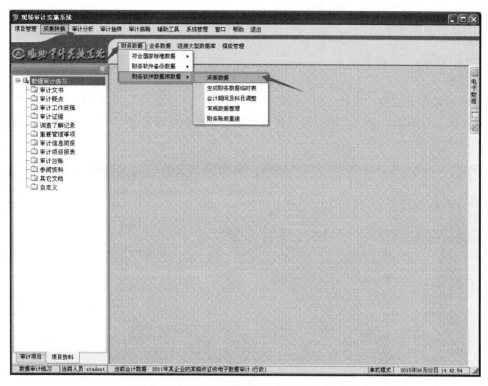

图 4.94　AO 采集数据库中的财务数据功能

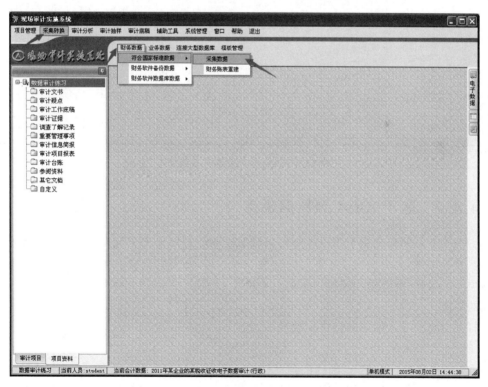

图 4.95　AO 采集国家标准数据功能

2. 业务数据采集

该方法的操作步骤如下。

(1) 进入 AO。

(2) 假设当前的审计项目名称为"数据审计练习"。单击菜单"采集转换"→"业务数据"→"采集数据",如图 4.96 所示,按照提示步骤,选择需要采集的业务数据(可以是各种格式的数据),即可完成数据采集工作。

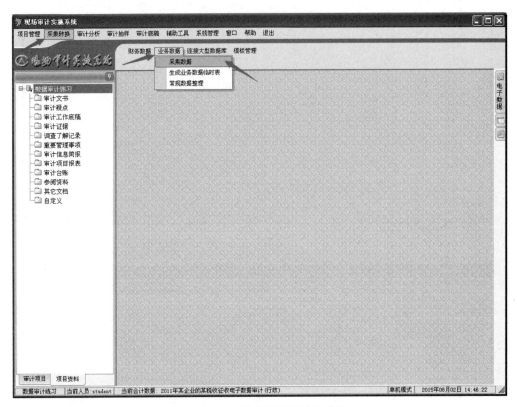

图 4.96　AO 的业务数据采集功能

4.4.2　基于 IDEA 的数据采集

本书第 3 章简单介绍了 IDEA 软件。IDEA 审计软件提供了简单、易用的数据采集工具——导入助理,其界面如图 4.97 所示,通过导入助理,可以自动识别所要采集的数据源的数据类型。另外,导入助理还提供了通过 ODBC 以及使用"高级记录定义编辑器"工具采集数据的功能。

打开 IDEA 导入助理的操作步骤如下。

(1) 进入 IDEA。

(2) 单击菜单"文件"→"导入助理"→"导入至 IDEA",如图 4.98 所示。

本节通过实例详细介绍 IDEA 的基本数据采集功能,其他数据采集功能详见 IDEA 的相关帮助文件或用户指南。

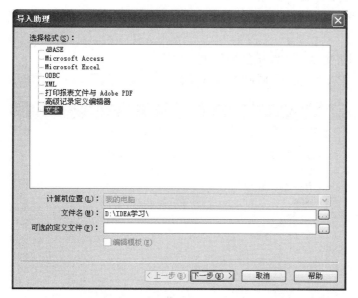

图 4.97 IDEA 的数据导入助理界面

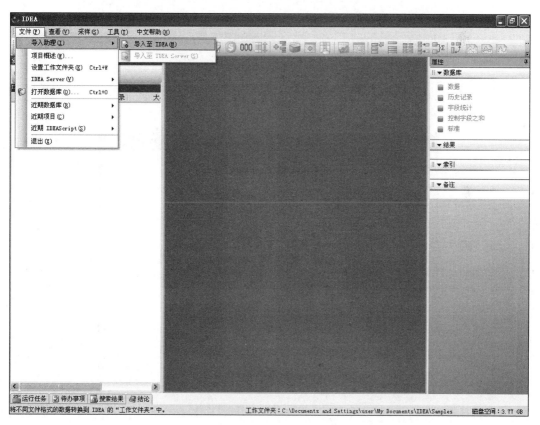

图 4.98 IDEA 的导入助理菜单

例 4.9 采集文本文件数据

现有某零售企业商品数据"商品.txt",如本书附录 A 所示。请将该数据采集到 IDEA 中。

把商品数据采集到 IDEA 中的操作步骤如下。

(1) 打开 IDEA 的"导入助理"对话框,如图 4.99 所示。

图 4.99 IDEA 的"导入助理"对话框

(2) 在图 4.99 中选择格式为文本,然后单击选择文件按钮,打开"选择文件"对话框,如图 4.100 所示。

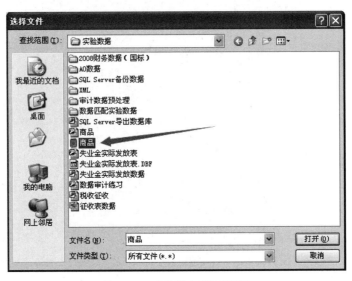

图 4.100 "选择文件"对话框

(3) 在图 4.100 中选择需要采集的文本文件数据,单击"打开"按钮,出现如图 4.101 所示的界面。

图 4.101　设置好采集数据的"导入助理"对话框

(4) 在图 4.101 中单击"下一步"按钮,出现如图 4.102 所示对话框。

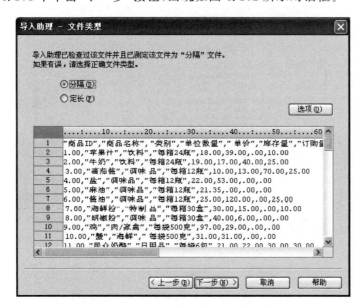

图 4.102　"导入助理—文件类型"对话框

(5) 在图 4.102 中,IDEA 数据导入助理自动判断所采集的文本文件数据的类型是"分隔"还是"定长",并在界面中显示出来,如果审计人员认为自动判断有误,可手工进行调整。然后,单击"下一步"按钮,出现如图 4.103 所示的界面。

(6) 在图 4.103~图 4.108 中,审计人员可以根据提示对采集的数据进行调整和设置。

(7) 最后,在图 4.108 中单击"完成"按钮,即可完成商品文本文件数据的采集,如图 4.109 所示。

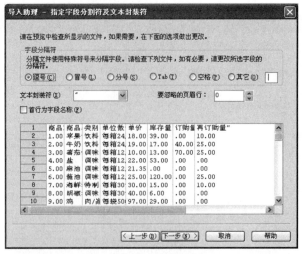

图 4.103 "导入助理—指定字段分割符及文本封装符"对话框

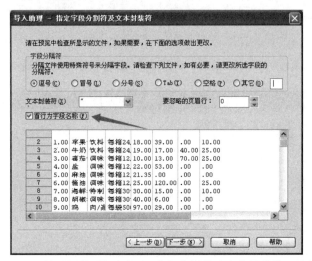

图 4.104 设置后的"导入助理—字段分割符及文本封装符"对话框

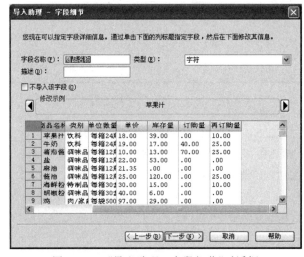

图 4.105 "导入助理—字段细节"对话框

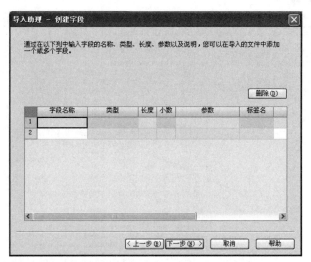

图 4.106 "导入助理—创建字段"对话框

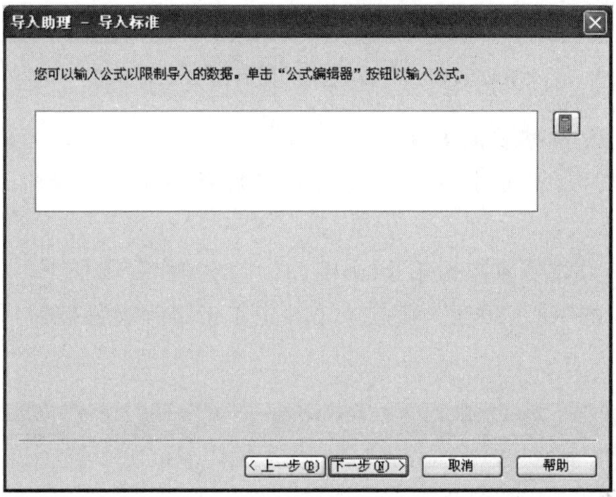

图 4.107 "导入助理—导入标准"对话框

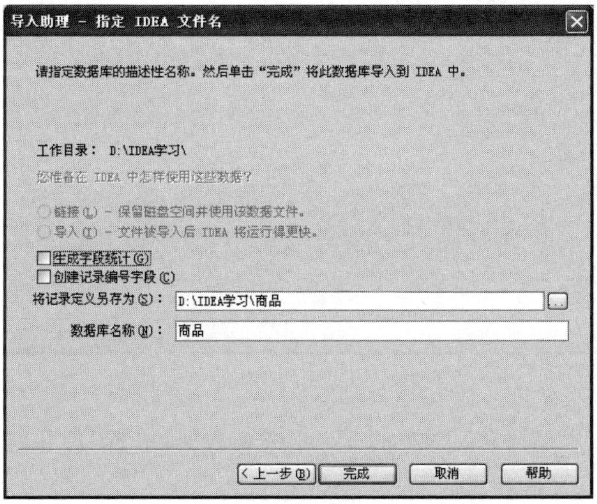

图 4.108 "导入助理—IDEA 文件名"对话框

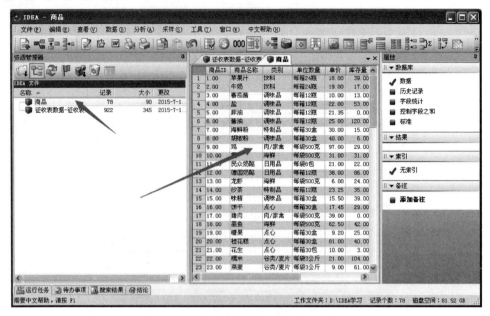

图 4.109 完成数据采集后的 IDEA 界面

例 4.10 采集 Excel 格式的数据

现有某税收征收数据"征收表.xls",如本书附录 A 所示,请将该 Excel 数据采集到 IDEA 中。

把 Excel 格式的税收征收数据采集到 IDEA 中的操作步骤如下。

(1) 打开 IDEA 的"导入助理",在图 4.110 中单击选择文件按钮,弹出"选择文件"对话框,如图 4.111 所示。

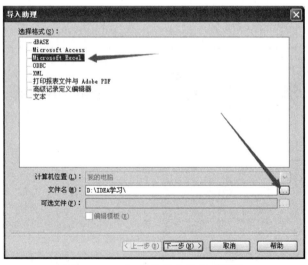

图 4.110 IDEA 的导入助理对话框

(2) 在图 4.111 中选择需要采集的 Excel 格式数据,单击"打开"按钮,出现如图 4.112 所示的对话框。

(3) 在图 4.112 中单击"下一步"按钮,出现如图 4.113 所示的对话框。

图 4.111 "选择文件"对话框

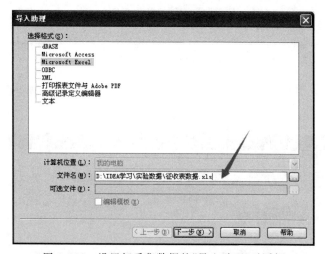

图 4.112 设置好采集数据的"导入助理"对话框

图 4.113 采集数据的预览对话框

（4）在图 4.113 中，选择"首行为字符名称"选项，如图 4.114 所示。

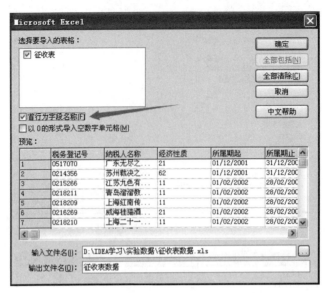

图 4.114　设置"首行为字符名称"后的对话框

（5）最后，在图 4.114 中单击"确定"按钮，即可完成 Excel 格式数据的采集，如图 4.115 所示。

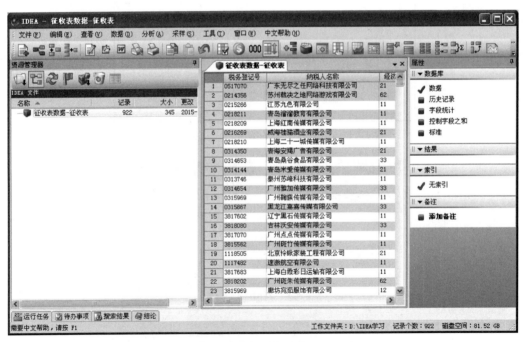

图 4.115　完成数据采集后的 IDEA 界面

例 4.11　采集 Access 数据库中的数据

现有某税收征收电子数据（文件名为"税收征收.mdb"，数据表名为"征收表"），其数据表结构见本书附录 A。请将该 Access 数据库"征收表"中的数据采集到 IDEA 中。

把 Access 格式的税收征收数据采集到 IDEA 中的操作步骤如下。

(1) 打开 IDEA 的导入助理,如图 4.116 所示。

(2) 在图 4.116 中单击选择文件按钮,弹出"选择文件"对话框,如图 4.117 所示。

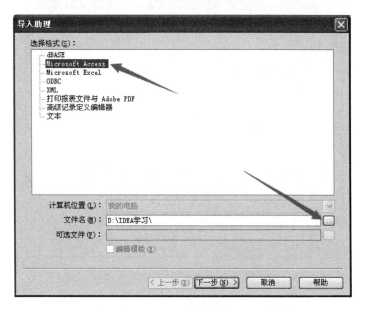

图 4.116　IDEA 的"导入助理"对话框

图 4.117　"文件选择"对话框

(3) 在图 4.117 中选择需要采集的 Access 数据,单击"打开"按钮,弹出如图 4.118 所示的对话框。

(4) 在图 4.118 中单击"下一步"按钮,弹出如图 4.119 所示的对话框。在图 4.119 中,审计人员可以根据提示对采集的数据进行选择和设置。

(5) 最后,在图 4.119 中单击"确定"按钮,即可完成 Access 格式的税收征收数据的采集,如图 4.120 所示。

图 4.118 设置好采集数据的"导入助理"对话框

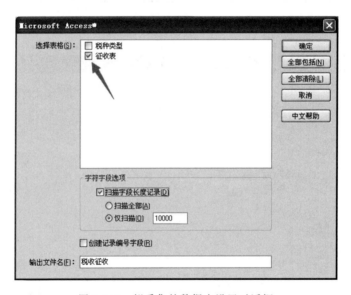

图 4.119 拟采集的数据表设置对话框

例 4.12 通过 ODBC 采集 FoxPro 数据库中的数据

现有某劳动局失业保险数据(文件名为"失业金实际发放表.dbf",数据类型为 FoxPro 自由表),其数据表结构见本书附录 A。要求通过 ODBC 接口将该数据采集到 IDEA 中。

把失业金实际发放数据通过 ODBC 接口采集到 IDEA 中的操作步骤如下。

(1) 打开 IDEA 的"导入助理"对话框,并选择 ODBC 选项,如图 4.121 所示。

(2) 在图 4.121 中单击"下一步"按钮,打开"ODBC 导入"对话框,如图 4.122 所示。

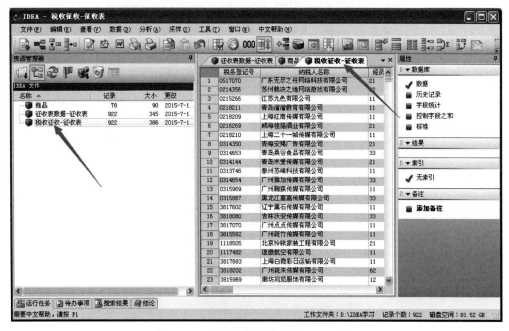

图 4.120　完成数据采集后的 IDEA 界面

图 4.121　IDEA 的"导入助理"对话框

(3) 在图 4.122 中,如果没有所需的 ODBC 数据源,则单击"创建 ODBC 数据源"按钮,弹出如图 4.123 所示的对话框。

(4) 在图 4.123 中单击"新建"按钮,弹出如图 4.124 所示的对话框。

(5) 在图 4.124 中选择"用户数据源"选项,然后单击"下一步"按钮,弹出如图 4.125 所示对话框。

(6) 在图 4.125 中选择所需的、合适的驱动程序,然后单击"下一步"按钮,弹出如图 4.126 所示的对话框。选择不同的驱动程序,图 4.126 所示对话框也会有所不同。

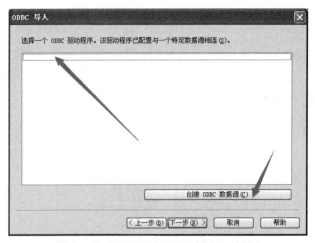

图 4.122　IDEA 的"ODBC 导入"对话框

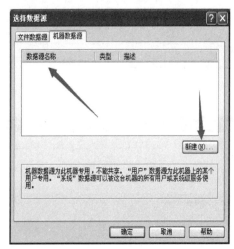

图 4.123　ODBC 的"选择数据源"对话框

图 4.124　拟创建新数据源类型选择对话框　　图 4.125　拟创建新数据源的驱动程序选择对话框

（7）在图 4.126 中单击"完成"按钮，弹出如图 4.127 所示对话框。

（8）在图 4.127 中，审计人员根据提示完成对所新建数据源的设置，如图 4.128 所示。

图 4.126 创建新数据源的确认对话框

图 4.127 被采集数据源的设置对话框

单击"确定"按钮,弹出如图 4.129 所示对话框。然后根据提示,顺序完成后续操作,如图 4.130 和图 4.131 所示。

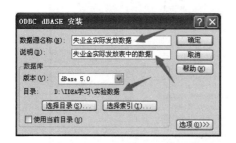
图 4.128 设置好的被采集数据源界面

图 4.129 含有创建新数据源的"机器数据源"对话框

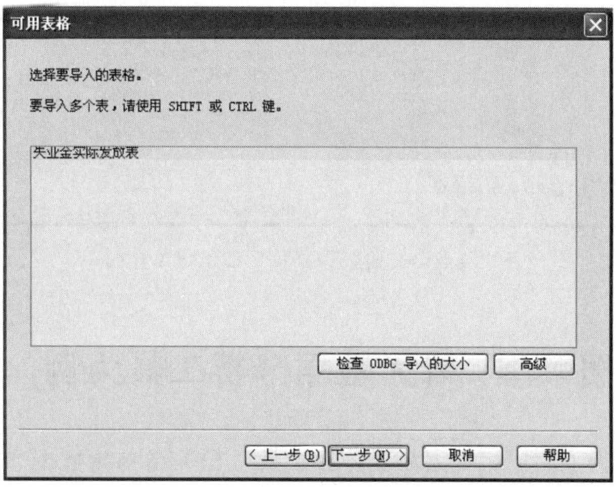

图 4.130 拟采集的数据表选择对话框

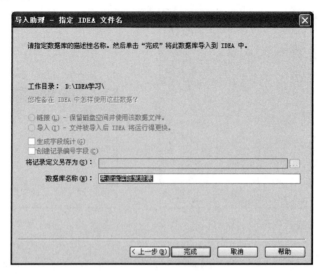

图 4.131　IDEA 文件名设置对话框

（9）最后，在图 4.131 中单击"完成"按钮，即可完成失业金实际发放数据的采集，如图 4.132 所示。

图 4.132　完成数据采集后的 IDEA 界面

4.5　审计数据采集：以大数据分析工具为例

大数据环境下，为了使用相关大数据分析工具对相关结构化数据和非结构化数据进行分析，首先需要把被审计单位的相关数据采集到大数据分析工具中。本节以 R 语言开发工具为例,详细介绍如何使用大数据分析工具采集相关审计数据。

4.5.1 基于 R 语言的数据采集类型简介

在使用 R 语言开发工具进行数据审计时,需要把相关数据采集到 R 语言开发工具中。R 语言开发工具可以采集多种类型的数据,如统计软件 SAS、SPSS、Stata;文本文件 ASCII、XML、CSV、网页数据抓取;数据库数据 Oracle、Access、MySQL;电子表格数据 Excel 等,很好地满足大数据审计的需要。R 语言开发工具能采集的数据类型如图 4.133 所示。

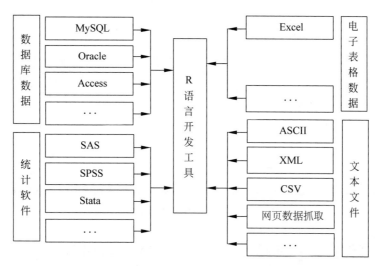

图 4.133 R 语言开发工具能采集的数据类型

4.5.2 基于 R 语言的内部数据采集

以 R 语言开发工具 RStudio 为例,数据采集方法与过程示例如图 4.134~图 4.137 所示。

4.5.3 基于 R 语言网络爬虫技术的网上公开数据采集

1. 目前常用数据采集方法的不足

目前审计大数据的全面性尚且不够,例如,大数据环境下,审计单位需要获得第三方数据来源,并将被审计单位数据与外部其他数据进行集成分析以充分发挥大数据的潜力。然而,目前尚未建立起数据访问与数据共享机制,这限制了大数据审计的效果,影响了审计取证的查全率,造成了一定的审计风险。另外,对于地方审计机关或内部审计或社会审计来说,目前很难获得所需要的全部的财政、税务、工商等数据。

因此,目前除了通过以上方法获得被审计单位的内部和外部数据之外,审计人员还可以通过一些软件工具抓取网上的数据,或者可以实现自动网上搜索关于被审计单位一些公开报道的风险信息。

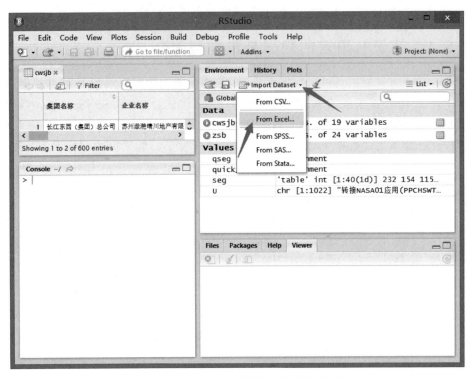

图 4.134　RStudio 集成环境中的数据采集功能一

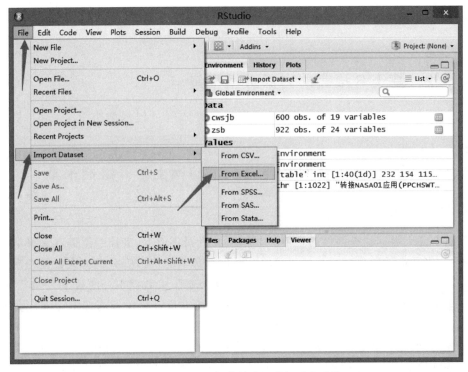

图 4.135　RStudio 主菜单中的数据采集功能二

第4章 审计数据采集　145

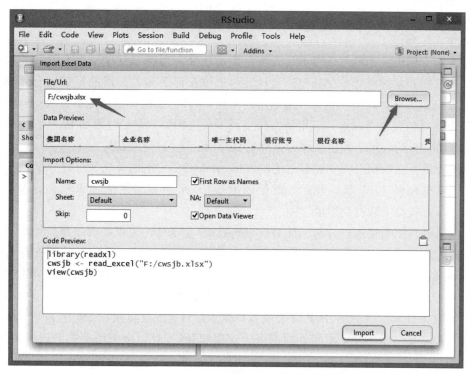

图 4.136　RStudio 的数据采集功能主界面

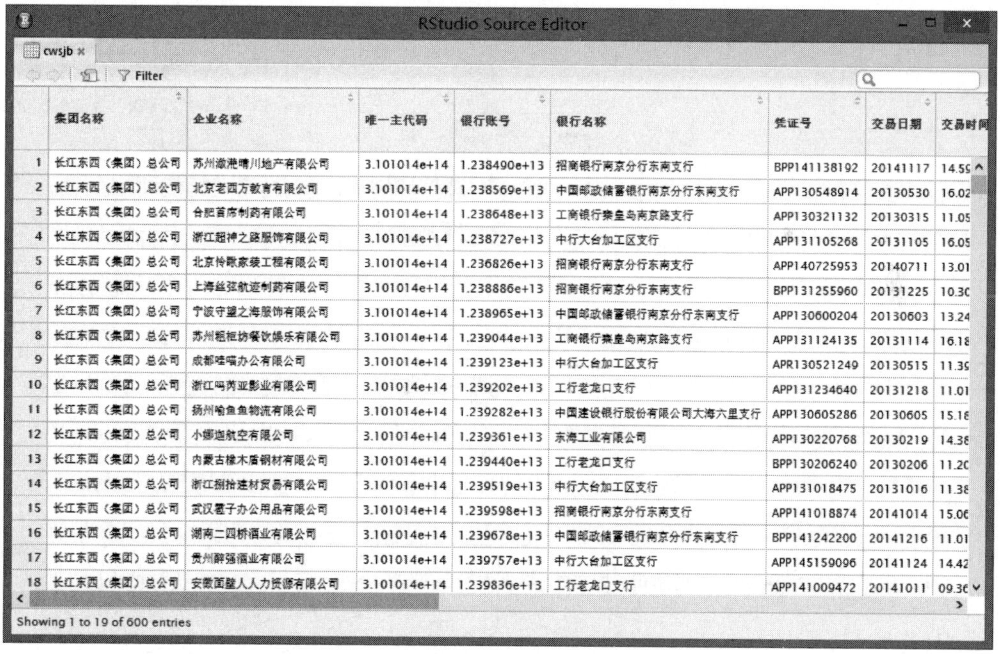

图 4.137　完成数据采集的 RStudio 界面

2. 基于网络爬虫技术的大数据审计方法原理

网络爬虫(web crawler)是一种按照一定的规则,自动地抓取万维网信息的程序或者脚本。开展大数据审计需要各类相关数据,因此,网络爬虫技术对获得开展大数据审计的相关数据非常有帮助。

基于网络爬虫技术的大数据审计方法主要是充分利用被审计单位外部的公共数据,通过对这些数据和从被审计单位获得以及从其他单位获得的相关数据进行对比分析,从而更充分地发现相关审计线索。相对目前常用的方法,这种方法的优点是能扩展数据分析范围,更充分地发现相关审计线索。采用网络爬虫技术获取相关数据的过程如下。

(1) 确定目的。用于确定抓取目标网站哪些网页上的哪些数据。

(2) 分析页面结构。为了抓取上述的数据,需要对相应的网页页面进行分析。

(3) 实现爬虫,获得所需数据。根据以上分析,采用相关网络爬虫软件,如 R 语言、Python 等,实现以上数据的抓取功能。

(4) 对获得的数据进行分析。针对获得的数据,在审计大数据集成和预处理的基础上,基于"集中分析,分散核查"的审计思路,使用大数据可视化分析工具对相关数据进行分析,审计人员通过对可视化的分析结果进行观察,快速从被审计大数据信息中发现异常数据,获得审计线索。另外,审计人员可以根据需要,对异常数据做进一步的深入分析,从不同的方面获得对被审计数据的理解,从而全面地分析被审计数据。在可视化分析结果的基础上,审计人员可以借助其他方法对被审计数据进行建模和分析,进一步获得相关证据。在此基础上,通过对这些结果数据做进一步的延伸审计和审计事实确认,最终获得审计证据。

综上分析,基于网络爬虫技术的大数据审计方法原理如图 4.138 所示。

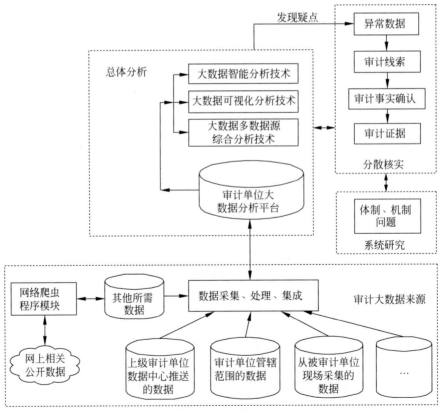

图 4.138　基于网络爬虫技术的大数据审计方法原理

3. 基于网络爬虫技术的外部数据采集示例

例 4.13 利用网络爬虫技术采集网上数据

现有某扶贫审计公告数据,其中某数据如图 4.139 所示。

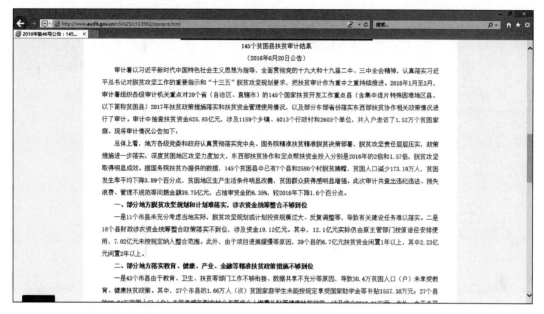

图 4.139 某扶贫审计公告数据示例

该扶贫审计公告数据的网址分别为:

http://www.audit.gov.cn/n5/n25/c123562/content.html

http://www.audit.gov.cn/n5/n25/c97001/content.html

http://www.audit.gov.cn/n5/n25/c84959/content.html

现需要将该数据采集到计算机 E 盘中,并把采集的文本文件命名为"扶贫资金审计结果采集示例.txt"(要求以上三个扶贫审计公告数据采集到同一个文本文件中)。

基于 RStudio,可以编写网络爬虫抓取以上扶贫审计公告数据,其代码如下。

```
install.packages("rvest")
library(rvest)
url1 <- 'http://www.audit.gov.cn/n5/n25/c123562/content.html'
url2 <- 'http://www.audit.gov.cn/n5/n25/c97001/content.html'
url3 <- 'http://www.audit.gov.cn/n5/n25/c84959/content.html'
web1 <- read_html(url1)
web2 <- read_html(url2)
web3 <- read_html(url3)
title1 <- web1 %>% html_nodes('tr > td') %>% html_text()
title2 <- web2 %>% html_nodes('tr > td') %>% html_text()
title3 <- web3 %>% html_nodes('tr > td') %>% html_text()
text_data <- data.frame(title1[29],title2[29],title3[29])
```

```
write.csv(text_data,file = "E:\扶贫数据\扶贫资金审计结果采集示例.txt")
```

在 RStudio 中运行以上代码,如图 4.140 所示。

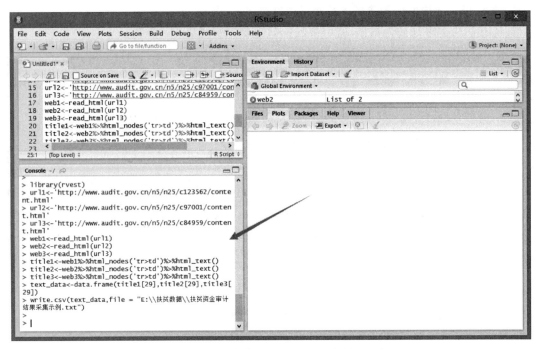

图 4.140　基于 RStudio 网络爬虫运行情况示例

抓取的结果如图 4.141 和图 4.142 所示。

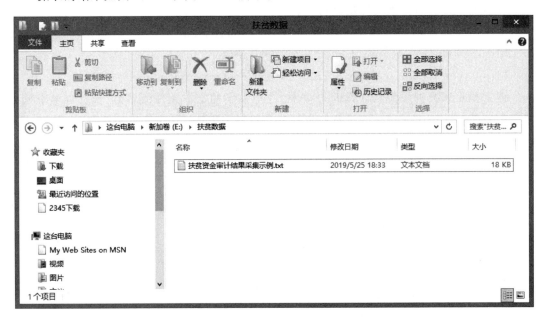

图 4.141　基于网络爬虫的数据抓取结果示例

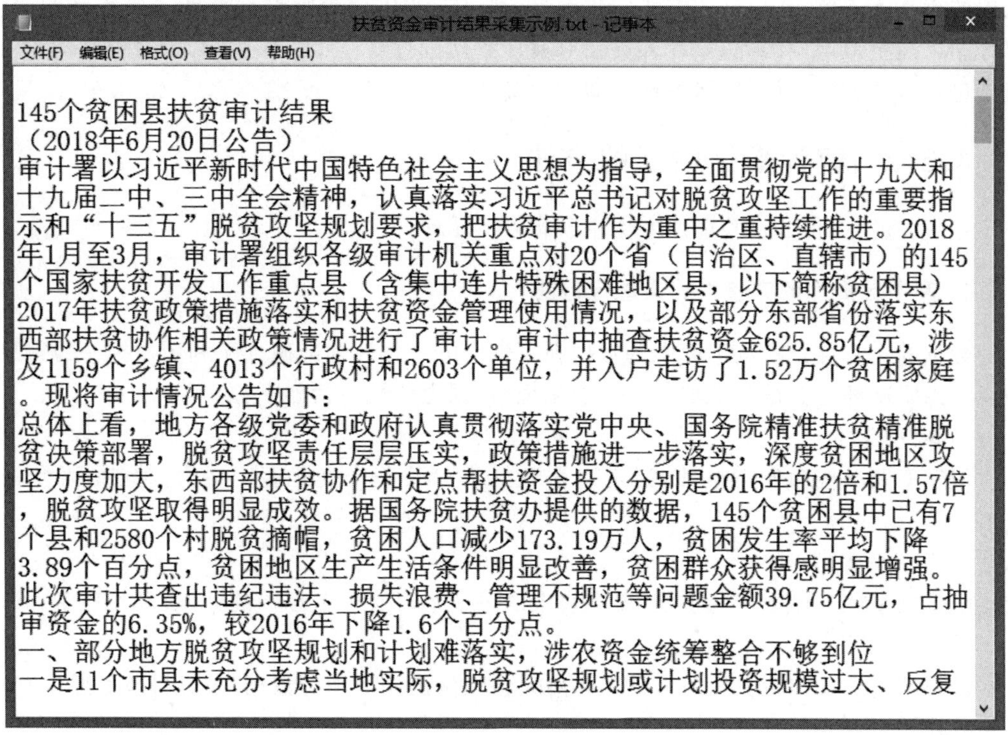
扶贫资金审计结果采集示例.txt - 记事本

文件(F) 编辑(E) 格式(O) 查看(V) 帮助(H)

145个贫困县扶贫审计结果
（2018年6月20日公告）
审计署以习近平新时代中国特色社会主义思想为指导，全面贯彻党的十九大和十九届二中、三中全会精神，认真落实习近平总书记对脱贫攻坚工作的重要指示和“十三五”脱贫攻坚规划要求，把扶贫审计作为重中之重持续推进。2018年1月至3月，审计署组织各级审计机关重点对20个省（自治区、直辖市）的145个国家扶贫开发工作重点县（含集中连片特殊困难地区县，以下简称贫困县）2017年扶贫政策措施落实和扶贫资金管理使用情况，以及部分东部省份落实东西部扶贫协作相关政策情况进行了审计。审计中抽查扶贫资金625.85亿元，涉及1159个乡镇、4013个行政村和2603个单位，并入户走访了1.52万个贫困家庭。现将审计情况公告如下：
总体上看，地方各级党委和政府认真贯彻落实党中央、国务院精准扶贫精准脱贫决策部署，脱贫攻坚责任层层压实，政策措施进一步落实，深度贫困地区攻坚力度加大，东西部扶贫协作和定点帮扶资金投入分别是2016年的2倍和1.57倍，脱贫攻坚取得明显成效。据国务院扶贫办提供的数据，145个贫困县中已有7个县和2580个村脱贫摘帽，贫困人口减少173.19万人，贫困发生率平均下降3.89个百分点，贫困地区生产生活条件明显改善，贫困群众获得感明显增强。
此次审计共查出违纪违法、损失浪费、管理不规范等问题金额39.75亿元，占抽审资金的6.35%，较2016年下降1.6个百分点。
一、部分地方脱贫攻坚规划和计划难落实，涉农资金统筹整合不够到位
一是11个市县未充分考虑当地实际，脱贫攻坚规划或计划投资规模过大、反复

图 4.142 基于网络爬虫的数据抓取结果示例

4.6 审计数据验证

4.6.1 审计数据验证的重要性

在开展电子数据审计的过程中，审计人员必须不断进行审计数据验证，以保证审计数据采集的真实性和完整性，以及审计数据预处理和审计数据分析的正确性。审计数据验证不仅是确保电子数据真实、正确的重要手段，也是提高审计数据采集、审计数据预处理和审计数据分析质量，降低审计风险的重要保证。其重要性主要体现在以下几个方面。

1）确认所采集数据的真实性、正确性和完整性

通过审计数据验证，可以确认被审计单位提供的以及审计人员采集的原始电子数据的真实性、正确性和完整性，验证电子数据对被审计单位实际经济业务活动的真实反映程度，排除被审计单位有意识隐瞒部分数据的可能性。

2）确认审计数据采集过程中数据的完整性

当电子数据从一台计算机迁移到另一台计算机，或从一个信息系统迁移到另一个信息系统的过程中，由于种种原因，可能导致采集的数据发生遗漏。所以，审计人员完成审计数据采集后，必须对被审计数据进行充分的验证，确认审计数据的完整性。

3）减少审计数据采集、审计数据预处理和审计数据分析过程中人为造成的失误

审计人员在进行审计数据采集、预处理和分析时，如果编写的程序存在逻辑错误，或对

数据的操作不规范,或选择的方法不正确等,都可能产生部分数据遗漏或丢失等问题,导致审计结果发生错误。因此,审计人员在对审计数据进行每一步操作后,必须对被操作的电子数据进行审计数据验证,确保审计数据的正确性。

4.6.2 审计数据验证的方法

一般来说,审计数据验证的方法主要有以下几种。

1. 利用数据库的完整性约束进行验证

数据的完整性是指数据库中的数据在逻辑上的一致性和准确性。利用数据库的完整性约束可以实现部分数据验证功能。一般来说,数据完整性包括如下:

1) 域完整性

域完整性又称为列完整性,指定一个数据集对某一个列是否有效并确定是否允许为空值。

2) 实体完整性

实体完整性又称为行完整性,要求表中的每一个行有一个唯一的标识符(关键字)。

3) 参照完整性

参照完整性又称为引用完整性。参照完整性保证主表中的数据与从表(被参照表)中数据的一致性。

2. 利用数据总量和主要变量的统计指标进行验证

利用数据总量和主要变量的统计指标进行验证是一种常用的方法,主要内容如下。

1) 核对总记录数

审计人员在完成审计数据采集之后,首先要将采集到的电子数据的记录数与被审计单位信息系统中反映的记录数核对(有打印纸制凭证的,还要与纸制凭证数进行核对),以验证其完整性。在完成审计数据预处理和审计数据分析之后,也可以根据需要应用这一方法。

2) 核对主要变量的统计指标

审计人员在完成审计数据采集、审计数据预处理和审计数据分析之后,可以通过核对主要变量的统计指标,如核对总金额等方法来验证数据的完整性。

3. 利用业务规则进行验证

业务规则是一个系统正常处理业务活动所必须满足的一系列约束的集合。这些约束有来自系统外部的,如国家政策和法律法规;有来自系统内部的,如借贷记账法要求的借贷平衡,账务处理系统中各种账户之间的钩稽关系;有些约束还作为系统的控制手段,如凭证号的连续性约束。利用这些约束可以对采集到的数据实施一定程度的验证。常用的方法如下。

1) 检查借贷是否平衡

检查借贷是否平衡是审计人员常用的一种简单有效的审计数据验证方法,它与核对总金额方法相辅相成。

2) 凭证号断号和重号验证

凭证表(交易文件)是由原始凭证向其他会计账簿、报表传递会计信息的最基础的会计数据表,所以在开展电子数据审计的过程中,必须注意保证凭证表数据的完整性。在会计信息系统中,凭证号是典型的顺序码,凭证号每月按凭证类型连续编制,不同的凭证使用不同的凭证号,凭证号中间不能有断号、空号或重号出现。因此,分析凭证表中凭证号是否连续是验证审计人员所用数据与被审计单位会计数据的一致性的一种重要核对方法。审计人员可以根据实际情况,通过编写 SQL 语句来进行凭证号断号、重号的验证工作,也可以借助一些审计软件的断号、重号分析功能来完成凭证号断号、重号的验证工作。

3) 钩稽关系

在业务和会计数据中,存在着许多钩稽关系。这些钩稽关系是进行审计数据验证的重要依据。例如在审计人员采集到的被审计单位固定资产数据表中,关于固定资产价值方面的数据一般都包括资产原值、累计折旧、资产净值字段内容,而且这三个字段之间存在的钩稽关系如下。

$$资产原值-累计折旧=资产净值$$

因此,审计人员在使用被审计单位的固定资产数据表之前,有必要对上述钩稽关系进行验证。例如,可以采用以下 SQL 语句进行验证。

```
SELECT *
FROM 固定资产表
WHERE (资产原值-累计折旧) <> 资产净值;
```

4. 利用抽样方法进行验证

审计数据验证的另一类方法就是利用抽样的方法来完成。当数据量巨大或者前文所述的审计数据验证方法无法使用时,可以考虑利用抽样的方法进行验证。利用抽样的方法进行验证一般分为以下两种。

(1) 从被审计单位提供的纸质资料中按照抽样的规则抽取一些样本,在采集后的数据中进行匹配和验证。

(2) 从被审计单位的系统中按照抽样的规则抽取一些样本,在采集后的数据中进行匹配和验证。

4.6.3 审计数据采集阶段的审计数据验证

在审计数据采集阶段,审计数据验证主要是检查被审计单位提供的数据的真实性和完整性,保证审计数据采集工作准确、有效地进行,同时对采集到的被审计数据进行确认,排除遗漏和失误。审计数据采集阶段的审计数据验证可分成审计数据采集之前的验证和审计数据采集之后的验证两个阶段进行。

1. 审计数据采集之前的验证

这一阶段审计数据验证的目的主要是确保审计所需数据的真实性、完整性,保证审计数据采集工作的准确有效。在条件许可的情况下,一般进行如下验证。

(1) 验证数据库的创建日期。

(2) 验证总数据量。

(3) 验证数据内容(例如,验证数据的内容以确认是否是审计所需要的数据)。

(4) 验证审计数据采集接口的正确性和有效性(例如,所创建的 ODBC 接口是否正确?能否连接成功?)。

(5) 记录审计数据采集前的相关参数。

2. 审计数据采集之后的验证

这一阶段的审计数据验证主要是对采集到的审计数据进行确认,排除遗漏和失误,所采取的方法有两类。

1) 技术性验证

技术性验证,例如核对总记录数、核对主要变量统计指标等。

2) 业务性验证

业务性验证,例如检查借贷是否平衡,凭证号断号和重号验证等。另外,还可以从所采集数据的经济含义出发进行业务性验证,例如:

(1) 与数据采集前记录的参数进行核对。

(2) 利用已有的统计指标和纸质凭证、报表进行核对分析。

(3) 检查有无异常数据。

思考题

1. 什么是审计数据采集?
2. 如何进行审计数据采集?
3. 大数据环境下开展审计为什么需要外部数据?
4. 如何采集网上的公开数据?
5. 为什么要进行审计数据验证?

第 5 章 审计数据预处理

本章学习目标

- 理解审计数据预处理的重要性。
- 理解数据质量、审计数据质量问题;掌握审计数据预处理的意义以及审计数据预处理的内容。
- 结合应用实例熟悉审计数据预处理的基本方法。
- 理解审计数据预处理阶段数据验证的重要性,熟悉审计数据预处理阶段数据验证的内容和方法。
- 了解一些大数据审计数据预处理方法。

5.1 概述

审计数据预处理是电子数据审计中的重要一环。目前,在审计数据采集过程中常常会遇到以下问题。

(1) 审计不可能采集被审计单位的所有数据,在采集数据时,往往来不及对被审计单位的信息系统做详细的了解与分析,因此并不知道哪些数据重要,哪些数据不重要。通常是确定一个范围后把数据全部采集过来,再根据审计的需要进行整理和筛选。

(2) 考虑到数据的全面和丰富,以及数据采集的风险,在采集数据时一般都宁多勿缺,故采集到的审计数据往往会有许多重复,且数据量巨大。

(3) 采集到的被审计数据存在数据质量问题,在进行数据分析之前需要预处理,例如,有些数据属性的值不确定,在采集数据时,无法得到该数据属性的值,从而造成数据不完整。

由以上几点可以看出,由于被审计单位数据来源种类繁杂,采集到的数据存在一些数据质量问题,不能满足后续审计数据分析的需要。另外,这些问题的存在将直接影响后续审计工作所得出的审计结论的准确性。因此,完成审计数据采集后,审计人员必须对从被审计单位获得的原始电子数据进行预处理,从而使其满足后续审计数据分析的需要。

5.2 审计数据预处理理论分析

5.2.1 数据质量

1. 数据质量的概念

为了更好地理解审计数据预处理的必要性,本节首先介绍数据质量的相关概念。

目前,数据质量问题已引起广泛的关注。什么是数据质量呢?数据质量问题并不仅仅是指数据错误。有的文献把数据质量定义为数据的一致性(consistency)、正确性(correctness)、完整性(completeness)和最小性(minimality)这四个指标在信息系统中得到满足的程度,有的文献则把"适合使用"作为衡量数据质量的初步标准。

2. 数据质量评价指标

一般说来,评价数据质量最主要的几个指标如下。

1)准确性

准确性(accuracy)是指数据源中实际数据值与假定正确数据值的一致程度。

2)完整性

完整性(completeness)是指数据源中需要数值的字段中无值缺失的程度。

3)一致性

一致性(consistency)是指数据源中数据对一组约束的满足程度。

4)唯一性

唯一性(uniqueness)是指数据源中数据记录以及编码是否唯一。

5)适时性

适时性(timeliness)是指在所要求的或指定的时间提供一个或多个数据项的程度。

6)有效性

有效性(validity)是指维护的数据足够严格以满足分类准则的接受要求。

3. 可能存在的数据质量问题

当建立一个信息系统时,即使进行了良好的设计和规划,也不能保证在所有情况下信息系统中数据的质量都能满足用户的要求。用户录入错误、企业合并以及企业环境随着时间的推移而改变,这些都会影响所存放数据的质量。信息系统中可能存在的数据质量问题有很多种,总结起来主要有以下几种。

1)重复的数据

重复的数据是指在一个数据源中存在表示现实世界同一个实体的重复信息,或在多个数据源中存在现实世界同一个实体的重复信息。

2)不完整的数据

由于录入错误等原因,字段值或记录未被记入数据库,造成信息系统数据源中应该有的字段或记录缺失。

3) 不正确的数据

由于录入错误,数据源中的数据未及时更新,或不正确的计算等原因,导致数据源中数据过时,或者一些数据与现实实体中字段的值不相符。

4) 无法理解的数据值

无法理解的数据值是指由于某些原因,导致数据源中的一些数据难以解释或无法解释,如伪值、多用途域、古怪的格式、密码数据等。

5) 不一致的数据

数据不一致包括了多种问题,例如,从不同数据源获得的数据很容易发生不一致;同一数据源的数据也会因位置、单位以及时间不同产生不一致。

在以上这些问题中,前三种问题在数据源中出现得最多。根据数据质量问题产生的原因,数据质量问题可分成单数据源问题和多数据源问题两个方面,其分类如图 5.1 所示。

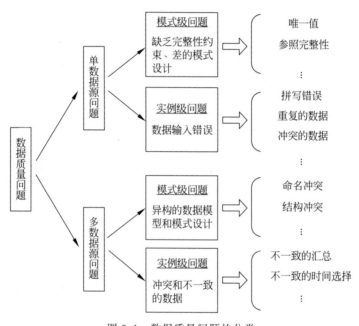

图 5.1 数据质量问题的分类

5.2.2 单数据源数据质量问题

单数据源数据质量问题可以分成模式级和实例级两类问题进行分析,如图 5.1 所示。一个数据源的数据质量很大程度上取决于控制这些数据的模式和完整性约束的等级。没有模式的数据源,例如文本文件数据,它对数据的输入和保存没有约束,于是出现错误和不一致的可能性就很大。因此,出现模式相关的数据质量问题是因为缺少合适的特定数据模型和特定的完整性约束,例如差的模式设计,或者因为仅定义了很少一些约束来进行完整性控制。特定实例问题相关错误和不一致,例如拼写错误,不能在模式级预防。另外,不唯一的模式级特定约束不能防止重复的实例,例如关于同一现实实体的记录可能会以不同的字段值输入两次。无论是模式级问题还是实例级问题,都可以分成字段、记录、记录类型和数据源四种不同的问题范围,分别说明如下。

(1) 字段：这类错误仅局限于单个字段的值。

(2) 记录：这类错误表现在同一条记录中不同字段值之间出现的不一致。

(3) 记录类型：这类错误表现在同一个数据源中不同记录之间的不一致关系。

(4) 数据源：这类错误表现在数据源中的某些字段值和其他数据源中相关值的不一致关系。

四种不同情况的举例如表5.1和表5.2所示。

表 5.1 单数据源中模式级的数据质量问题

范围	问题	脏数据	原因
字段	不合法值	出生日期＝1970.13.12	字段值超出了域范围
记录	违反属性依赖	年龄＝22,出生日期＝1970.12.12	年龄＝现在年－出生年
记录类型	违反唯一性	供应商1：Name＝"新疆轴承总厂",No＝"G02002" 供应商2：Name＝"西安汽车修配厂",No＝"G02002"	供应商编号不唯一
数据源	违反引用完整性	供应商：Name＝"新疆轴承总厂",City＝"102"	编号为102的城市不存在

表 5.2 单数据源中实例级的数据质量问题

范围	问题	脏数据	原因
字段	空值	电话号码＝（9999）999999	该值为缺省值,可能数值未输入或已丢失
字段	拼写错误	City＝"书州"	一般是数据录入错误
字段	含义模糊的值或缩写词	职位＝"DBProg."	不知道"DBProg."的意思
字段	多值嵌入	Name＝"西安汽车修配厂 710082 西安"	一个字段中输入了多个字段的值
字段	字段值错位	City＝"江苏"	某个字段的值输入另一个字段中
记录	违反属性依赖	City＝"南京",Zip＝"650093"	城市和邮政编码之间不匹配
记录类型	重复的记录	供应商1：("西安汽车修配厂","西安",…) 供应商2：("陕西省西安市汽车修配厂","西安",…)	由于数据输入错误,同一个供应商输入了两次
记录类型	冲突的值	供应商1：("新疆轴承总厂","4",…) 供应商2：("新疆轴承总厂","3",…)	同一个供应商被不同的值表示
数据源	引用错误	供应商：Name＝"新疆轴承总厂",City＝"12"	编号为12的城市存在,但该供应商不在这个城市

5.2.3 多数据源集成时数据质量问题

当多个数据源集成时,发生在单数据源中的这些问题会更加严重。这是因为每个数据源都是为了特定应用,单独开发、部署和维护的,这就很大程度上导致数据管理系统、数据模型、模式设计和实际数据的不同。每个数据源都可能含有脏数据,多数据源中的数据可能会出现不同表示、重复、冲突等现象。

在模式级,模式设计的主要问题是命名冲突和结构冲突。命名冲突主要表现为不同的对象可能使用同一个命名,而同一对象可能使用不同的命名;结构冲突存在很多种不同的情况,一般是指在不同数据源中同一对象有不同表示,例如不同的组成结构、不同的数据类型、不同的完整性约束等。

除了模式级的冲突,很多冲突仅出现在实例级上,即数据冲突。由于不同数据源中数据的表示可能会不同,单数据源中的所有问题都可能会出现,例如重复的记录、冲突的记录等。此外,在整个数据源中,尽管有时不同的数据源中有相同的字段名和类型,仍可能存在不同的数值表示。例如,对性别的描述,一个数据源中可能用"0/1"来描述,另一个数据源中可能会用"F/M"来描述;或者对一些数值的不同表示,例如一个数据源中度量单位制可能用美元,另一个数据源中可能会用欧元。此外,不同数据源中的信息可能表示在不同的聚集级别上,例如一个数据源中信息可能指的是每种产品的销售量,而另一个数据源中信息可能指的是每组产品的销售量。

5.2.4 审计数据质量问题实例

为了便于理解审计数据的数据质量问题,以采集来的某税收征收电子数据(文件名为"税收征收.mdb",数据表名为"征收表",数据表结构见本书附录 A)为例,其可能存在的部分数据质量问题分析如下。

1. 不完整数据

在图 5.2 中,"实纳税额"字段中存在部分空值;在图 5.3 中,最后几条记录为空记录。空值并不等同于"0",因而在进行数据分析时,不能参加如查询、筛选、汇总等数据分析,在审计数据分析过程中会被遗漏,所以必须对"征收表"中的空值进行处理。

2. 不一致的数据

在图 5.4 中,"级次"字段中存在不一致的数据,即该字段中有的数据值为代码,有的数据值为实际的值,为方便后续的审计数据分析,需要转化成统一的格式来表示。

3. 不正确的数据

在图 5.5 中,"实纳税额"字段中有的数据值为负值,这些数据可能为错误的数值,为方便后续的审计数据分析,需要审计人员对该值进行确认,并对错误的数值进行处理。

4. 重复的数据

在图 5.6 中,"税务登记号"为"0517070"数据存在多条,这些数据可能为重复的数据,为了保证审计数据分析结果的准确性,需要审计人员对这些重复的数据进行确认,找出造成数据重复的原因,并对重复的数据进行处理。

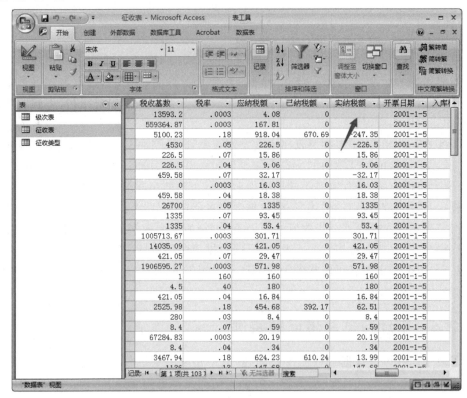

图 5.2 字段中存在空值数据质量问题的税收征收数据

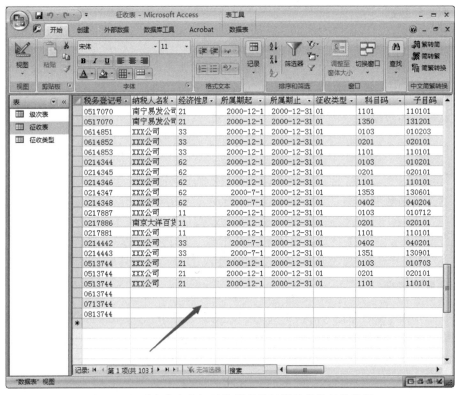

图 5.3 记录中存在空记录数据质量问题的税收征收数据

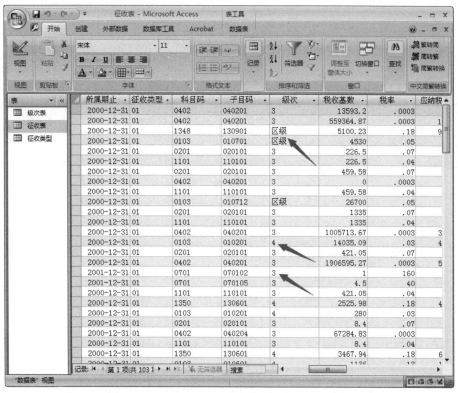

图 5.4 存在不一致数据质量问题的税收征收数据

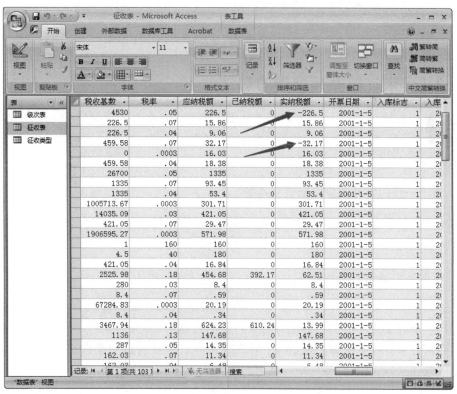

图 5.5 存在不正确数据质量问题的税收征收数据

图 5.6　存在重复数据质量问题的税收征收数据

5.2.5　审计数据预处理的意义

由以上分析可知,正是由于采集到的被审计数据中存在上述数据质量问题,所以需要对采集到的电子数据进行预处理,处理有数据质量问题的数据,为后续的审计数据分析打下基础。概括起来,进行审计数据预处理的意义如下。

1. 为下一步的审计数据分析提供准备

采集到的被审计数据不一定能完全满足审计数据分析的需要,因此,通过对有质量问题的被审计数据进行预处理,从而为后续的审计数据分析做好准备。

2. 帮助发现隐藏的审计线索

通过对被审计数据进行数据预处理,可以有效地发现被审计数据中不符合数据质量的数据,但是,审计人员不能简单地把有质量问题的数据删除,因为这些存在质量问题的数据中可能隐藏着审计线索。需要做的是:对发现的审计数据质量问题进行分析,找出造成数据质量问题的原因,发现隐藏的审计线索。

3. 降低审计风险

有质量问题的被审计数据会影响审计数据分析结果的正确性,造成一定的审计风险。因此,通过对有质量问题的审计数据进行数据预处理,从而降低审计风险。

4. 通过更改命名方式使数据便于数据分析

通过名称转换这一审计数据预处理操作,可以把采集到的数据表以及字段名称转换成直观的名称,便于审计人员的审计数据分析。

5.2.6 审计数据预处理的内容

根据审计工作的实际情况,审计数据预处理可简单地分成数据转换和数据清理两部分内容。

1. 数据转换

简单地讲,数据转换就是把具有相同或相近意义的各种不同格式的数据转换成审计人员需要的格式相对统一的数据,或把采集到的原始数据转换成审计人员容易识别的数据格式和容易理解的名称,如名称转换、数据类型转换、代码转换等。

2. 数据清理

数据清理也称数据清洗(data cleaning)。简单地讲,数据清理就是利用相关技术,如数理统计、数据挖掘或预定义的清理规则等,从数据中检测和消除错误数据、不完整数据和重复数据等,从而提高数据的质量。数据清理的原理可总结为如图 5.7 所示。

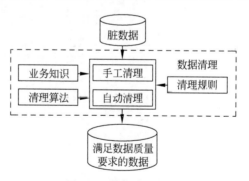

图 5.7 数据清理原理

5.3 审计数据预处理应用实例

目前,根据一般审计人员的技术能力和审计工作中的具体要求,并考虑到审计数据预处理方法的经济性和可操作性,一般进行的审计数据预处理内容包括名称转换、数据类型转换、代码转换、横向合并、纵向合并、空值处理等。例如,通过名称转换这一审计数据预处理操作,可以把采集到的数据表以及字段名称转换成直观的名称,便于审计人员的审计数据分析;同样,其他的审计数据预处理也是便于审计人员的审计数据分析。常用的一些数据库产品也可以完成审计数据预处理功能,本节通过实例详细介绍如何使用 Access 2007 和 SQL Server 2008 来完成审计数据预处理。

5.3.1 基于 Access

本节以名称转换和空值处理为例,详细介绍如何使用 Access 来完成审计数据预处理。

1. 名称转换

在大多数情况下,采集到的被审计数据的命名并不直观,为了便于审计人员进行数据分析,需要对数据表和字段的名称进行调整。例如,采集到的数据表名称和字段名称有时采用拼音的缩写表示,这时如果将其转换成汉字表示,则便于审计人员进行审计数据分析。使用 Access 完成数据表名称和字段名称转换的操作如图 5.8 和图 5.9 所示。

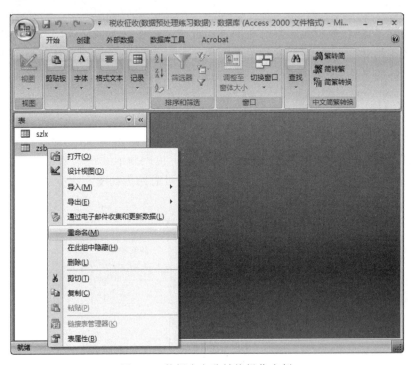

图 5.8 数据表名称转换操作实例

2. 空值处理

如 5.2 节所述,采集到的被审计数据中经常会出现一些"空值","空值"是字段的一种特殊状态,在数据库中用一个特殊的值 NULL 来表示,意味着该字段不包含任何数据,它不同于零值和空白。由于空值参与任何运算的结果都是空值,所以会对审计数据分析带来一些不便之处,因此,在审计数据预处理阶段,审计人员需要根据实际情况对空值数据进行处理。在实际操作中,审计人员可以使用 Access 来完成空值处理。

图 5.9　字段名称转换操作实例

例 5.1　某税收征收数据的空值处理

现有某税收征收电子数据(文件名为"税收征收.mdb",数据表名为"征收表"),表结构见附录 A。假设已完成数据表名称转换和字段名称转换,要求对其进行审计数据预处理,把"征收表"中"实纳税额"字段中的空值变成"0"。

通过对税收征收电子数据的分析,对"实纳税额"字段进行空值处理的 SQL 语句如下。

```
UPDATE 征收表
SET 实纳税额 = 0
WHERE 实纳税额 Is Null;
```

通过运行以上 SQL 语句,可以很容易地把"征收表"中"实纳税额"字段中的空值设置成"0"。下面介绍如何使用 Access 来执行以上 SQL 语句,完成空值处理。

假设税收征收数据已被采集到 Access 中,如图 5.10 所示。

完成税收征收数据中"实纳税额"字段空值处理的操作步骤如下。

(1) 在 Access 中单击"创建"选项卡,如图 5.11 所示。

(2) 在图 5.11 中选择"查询设计"命令,然后单击"确定"按钮,弹出如图 5.12 所示"显示表"对话框。

图 5.10 含有税收征收数据的 Access 数据库

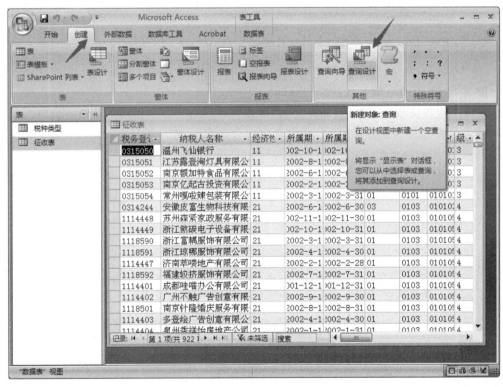

图 5.11 选择新建查询的类型

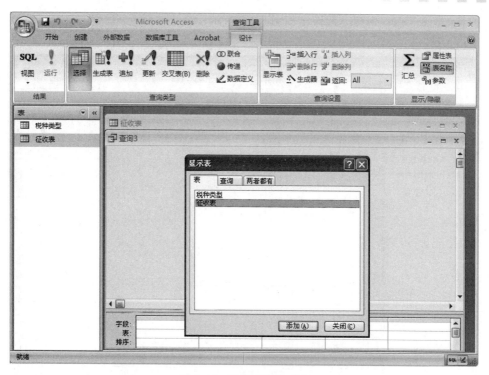

图 5.12　选择查询的对象

(3) 在图 5.12 中单击"关闭"按钮,弹出如图 5.13 所示窗口。

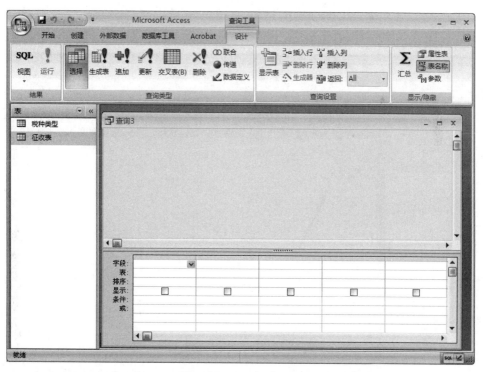

图 5.13　Access 的设计视图

(4) 切换到"SQL 视图",其操作如图 5.14 所示。

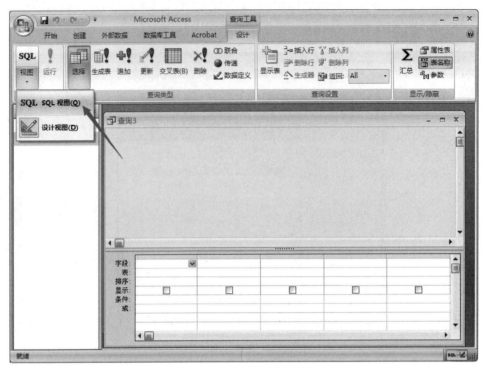

图 5.14　SQL 视图切换菜单

(5) 在图 5.14 中输入相应的 SQL 语句,如图 5.15 所示。

图 5.15　输入 SQL 语句之后的 SQL 视图

(6) 在图 5.15 中单击"运行"按钮,则"实纳税额"字段中空值处理的结果如图 5.16 所示。

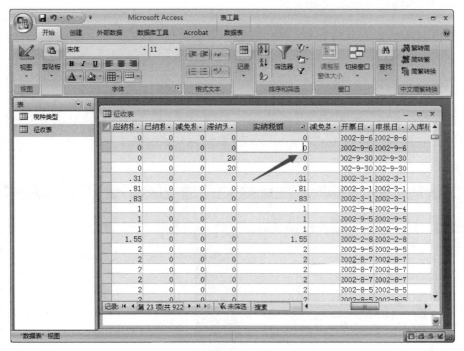

图 5.16 空值处理的结果界面

如果审计人员对 SQL 语句不熟练,也可以在"设计视图"中选择、输入相关参数,完成空值处理,如图 5.17 所示。

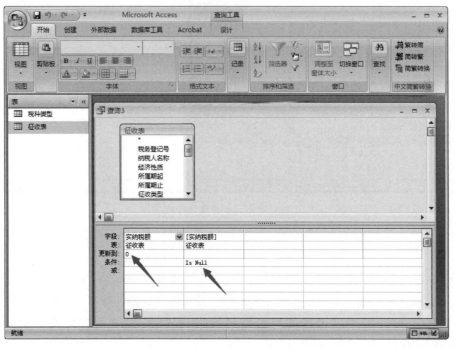

图 5.17 在设计视图中设置处理条件

5.3.2 基于 SQL Server

本节以名称转换和空值处理为例，详细介绍如何使用 SQL Server 完成审计数据预处理。

1. 名称转换

假设被审计数据已被采集到 SQL Server 中，使用 SQL Server 完成数据表名称转换的操作如图 5.18 所示。使用 SQL Server 完成字段名称转换的操作分别如图 5.19 和图 5.20 所示。

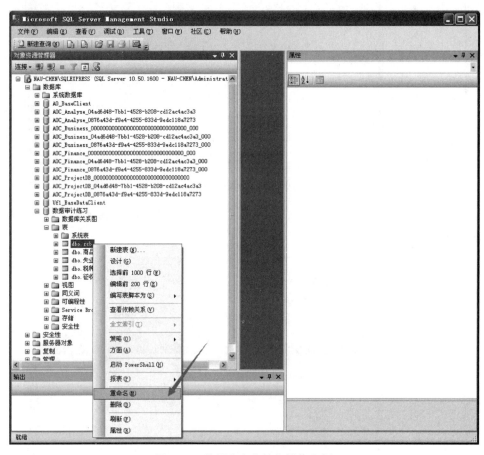

图 5.18 数据表名称转换操作实例

2. 空值处理

在实际操作中，审计人员可以使用 SQL Server 来完成空值处理。假设税收征收数据已被采集到 SQL Server 中，在完成数据表名称和字段名称的转换的基础上，单击"新建查询"，在查询界面中输入相应的空值处理 SQL 语句，如图 5.21 所示，即可完成税收征收数据中"实纳税额"字段空值处理。

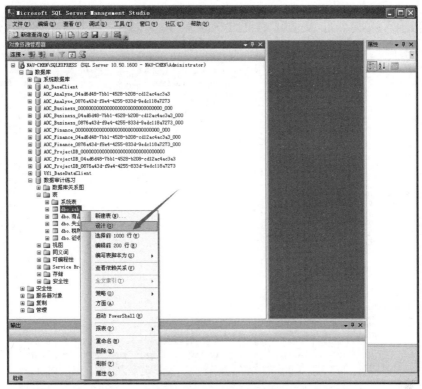

图 5.19 进入字段设计界面

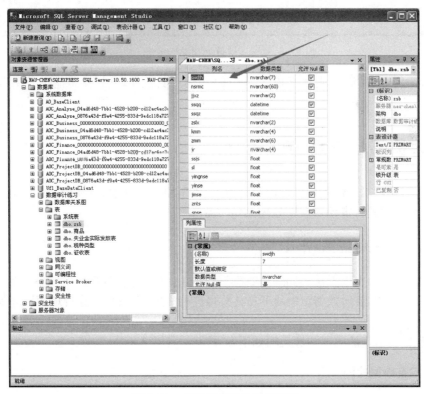

图 5.20 字段名称转换操作实例

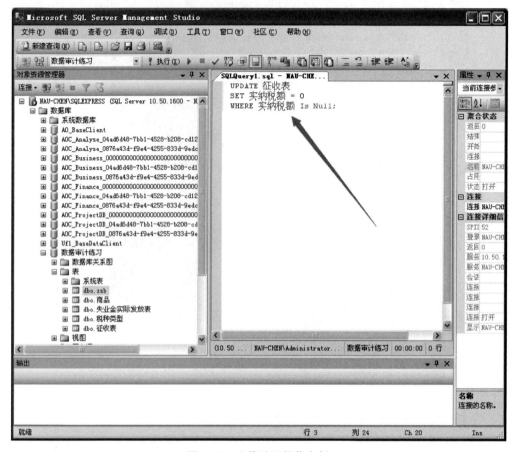

图 5.21 空值处理操作实例

同理,使用 SQL 语句或数据库工具中的其他工具也可以完成其他审计数据预处理工作。

5.4 大数据预处理方法简介

面对大数据环境下需要预处理的审计数据,本节对一些高效、自动的数据预处理方法进行简单介绍,以供进行审计数据预处理操作时参考。

5.4.1 不完整数据清理

在采集数据时,由于无法得到一些数据属性的值,从而造成数据的不完整。为了满足审计数据分析的需要,要对数据源中的不完整数据进行清理,不完整数据清理的原理如图 5.22 所示。

不完整数据清理的主要步骤说明如下。

1. 不完整数据检测

要清理数据源中的不完整数据,首先要做的就是把数据源中的不完整数据检测出来,以

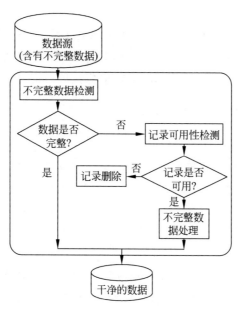

图 5.22　不完整数据清理的原理

便于下一步的处理,不完整数据检测就是完成这一工作。

2．数据可用性检测

数据可用性检测是不完整数据清理过程中的一个重要步骤。如果一条记录属性值丢失得太多,或者剩余的属性值中根本就不包含关键信息,就没有必要花费精力去补全该记录。因此,要解决数据的不完整问题,判断记录的可用性非常重要。判断记录的可用性就是根据每一条记录的不完整程度以及其他因素,来决定这些记录是保留还是删除。对于记录的可用性检测,一般采用的方法如下。

先评估一条记录的不完整程度,也就是先计算一条数据记录中丢失属性值的字段的百分比,再考虑其他因素,例如数据记录剩余的属性值中关键信息是否存在,然后决定记录的取舍。由于当一条记录某属性取值为缺省值时,意味着该属性值已丢失,所以,一般把属性值为缺省值的也作为丢失值来处理。评估一条记录不完整程度的方法如下。

假设一条记录可表示成:
$$R = \{a_1, a_2, \cdots, a_n\}$$

$a_1, a_2, \cdots, a_n$ 表示记录 R 的 n 个属性,$R_i(a_j)$ 表示记录 R_i 第 j 个属性 a_j 的值,$a_j(\text{default})$ 表示记录第 j 个属性 a_j 的默认值,m 表示记录 R 中属性值丢失的数目(包括属性值取默认值的字段),AMR 表示记录 R 中属性值丢失的比率,λ 为记录 R 中属性值丢失比率的阈值,如果:

$$\text{AMR} = \frac{m}{n} < \lambda, \quad \lambda \in [0, 1]$$

则表示该记录比较完整,应保留记录 R;否则,删除记录 R。

在进行不完整数据清理时,λ 的值由域专家根据对具体数据源的分析来确定其取值,并定义在规则库中,供系统调用。数据表中各个属性 a_j 的默认值 $a_j(\text{default})$ 也定义在规则库中,供系统计算 m 值时调用。

此外,在决定记录取舍时,除了评估每一条记录的不完整程度外,有时还需要考虑该记录中关键的属性值是否存在,关键属性要由域专家根据对具体数据源的分析来确定。如果不完整数据中关键属性值存在,即使 AMR>λ,也应该保留记录。需要指出的是,在删除数据时一定要慎重。

3. 不完整数据处理

不完整数据处理是指在完成数据可用性检测之后,对那些要保留的不完整数据记录,要采取一定的方法来处理该记录中缺失的属性值,一般采取以下几种处理方法。

1) 人工处理法

对于一些重要数据,或当不完整数据的数据量不大时应该采用这种方法。

2) 常量替代法

常量替代法就是对所有缺失的属性值用同一个常量来填充,例如用"Unknown"或"Miss Value",这种方法较为简单,但是由于所有的缺失值都被当成同一个值,容易导致错误的分析结果。

3) 平均值替代法

平均值替代法就是使用一个属性的平均值来填充该属性的所有缺失值。

4) 最常见值替代法

最常见值替代法就是使用一个属性中出现最多的那个值来填充该属性的所有缺失值。

5) 估算值替代法

估算值替代法是最复杂,也是最科学的一种处理方法,采用这种方法处理缺失的属性值过程为:首先采用相关算法,如回归、判定树归纳等算法预测该属性缺失值的可能值,然后用预测值填充缺失值。

以上给出了常用的几种处理记录中缺失属性值的方法,至于在执行不完整数据的清理过程中采用什么样的处理方法,要根据具体的被审计数据源来确定。

5.4.2 相似重复记录清理

1. 相似重复记录清理的原理

为了减少采集到的电子数据中的冗余信息,相似重复记录清理是一项重要任务。相似重复记录是指那些客观上表示现实世界同一实体,但由于在格式、拼写上有些差异而导致数据库系统不能正确识别的记录。相似重复记录清理的原理如图 5.23 所示。

相似重复记录清理的过程可描述如下。

首先,把数据源中需要清理的数据调入系统中;然后,执行数据清理,记录排序模块从算法库中调用排序算法,执行记录之间的排序。在记录已排序的基础上,记录相似检测模块从算法库中调用相似检测算法,作邻近范围内记录间的相似检测,从而计算出记录间的相似度,并根据预定义的重复识别规则,来判定是否为相似重复记录。为了能检测到更多的重复记录,一次排序不够,要采用多轮排序,多轮比较,每轮排序采用不同的键,然后把检测到的

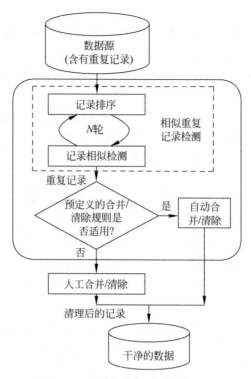

图 5.23 相似重复记录清理的原理

所有相似重复记录聚类到一起,从而完成相似重复记录的检测;最后,对所检测出的每一组相似重复记录根据预定义的合并/清除规则,完成相似重复记录的合并处理。

2. 相似重复记录清理的关键步骤

由图 5.23 中可以看出,相似重复记录清理的关键步骤可总结为:记录排序→记录相似检测→相似重复记录合并/清除,其作用分别说明如下。

1) 记录排序

为了能查找到数据源中所有的相似重复记录,必须比较每一个可能的记录对,如此一来,检测相似重复记录是一个很烦琐的操作。当采集的电子数据的量很大时,这会导致是一个无效和不可行的方案。为了减少记录之间的比较次数,提高检测效率,常用的方法是仅比较相互距离在一定范围的记录,即先对数据表中的记录排序,然后对邻近记录进行比较。

2) 记录相似检测

记录相似检测是相似重复记录清理过程中的一个重要步骤,通过记录相似检测,可以判断两条记录是不是相似重复记录。

3) 相似重复记录合并/清除

当完成相似重复记录的检测之后,对检测出的相似重复记录要进行处理。对于一组相似重复记录,一般有两种处理方法。

(1) 把一组相似重复记录中的一条记录看成是正确的,其他记录看成是含有错误信息的相似重复记录。于是,任务就是删除数据库中的相似重复记录。在这种情况下,一些常用的处理规则如下。

① 人工规则。人工规则是指由人工从一组相似重复记录中选出一条最准确的记录保留,并把其他相似重复记录从数据库中删除,这种方法较为简单。

② 随机规则。随机规则是指从一组相似重复记录中随机地选出一条记录保留,并把其他相似重复记录从数据库中删除。

③ 最新规则。在很多情况下,最新的记录能更好地代表一组相似重复记录。例如,越接近当前日期的信息准确性可能越高,经常使用账户上的地址要比不常使用的账户上的地址权威一些。基于这种分析,最新规则是指选择每一组相似重复记录中最新的一条记录保留,并把其他相似重复记录从数据库中删除。

④ 完整规则。完整规则是指从一组相似重复记录中选择最完整的一条记录保留,并把其他相似重复记录从数据库中删除。

⑤ 实用规则。因为重复率越高的信息可能越相对准确,例如,如果三条记录中两个供应商的电话号码是相同的,那么重复的电话号码可能是正确的。基于这种分析,实用规则是指从一组相似重复记录中选择与其他记录匹配次数最多的一条记录保留,并把其他相似重复记录从数据库中删除。

(2) 把每一条相似重复记录看成是信息源的一部分。于是,目的就是合并一组相似重复记录,产生一个具有更完整信息的新记录。该方法一般要由人工进行处理。

5.4.3　PDF 格式文件转换成文本格式文件

大数据环境下,不仅需要分析结构化数据,还需要分析非结构化数据。为了便于对 PDF 格式的文件进行分析,可以把 PDF 格式文件转换成文本格式文件。

例 5.2　把 PDF 格式文件转换成文本格式文件

现有某 PDF 格式文件数据,如图 5.24 和图 5.25 所示。现需要将该数据转换成文本格式文件,文件命名为"基于大数据可视化技术的审计线索特征挖掘方法研究.txt",并保存到计算机 F 盘中。

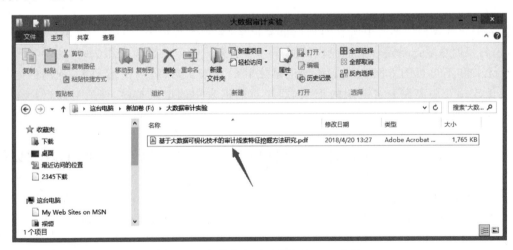

图 5.24　文件夹中需要转换的 PDF 文件

图 5.25　需要转换的 PDF 文件示例

以 R 语言为例,实现代码如下。

```
install.packages("pdftools")
library(pdftools)
txt <- pdf_text("F:\\大数据审计实验\\基于大数据可视化技术的审计线索特征挖掘方法
    研究.pdf")
write.csv(txt,file = "F:\\大数据审计实验\\基于大数据可视化技术的审计线索特征挖掘
    方法研究.txt")
```

在 RStudio 中运行以上代码,如图 5.26 所示。

图 5.26　基于 RStudio 的转换操作示例

运行结果如图 5.27 和图 5.28 所示。

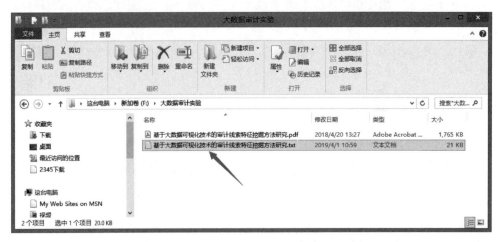

图 5.27　文件夹中转换后的文本文件示例

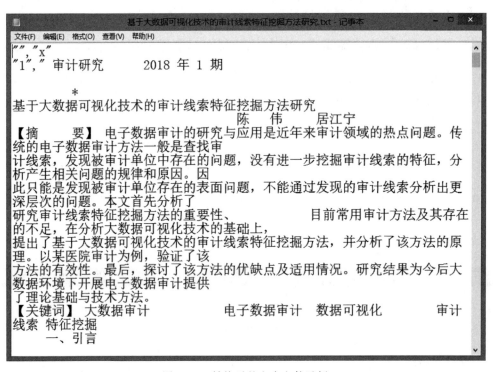

图 5.28　转换后的文本文件示例

5.5　审计数据预处理阶段的数据验证

5.5.1　审计数据预处理阶段数据验证的重要性

在开展电子数据审计的过程中,审计人员必须不断进行数据验证,以保证电子数据的真实性、正确性和完整性。在审计数据预处理过程中,审计人员会将原始电子数据中表名、字段名、记录值代码以及表与表关联的经济含义明确标识出来,这需要进行大量的数据查询、数据修改、数据删除、数据添加等操作;另外,要对电子数据进行错误数据处理、空值处理、相似重复数据处理、不一致数据处理等操作,以提高审计数据质量,为下一步的审计数据分析做好准备。在审计数据预处理过程中可能存在一些问题,举例如下。

(1) 目标数据模式设计不合理。
(2) 审计数据预处理方法不当。
(3) 审计数据预处理工具使用不合适。
(4) 审计数据预处理过程不规范,没有日志记录。

根据以上分析,每一步审计数据预处理工作都有可能影响到审计数据的完整性和正确性,所以在这一阶段进行数据验证也是很有必要的。

5.5.2 审计数据预处理阶段数据验证的内容和方法

1. 数据验证的主要内容

在这一阶段,数据验证主要是确认上述审计数据预处理工作没有损害数据整体的完整性,保证审计数据的正确性。对审计数据预处理过程进行验证主要包含以下两方面内容。

1) 确认审计数据预处理的目标实现

为了确认审计数据预处理的目标得以实现,必须针对转换前存在的数据质量问题和转换要求逐一进行核对。

2) 确认审计数据预处理工作没有损害数据的完整性和正确性

要确认审计数据预处理工作没有损害数据的完整性和正确性,就必须确认审计数据预处理过程中没有带来新的错误。

2. 数据验证的方法

在审计数据预处理阶段,审计人员可以根据实际情况,采用核对总金额、保持借贷平衡、钩稽关系、审计抽样等数据验证方法来完成审计数据验证。

思考题

1. 为什么需要对被审计数据进行审计数据预处理?
2. 什么是数据质量?常见审计数据质量问题有哪些?
3. 如何对被审计数据进行数据预处理?
4. 大数据环境下审计数据预处理方法有哪些变化?
5. 数据预处理阶段为什么也需要数据验证?

第6章 审计数据分析

本章学习目标

- 理解审计数据分析的重要性。
- 掌握审计证据、审计证据的种类以及电子审计证据(EAE)等概念。
- 深入理解常用审计数据分析方法的内涵。
- 掌握如何借助不同的软件应用常用审计数据分析方法完成审计数据分析。
- 熟悉大数据审计的数据分析方法,包括大数据智能分析技术、大数据可视化分析技术和大数据多数据源综合分析技术。

6.1 概述

第5章介绍了审计数据采集和审计数据预处理。审计数据采集和审计数据预处理的目的是为审计数据分析做准备,通过审计数据分析,发现审计线索,获得审计证据,形成审计结论才是审计的最终目的。因此,审计的过程实质上就是不断收集、鉴定和综合运用审计证据的过程。要实现审计目标,必须收集和评价审计证据。注重选择审计证据对做好审计工作起着举足轻重的作用。

综上所述,审计数据分析的目的是为了通过对采集到的电子数据进行分析,从而获取审计证据。因此,如何对采集到的数据进行分析是审计人员面临的重要问题。本章详细介绍常用的审计数据分析方法。

6.2 审计证据及审计取证

6.2.1 审计证据

为了更好地理解审计数据分析的目的,审计证据的概念分析如下。

审计证据是指审计机关和审计人员获取的用以说明审计事项真相,形成审计结论基础的证明材料。

一般来说,审计证据有下列几种。

(1) 书面证据。以书面形式存在并证明审计事项的证据。

(2) 实物证据。以实物形式存在并证明审计事项的证据。

(3) 电子审计证据。以录音录像或者计算机储存、处理的证明审计事项的视听或者电子数据资料。

(4) 口头证据。与审计事项有关人员提供的口头证据。

(5) 专门机构或者专门人员的鉴定结论和勘验笔录。

(6) 其他证据。

6.2.2 电子审计证据

电子审计证据(Electronic Audit Evidence,EAE)是指任何生成的、传递的、经过处理的、记录的以及(或者)是以电子形式保存用来支持审计报告内容的信息,这些信息仅能通过使用合适的设备和技术(例如计算机、软件、打印机、扫描仪、传感器或磁质媒体等)来获得。电子审计证据包括会计记录、原始文档、日记账和总账、支持性文件和其他任何形式的以电子形式存在的可为审计使用的数据或是信息。与传统的审计证据相比,电子审计证据具有以下特点。

(1) 电子审计证据是一种以电子形式存在,逻辑结构与信息本身相分离的信息。

(2) 信息的来源、目的地、发送和接收的日期都没有和电子文档或其他信息格式集成在一起,因此,电子审计证据的来源更加难以确定,相关授权人员的批准以及签名本身的真实性也更加难以确定。

纸质审计证据和电子审计证据的比较如表 6.1 所示。

表 6.1 纸质审计证据和电子审计证据的比较

	纸质审计证据	电子审计证据
原始性	证据的原始性很容易确定	仅检查电子信息很难确定其原始性
变更和修改	纸质证据的修改很容易被检查出来	仅通过检查电子信息很难发现信息的修改,信息的完整性取决于可靠的控制和安全技术
批准	纸质文档很容易确认授权人员的批准信息	仅通过检查电子信息很难确认授权人员的批准情况,需要通过使用控制和安全技术来确定
完全性	一笔交易所有相关的内容一般包含在同一个文档中	相关的内容常常包含在数据库系统的多个数据文件之中
查阅	不需要什么设备	需要各种各样的技术和设备
格式	文档的格式是完整的	电子审计证据的格式是从数据中分离的,很容易被改变
可用性和易访问性	在审计过程中,纸质审计证据在可用性和易访问性方面通常没有限制	电子数据的审计轨迹在审计的时候可能不能利用,访问数据可能很困难
签名	在纸质文档上签名和查看签名很容易	发布和查看一个可靠的电子签名需要合适的技术

为了评估收集来的、用来支持审计报告的电子审计证据的充分性和合适性,审计人员应该考虑使用这些证据所带来的特定风险。评估这些风险不能像传统环境下评估纸质文档一样,审计人员应该确保生成、处理、传输和维护电子信息的控制和技术是充分的,能够保证电子信息的可靠性。一般来说,用来评估电子信息作为审计证据是否可靠的指标如表 6.2 所

示。每个指标的重要性取决于电子信息的本质和来源,以及期望使用的目的。除了评估电子审计证据的可靠性之外,审计人员还要考虑电子审计证据作为审计证据的可用性。

表 6.2 电子信息作为审计证据的可靠性评估指标

评估指标	说　　明
可证明性 (authentication)	创建信息的人或物的一致性能被确认
完整性 (integrity)	完整性是确保信息被生成、处理、传输、维护和存档时,没有被故意地或意外地更改或破坏
是否授权 (authorization)	信息的准备、处理、修改、更正、发送、接收和访问等操作是由被授权的人或相关负责人来完成的
认可性 (nonrepudiation)	发送或接收一个信息的部门、个人或实体不能否认参与了信息内容的交换和批准。根据是否有电子信息的原始的、收据的、内容不能反驳的证据,可以分成原始认可、收据认可或内容认可

6.2.3 审计取证

传统环境下,审计人员可以采用审阅法、复算法、盘存法、函证法、鉴定法等方法收集审计证据。各种审计证据可用来实现各种不同的审计目标,审计人员形成任何审计结论和意见,都必须以合理、充分的审计证据为基础。由此可见,审计证据对审计人员而言事关重大,它贯穿独立审计的全过程,是形成审计意见的依据。因此,审计人员必须注重选择审计证据,保证审计质量,以降低审计风险。

信息化环境下,审计证据的获取大多是通过采用信息技术对被审计电子数据的分析来完成的,也就是说,通过对被审计数据的分析,发现可疑数据,并通过对可疑数据的进一步延伸确认,最终获取审计证据。一般来说,常用的审计数据分析方法主要包括数据查询、审计抽样、统计分析、数值分析等。其中,数据查询的应用最为普遍。大数据环境下,更多的数据分析方法可供审计人员选择使用。在审计的过程中,一般要求审计人员将被审计单位提供的原始电子数据、分析处理过程中产生的数据等妥善保存,以便作为审计资料和审计证据归档。在编制审计工作底稿时,应记录所使用的电子数据的数据库系统名称、电子数据的具体数据表名称,数据分析的详细过程等内容(使用的基础数据表名称、分析过程的描述、使用的程序语句等)。在审计底稿中还应记录问题的总体及详细情况。由于在审计数据的采集、预处理和分析过程中难免出现人为处理错误等情况,所以,在可能的情况下,最好先将审计数据分析的明细结果交给被审计单位,征求意见,最后经双方认定的结果确定后,便可以将分析结果具体化为纸质资料,由被审计单位签字确认,作为审计取证资料。

6.3 传统审计方法

传统环境下,审计人员常用的审计方法分析如下。

1) 审阅法

审阅法主要用于对各种书面资料的检查。通过审阅法,可以对各种相关的书面资料(包括会计资料、其他经济信息资料及相关资料)进行审阅,从而来发现问题数据。

2) 复算法

复算法也称验算法,是指通过对相关数据指标进行重新计算,以验证其是否正确可靠的审计技术方法。

3) 盘存法

盘存法是通过对财产物资的清点和计量,证实账面反映的财物是否存在,来验证相关数据是否真实的审计确认方法。

4) 函证法

函证法是审计人员根据审计的具体需要,设计出一定格式的函件寄给相关单位和人员,以证实某些问题的一种审计确认方法。

5) 鉴定法

鉴定法是指对某些审计事项检查需要的技能超出了审计人员的正常业务范围,聘请专门人员运用专门方法进行检测以获取审计证据的一种审计技术。鉴定法是一种证实问题的方法,不是审计的专门技术,但却是必不可少的技术。鉴定法通常用于一些涉及较多专门技术问题的领域,以及难于判别真实情况的一般审计事项。应用鉴定法的目的主要有以下两个。

(1) 当验证审计事项所需的证据材料超出了审计人员的职责范围时,运用鉴定技术可以取得更有效的、说服力更强的证据。

(2) 当验证审计事项需要的证据材料超出一般审计人员在正常情况下应具备的取证能力时,运用鉴定技术可以弥补审计人员的不足,获取更有效的证据。

6.4 信息化环境下常用审计数据分析方法

在信息化环境下,审计的对象是电子数据,因此,审计证据的获取大多是通过采用信息技术对被审计数据的分析来完成的。一般来说,常用的审计数据分析方法主要包括账表分析、数据查询、审计抽样、统计分析、数值分析等。其中,数据查询的应用最为普遍。通过采用这些方法对被审计数据进行分析,可以发现审计线索,获得审计证据。本节借助实际应用的审计软件和通用软件,并结合实际案例,详细介绍信息化环境下常用的审计数据分析方法。

6.4.1 账表分析

账表分析是指通过审计软件把采集到的财务备份数据或数据库中的财务数据还原成电子账表,然后直观地审查被审计单位的总账、明细账、凭证、资产负债表等财务数据,从而达到审计数据分析的目的。使用账表分析功能可以简单方便地审查被审计单位的记账凭证、会计账簿和报表。这样,审计人员就可以像翻看纸质账簿一样来查阅电子账。这种方法的最大好处是比较直观,审计人员不必要关心电子数据的数据结构等技术细节,而只需要按照传统的查账法进行审计就可以了,对审计人员的技术水平要求相对较低。目前,现场审计实施系统(Auditor Office,AO)审计软件中就采用了这种审计数据分析方法。以 AO 2011 为例,账表分析方法的使用如下。

(1) 进入 AO,假设财务数据已被采集到 AO 中。

(2) 单击菜单"审计分析"→"账表分析",如图 6.1 所示,选择"账表分析"的具体功能,便可进入如图 6.2~图 6.6 所示的"科目明细账审查"功能、"辅助账审查"功能、"会计科目审查"功能、"凭证审查"功能等功能,审计人员可对其进行直观的审查,就像翻看纸质账簿一样。

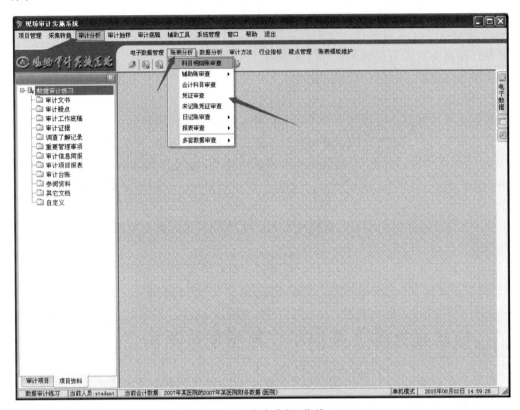

图 6.1 "账表分析"菜单

在账表分析方法中,审计人员除了直接审查电子账表外,还可以采用其他的审计数据分析方法对电子账表进行分析处理,从而更加快速地发现审计线索。特别是对于海量数据的财务数据。例如,在图 6.2 中的"科目明细账审查"功能,审计人员可以单击"查看数据"→"SQL 查询器",进入 SQL 查询器,借助 SQL 语句完成所需的查询。

6.4.2 数据查询

1. 数据查询方法原理

数据查询是目前电子数据审计中最常用的审计数据分析方法。数据查询是指审计人员针对实际的被审计对象,根据自己的经验,按照一定的审计分析模型,在通用软件(如 Access、SQL Server)和审计软件中采用 SQL 语句来分析采集来的电子数据,或采用一些审计软件通过运行各种各样的查询命令以某些预定义的格式来检测被审计单位的电子数据。

图 6.2 "科目明细账审查"功能

图 6.3 "辅助账审查"功能

图 6.4 "会计科目审查"功能

图 6.5 "凭证审查"功能

这种方法既提高了审计的正确性与准确性,也使审计人员从冗长乏味的计算工作中解放出来,告别以前手工翻账的作业模式。另外,运用 SQL 语句的强大查询功能,通过构建一些复杂的 SQL 语句,可以完成模糊查询以及多表之间的交叉查询等功能,从而可以完成复杂的审计数据分析功能。

图 6.6 "资产负债表"审查功能

目前,除了借助通用软件应用数据查询方法之外,多数审计软件都提供了这种审计数据分析方法。国内的审计软件如现场审计实施系统等;国外的审计软件如 IDEA、ACL 等。

2. 数据查询方法实例:在税收征收数据分析中的应用

例 6.1 数据查询方法在税收征收数据分析中的应用

现有某税收征收电子数据(文件名为"税收征收.mdb",数据表名为"征收表"),数据表结构见本书附录 A。假定所有纳税人税款滞纳天数超过 10 天均属超期滞纳,请对提供的税收征收电子数据进行分析处理,检查征收表中有无"负纳税"数据和"超期滞纳"数据。

分析要检查税收征收数据中有无"负纳税"数据和"超期滞纳"数据,只需在某一分析工具中执行相应的查询语句即可。通过对税收征收电子数据的分析,相应的 SQL 语句分别如下。

检查税收征收数据中有无"负纳税"数据,其 SQL 语句如下。

```
SELECT   *
FROM     征收表
WHERE    实纳税额 < 0;
```

通过运行以上 SQL 语句,可以很容易地查找出税收征收数据中的"负纳税"数据。

检查税收征收数据中有无"超期滞纳"数据,其 SQL 语句如下。

```
SELECT   *
```

```
FROM    征收表
WHERE   滞纳天数 > 10;
```

通过运行以上 SQL 语句,可以很容易地查找出税收征收数据中的"超期滞纳"数据。

下面分别介绍如何使用 Access、SQL Server、AO 这三种工具来分别执行以上 SQL 语句,获得相应的查询结果。另外,还将介绍如何使用 IDEA 和 Excel 的数据查询功能完成这一分析。

1) 使用 Access 作为分析工具

假设税收征收数据已被采集到 Access 中,查找出税收征收数据中"负纳税"数据的操作步骤如下。

(1) 采用第 5 章的方法,切换到 Access 的"SQL 视图",在"SQL 视图"中输入相应的 SQL 语句,如图 6.7 所示。

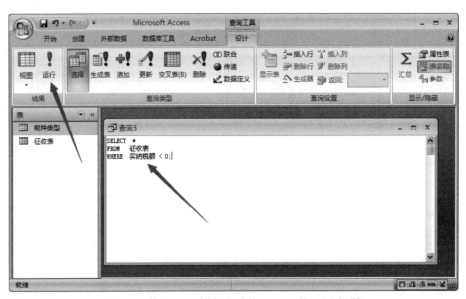

图 6.7　输入 SQL 语句之后的 Access 的 SQL 视图

(2) 在图 6.7 中单击"运行"按钮便可得到审计人员所要查找的"负纳税"数据,其查询结果如图 6.8 所示。

如果审计人员对 SQL 语句不熟练,也可以在"设计视图"中选择、输入相关参数,完成"负纳税"数据查询,如图 6.9 所示。

同理,在图 6.7 所示的界面中输入相应的 SQL 语句,即可查找出税收征收数据中的"超期滞纳"数据。

2) 使用 SQL Server 作为分析工具

假设税收征收数据已被采集到 SQL Server 中,查找出税收征收数据中"负纳税"数据的操作过程如下。

(1) 在 SQL Server 数据库管理工具中,单击"新建查询",在"查询窗口"中输入相应的 SQL 语句,如图 6.10 所示。

(2) 在图 6.10 中单击"执行"按钮,便可得到审计人员所要查找的"负纳税"数据,其查询结果如图 6.11 所示。

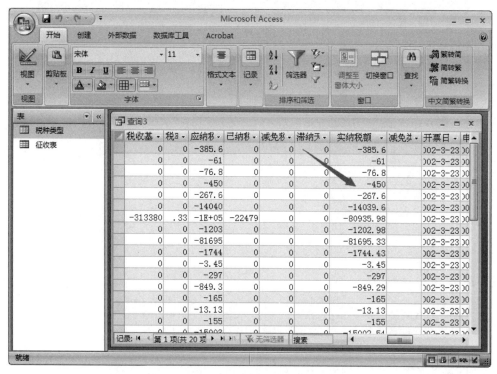

图 6.8 Access 的"负纳税"数据查询结果界面

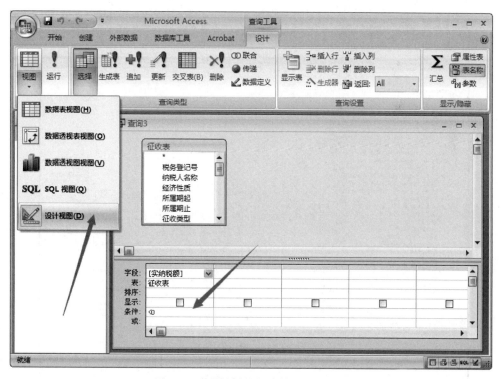

图 6.9 在"设计视图"中输入查询条件

图 6.10 输入 SQL 语句之后的 SQL Server 查询视图

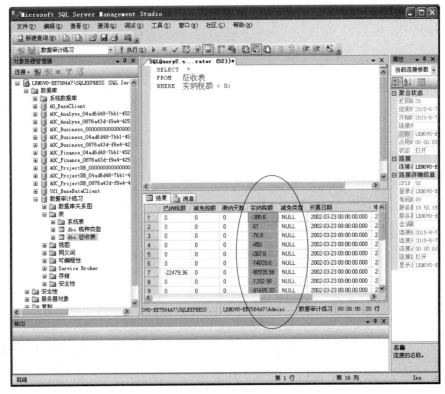

图 6.11 SQL Server 的"负纳税"数据查询结果界面

同理,在图 6.10 所示的界面中输入相应的 SQL 语句,即可查找出税收征收数据中的"超期滞纳"数据。

3) 使用 IDEA 作为分析工具

假设税收征收数据已被采集到 IDEA 中,如图 6.12 所示。

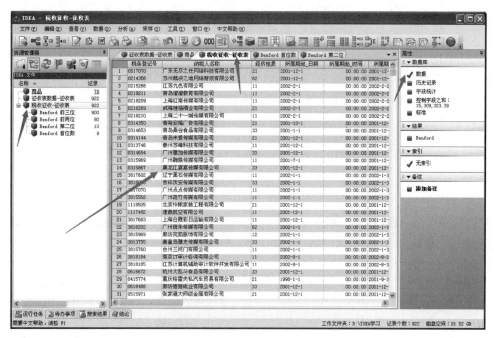

图 6.12　含有税收征收数据的 IDEA 主界面

查找出税收征收数据中"负纳税"数据的操作步骤如下。

(1) 单击菜单"数据"→"提取数据"→"直接提取",如图 6.13 所示,出现如图 6.14 所示的界面。

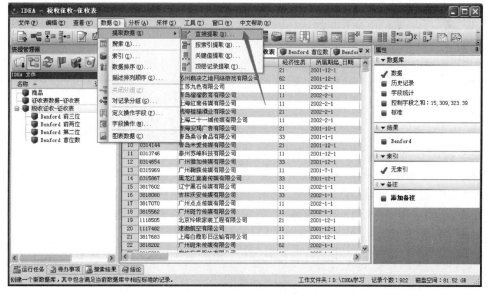

图 6.13　选择"直接提取"菜单

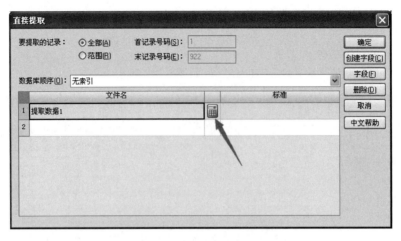

图 6.14　提取功能设置界面

(2) 在图 6.14 中单击"公式编辑器"命令,则打开"公式编辑器",如图 6.15 所示。

图 6.15　IDEA 的"公式编辑器"窗体

(3) 在"公式编辑器"中直接输入或选择输入"实纳税额＜0",单击"验证"命令,测验输入内容的有效性,若提示"有效的公式!",则单击"验证并退出"命令,并把文件名更改为:"负纳税"数据分析结果,其结果如图 6.16 所示的界面。

(4) 在图 6.16 中单击"确定"按钮,结果如图 6.17 所示。

同理,在图 6.15 所示的"公式编辑器"中直接输入或选择输入"滞纳天数＞10",即可查找出税收征收数据中的"超期滞纳"数据。

需要指出的是,在 IDEA 中执行数据查询时,其查询结果只显示不重复的数据,即类似于在 SQL 查询语句中加入了"DISTINCT"关键词。

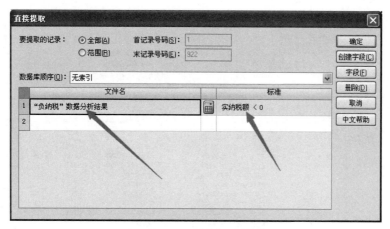

图 6.16　设置后的提取功能界面

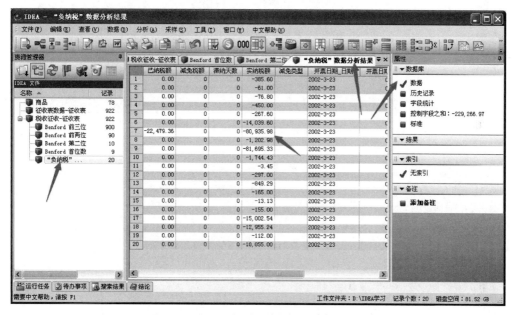

图 6.17　IDEA 中"负纳税"数据的查询结果

4）使用 Excel 作为分析工具

假设税收征收数据已被采集到 Excel 中，查找出税收征收数据中"负纳税"数据的操作步骤如下。

- 第一种方法：使用 Excel 的高级筛选功能。

（1）在 Excel 中设置查询条件，如图 6.18 所示。

（2）在图 6.19 中单击"高级"按钮，其查询结果如图 6.20 所示。

（3）在图 6.20 中设置高级筛选的条件区域，如图 6.21 所示。

（4）设置好高级筛选条件区域后，返回图 6.20 所示的界面，在图 6.20 中单击"确定"按钮，即可得到审计人员所要查找的"负纳税"数据，其查询结果如图 6.22 所示。

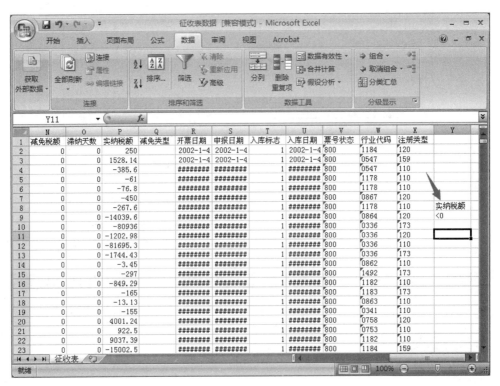

图 6.18 设置查询条件之后的 Excel 表单视图

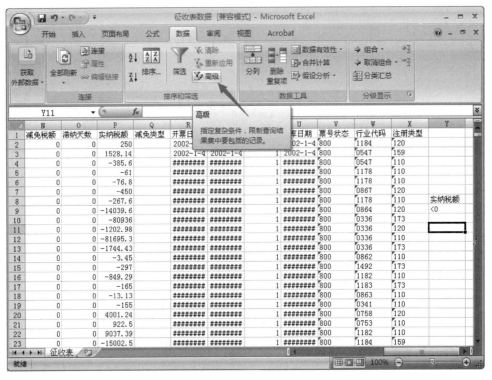

图 6.19 Excel 的高级筛选功能菜单

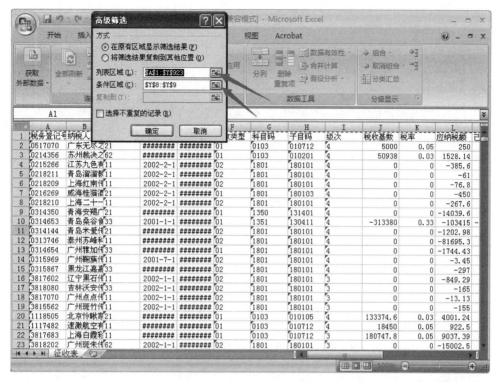

图 6.20　Excel 的高级筛选功能设置界面

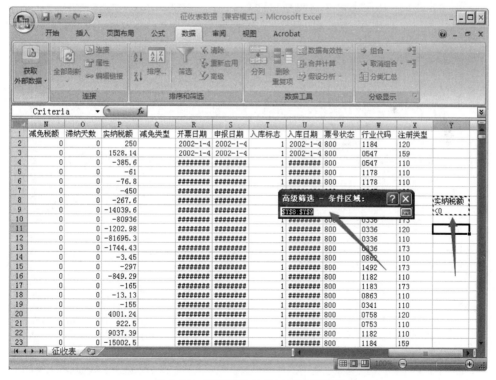

图 6.21　高级筛选条件区域设置界面

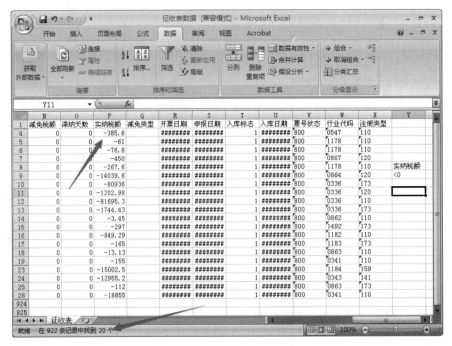

图 6.22　Excel 的"负纳税"查询结果界面

同理,在图 6.18 所示的界面中输入相应的超期滞纳条件,即可查找出税收征收数据中的"超期滞纳"数据。

• 第二种方法:使用 Excel 的圈释功能。

(1) 在图 6.23 中单击"数据有效性"→"数据有效性"命令,进入图 6.24 所示对话框。

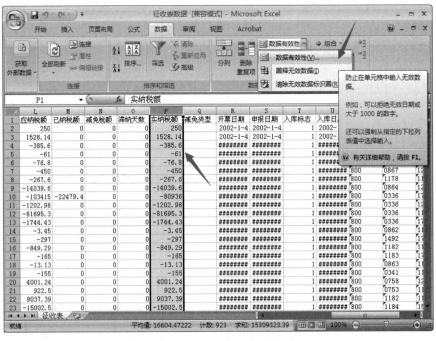

图 6.23　Excel 的"数据有效性"菜单

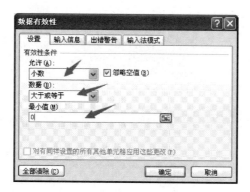

图 6.24　Excel 的"数据有效性"对话框

（2）完成 Excel 的数据有效性设置后，在图 6.25 中单击"数据有效性"→"圈释无效数据"命令，其结果如图 6.26 所示。

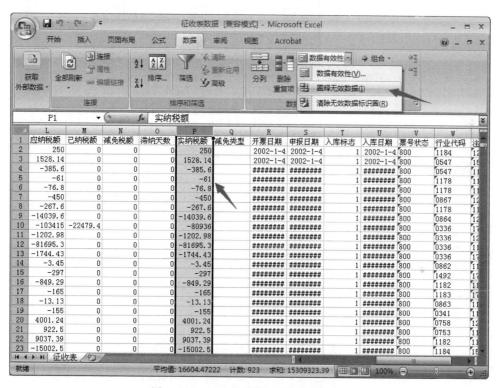

图 6.25　Excel 的"圈释无效数据"菜单

5）使用 AO 作为分析工具

假设税收征收数据已被采集到 AO 中，查找出税收征收数据中"负纳税"数据的操作步骤如下。

（1）在 AO 的 SQL 查询器中输入相应的 SQL 语句，如图 6.27 所示。

（2）在图 6.27 中单击"执行 SQL"，则"负纳税"数据的查询结果如图 6.28 所示。

同理，在图 6.27 中输入相应的 SQL 语句，即可查找出税收征收数据中的"超期滞纳"数据。

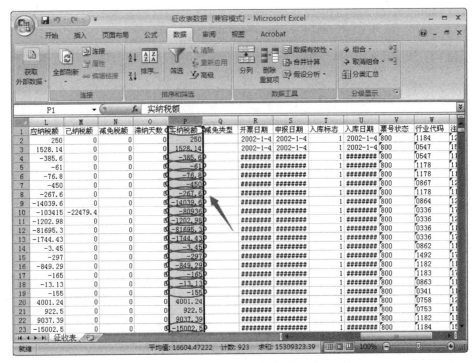

图 6.26 Excel 的无效数据圈释结果界面

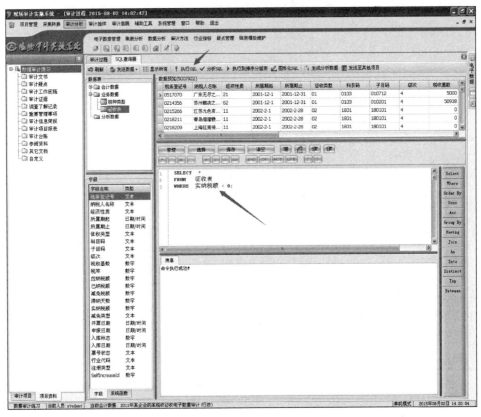

图 6.27 输入 SQL 语句之后的 AO 界面

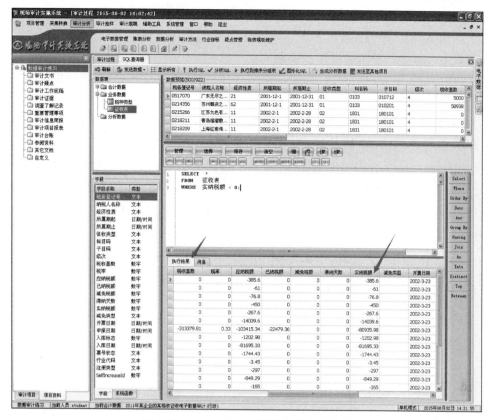

图 6.28　AO 中"负纳税"数据的查询结果

前面以一个简单的例子介绍了数据查询功能的使用。通过构建一些复杂的 SQL 语句，可以完成一些复杂的查询。下面给出另外两个实例详细介绍数据查询方法的应用。

3. 数据查询方法实例：在失业金发放数据分析中的应用

例 6.2　数据查询方法在失业金发放数据分析中的应用

现有某劳动局失业保险数据(文件名为："失业金实际发放表.dbf"，数据类型为 Foxpro 自由表)，其数据表结构见本书附录 A。现需要查找同月重复发放失业金的人员，查找结果包括如下内容：身份证号、姓名、发放月份、同月发放次数、发放金额合计，按同月发放次数降序排列。

分析要检查"失业金实际发放表"中同月重复发放失业金的人员，只需在某一分析工具中执行相应的查询语句即可。通过对"失业金实际发放表"的分析，需要构建的 SQL 语句如下。

```
SELECT 身份证号, 姓名, 发放月份, count( * )　AS 同月发放次数, sum(合计)　AS 发放合计
FROM 失业金实际发放表
GROUP BY 身份证号, 姓名, 发放月份
HAVING count( * )>= 2
ORDER BY count( * ) DESC;
```

通过运行以上 SQL 语句，可以很容易地查找出失业金实际发放表中同月重复发放失业

金的人员。

1) 使用 Access 作为分析工具

使用 Access 进行分析的操作步骤如下。

(1) 使用第 4 章介绍的方法(例如,通过 ODBC 接口或其他方法)把该数据导入 Access 数据库中。

(2) 打开 Access,按前文(第 5 章)的方法,切换到"SQL 视图",在"SQL 视图"中输入相应的 SQL 语句,如图 6.29 所示。

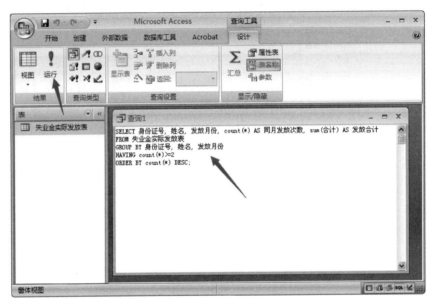

图 6.29　SQL 语句输入界面

(3) 在图 6.29 中单击"运行"按钮,其查询结果如图 6.30 所示。

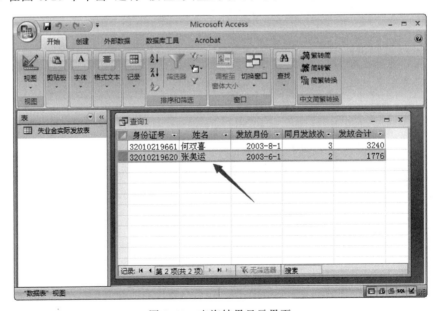

图 6.30　查询结果显示界面

2) 使用 SQL Server 作为分析工具

假设该数据已被采集到 SQL Server 中,查找"同月重复发放失业金人员"数据的操作步骤如下。

(1) 在 SQL Server 数据库管理工具中,单击"新建查询",在"查询窗口"中输入相应的 SQL 语句,如图 6.31 所示。

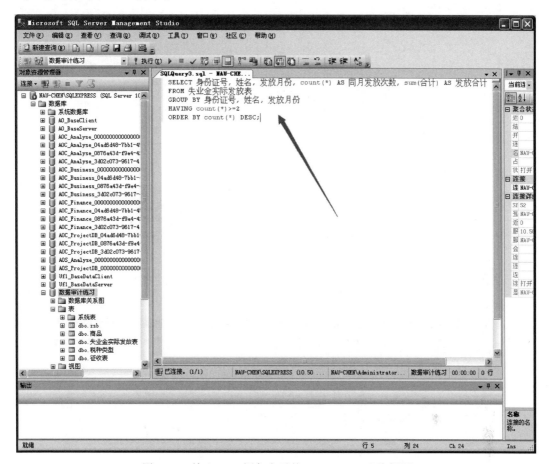

图 6.31 输入 SQL 语句之后的 SQL Server 查询视图

(2) 在图 6.31 中单击"执行"按钮,便可得到审计人员所要查找的"同月重复发放失业金人员"数据,其查询结果如图 6.32 所示。

3) 使用 AO 作为分析工具

假设失业金实际发放数据已被采集到 AO 中,查找"同月重复发放失业金人员"数据的操作步骤如下。

(1) 在 SQL 查询器中输入相应的 SQL 语句,如图 6.33 所示。

(2) 在图 6.33 中单击"执行 SQL",则"同月重复发放失业金人员"数据的查询结果如图 6.34 所示。

4) 使用 IDEA 作为分析工具

也可以使用 IDEA 的重号分析功能来完成这一任务,将在后文做进一步分析。

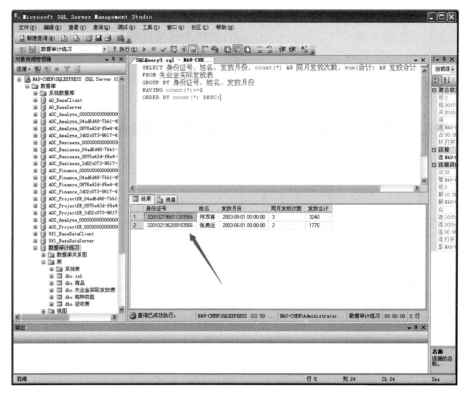

图 6.32 "同月重复发放失业金人员"数据查询结果界面

图 6.33 在 AO 中输入 SQL 语句

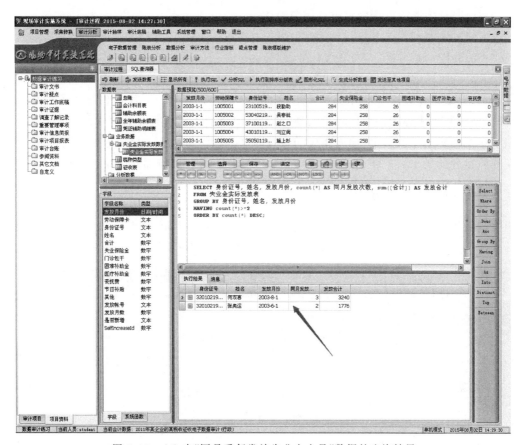

图 6.34 AO 中"同月重复发放失业金人员"数据的查询结果

6.4.3 审计抽样

1. 审计抽样原理

审计抽样是指审计人员在实施审计程序时,从审计对象总体中选取一定数量的样本进行测试,并根据样本测试结果,推断总体特征的一种方法。它是随着经济的发展、被审计单位规模的扩大以及内部控制的不断健全与完善,而逐渐被广泛应用的审计方法。

根据决策依据方法的不同,审计抽样可以分为两大类:统计抽样和非统计抽样。统计抽样是在审计抽样过程中,应用概率论和数据统计的模型和方法来确定样本量、选择抽样方法、对样本结果进行评估并推断总体特征的一种审计抽样方法。非统计抽样也称为判断抽样,由审计人员根据专业判断来确定样本量、选取样本和对样本结果进行评估。因此,审计人员可能不知不觉地将个人的"偏见"体现在样本的选取中,而使样本不能客观地反映总体的真实情况,但另一方面,也可以有效地利用审计人员的经验和直觉,更有效地发现和揭露问题或异常。因此,非统计抽样只要设计得当,也可以达到同统计抽样一样的效果。

对于审计抽样技术,一些文献则研究了如何先使用聚类算法对被审计数据进行聚类,然后,再对聚类后的数据进行抽样。这种抽样方式更能有效地降低审计风险。

在审计中应用统计抽样和非统计抽样方法一般包括以下四个步骤。

(1) 根据具体审计目标确定审计对象总体。
(2) 确定样本量。
(3) 选取样本并审查。
(4) 评估抽样结果。

目前,很多审计软件中都开发了审计抽样模块,如 AO、IDEA 等,这使得以前烦琐的数学计算,随机数生成等工作可以轻松实现,并可以保证抽样工作的准确性和合法性。审计人员只要按照抽样向导的提示,输入相应的参数即可。从而为审计人员规避审计风险,提高审计工作质量起到了很大的作用。后文将以 AO 和 IDEA 为例,详细介绍审计抽样方法。

2. 审计抽样实例:基于 AO

在 AO 中,审计抽样模块如图 6.35 和图 6.36 所示,采用 AO 可以方便地完成所需要的审计抽样工作。

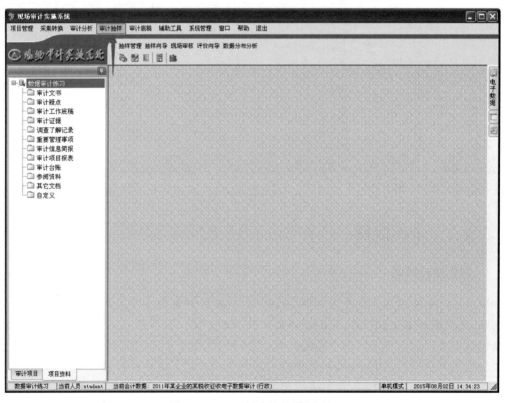

图 6.35 AO 的"审计抽样"菜单

3. 审计抽样实例:基于 IDEA

审计抽样功能在 IDEA 中被称为审计采样,包括系统采样、随机采样和分层随机采样,如图 6.37 所示。以税收征收数据为例,来分析如何在 IDEA 中应用审计抽样功能。

1)"系统采样"功能的应用

系统采样是从文件中按相等的间隔提取一些记录,通常也称为间隔采样。有两种方法

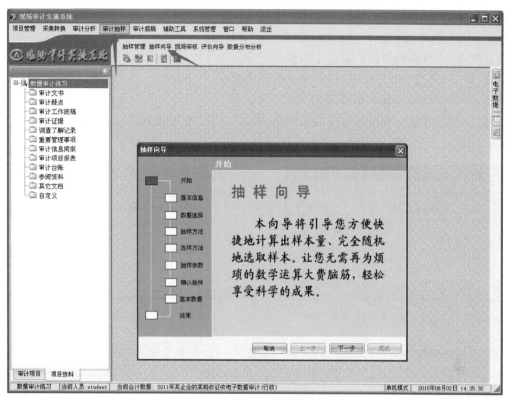

图 6.36 AO 的审计"抽样向导"

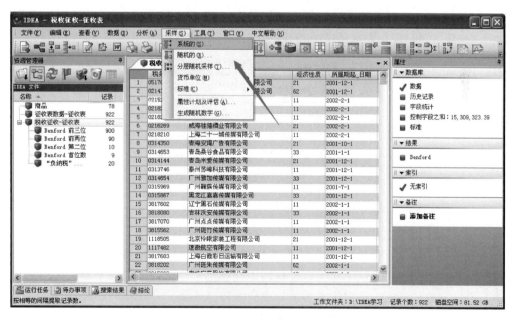

图 6.37 IDEA 的"采样"菜单

确定采样,一种是输入要抽取的记录个数,IDEA 将计算抽样间隔量;另一种是输入抽样间隔,IDEA 将计算要抽取的记录个数。两种方法分别介绍如下。

(1) 第一种方法:输入要抽取的记录个数。

在图 6.38 所示的界面中输入要抽取的记录个数,单击"计算"按钮,IDEA 将计算抽样间隔量,然后,单击"确定"按钮,即可完成所需的抽样。

(2) 第二种方法:输入抽样间隔。

在图 6.39 所示的界面中输入抽样间隔,单击"计算"按钮,IDEA 将计算抽样记录个数,然后,单击"确定"按钮,即可完成所需的抽样。

 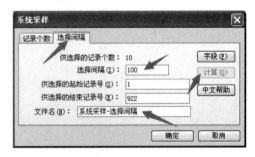

图 6.38　"记录个数"的参数设置界面　　　　图 6.39　"选择间隔"的参数设置界面

以上抽样操作中,抽样范围的默认值为从第一个记录到最后一个记录的个数,但是,如果需要可以提取一个记录范围之内的采样。

2) "随机采样"功能的应用

"随机采样"是通过输入采样量以及要从采样中提取的记录范围,然后,使用一个随机数种子,IDEA 将生成一系列随机数并选取同这些数相关的适当记录。采样方法如下。

在图 6.40 所示的界面中输入要抽取的记录个数、随机数种子(可任意)、抽样的范围,然后,单击"确定"按钮,即可完成所需的抽样。

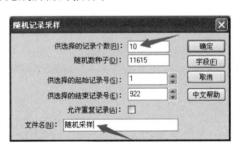

图 6.40　"随机记录采样"的参数设置对话框

3) "分层随机采样"功能的应用

"分层随机采样"用于对分层后的每层数据进行随机采样,提取指定个数的记录。该选项要求先将被审计数据按数字、字符以及日期进行分层。显示每层记录个数的表格将呈现在用户面前,并且要求输入每层中要随机提取的采样记录数。

例 6.3　审计抽样方法在税收征收数据分析中的应用

现有某税收征收电子数据(文件名为"税收征收.mdb",数据表名为"征收表"),数据表结构见本书附录 A。请将该数据导入 IDEA 中(若 IDEA 中已有该数据,则不执行该步骤),使用"分层随机采样"功能进行抽样。要求:

根据"实纳税额"进行分层,然后抽取 15 条记录,其中,"实纳税额<0"的数据抽取 1 条,"0<实纳税额<1000"的数据抽取 5 条,"1000<实纳税额<2000"的数据抽取 2 条,"2000<实纳税额<3000"的数据抽取 1 条,"3000<实纳税额<4000"的数据抽取 1 条,"4000<实纳税额<5000"的数据抽取 1 条,"5000<实纳税额<6000"的数据抽取 1 条,"6000<实纳税额"的数据抽取 3 条。

假设数据已被采集到 IDEA 中,进行"分层随机采样"操作的关键步骤如下。

(1) 在图 6.41 中,单击菜单"采样"→"分层随机采样",出现如图 6.42 所示对话框。

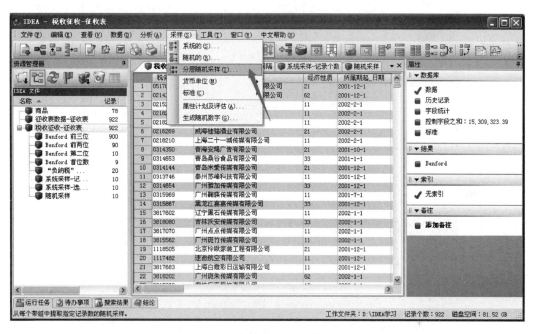

图 6.41 "分层随机采样"功能界面

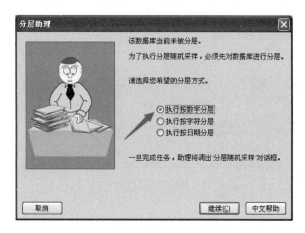

图 6.42 "分类助理"对话框

(2) 在图 6.42 中单击"继续"按钮,出现如图 6.43 所示对话框。

图 6.43 "分层"设置对话框

(3) 在图 6.43 中进行设置,如图 6.44 所示。

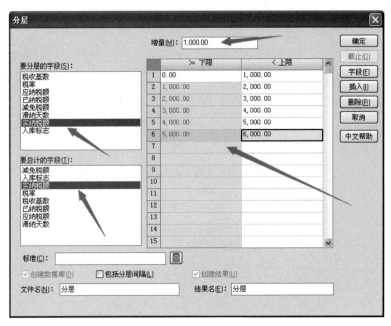

图 6.44 "分层"设置后的对话框

(4) 在图 6.44 中,单击"确定"按钮,出现如图 6.45 所示对话框。
(5) 在图 6.45 中进行设置,其设置结果如图 6.46 所示。
(6) 在图 6.46 中单击"确定"按钮,出现如图 6.47 所示的界面,完成所需的抽样。

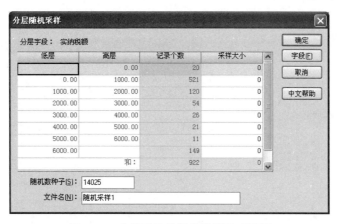

图 6.45 分层后的抽样参数设置对话框

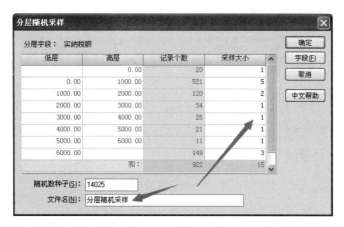

图 6.46 设置完成的"分层随机采样"对话框

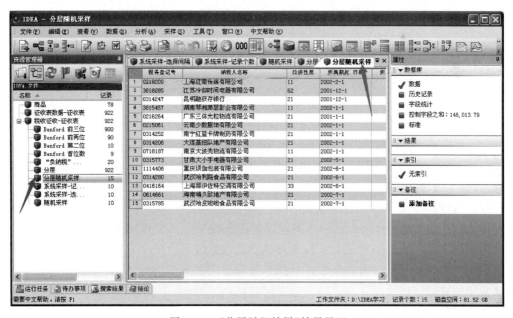

图 6.47 "分层随机抽样"结果界面

(7) 查看分层结果，如图 6.48 所示。

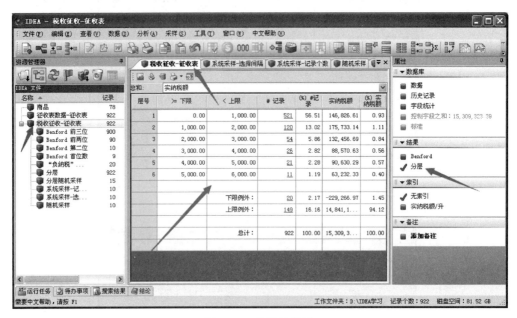

图 6.48　分层结果图

6.4.4　统计分析

1. 统计分析原理

在电子数据审计中，统计分析的目的是探索被审计数据内在的数量规律性，以发现异常现象，快速寻找审计突破口。一般来说，常用的统计分析方法包括一般统计、分层分析和分类分析等，在不同的审计软件中，统计分析方法的叫法略有不同。常用的统计分析方法介绍如下。

(1) 一般统计常用于具体分析之前，以对数据有一个大致的了解，它能够快速地发现异常现象，为后续的分析工作确定目标。一般统计对数值字段提供下列统计信息：全部字段以及正值字段、负值字段和零值字段的个数，某类数据的平均值，绝对值以及最大或最小的若干个值等。

(2) 分层分析是通过数据分布来发现异常现象的一种常用方法。其原理一般为：首先选取一个数值类型的字段作为分层字段，然后，根据其值域将这一字段划分为若干个相等或不等的区间，通过观察对应的其他字段在分层字段的各个区间上的分布情况来确定需要重点考察的范围。

(3) 分类分析是通过数据分布来发现异常现象的另一种常用方法。其原理一般为：首先选择某一字段作为分类字段，然后，通过观察其他对应字段在分类字段各个取值点上的分布情况来确定需要重点考察的对象。分类分析的思路类似于"分类汇总"，它是一种简单而非常常用的数据分析手段。与分层分析不同的是，分类分析中用作分类的某一字段不一定是数值型，可以是其他类型的数据，而分层分析中用作分层的某一字段则一定是数值型数据。

对于统计分析,很多审计软件都具有这一功能,如 AO、IDEA 等审计软件。统计分析一般和其他审计数据分析方法配合使用。后文将以 AO 和 IDEA 为例,详细介绍统计分析方法。

2. 统计分析实例:基于 AO

AO 中统计分析功能包含在 AO 的"数值分析"菜单中,如图 6.49 所示。包括数值统计、分类分析和数值分层分析等。AO 中数值统计的作用类似于一般统计。

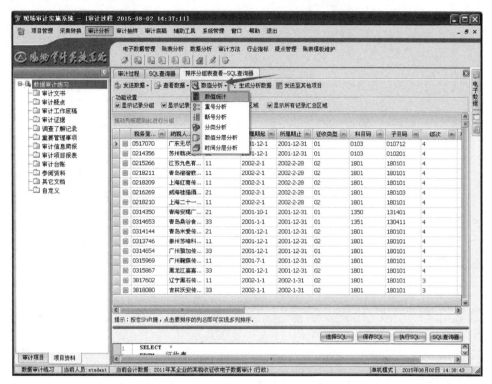

图 6.49　AO 的"数值分析"菜单

3. 统计分析实例:基于 IDEA

在 IDEA 中,统计分析功能包括一般统计和分层分析。

1) 一般统计

IDEA 的一般统计功能如图 6.50 所示。

2) 分层分析

IDEA 的分层分析功能如图 6.51 所示。IDEA 的分层分析就是通过对某一字段划分若干个区间,查看该字段或其他字段在所划分区间上的分布情况(分层区间内的选定字段值及记录个数之和)。

例 6.4　按数值分层方法在税收征收数据分析中的应用

现有某税收征收电子数据(文件名为"税收征收.mdb",数据表名为"征收表"),数据表结构见本书附录 A。要求如下。

① 对"实纳税额"字段进行分层分析,把分析的结果命名为"税收征收数据分层分析结

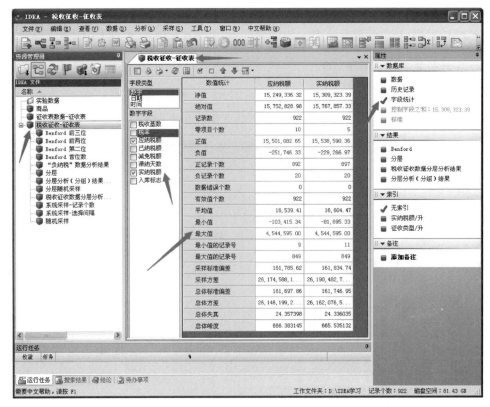

图 6.50 IDEA 的一般统计功能

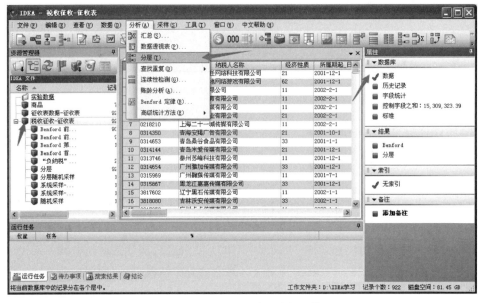

图 6.51 IDEA 的分层分析功能

果",把分析的结果生成单独的数据库,名称为"税收征收数据分层分析结果数据库"。

② "征收类型"字段为分组依据,对"实纳税额"字段进行分层分析,把分析的结果命名为"分层分析(分组)结果",把分析的结果生成单独的数据库,名称为"分层分析(分组)结果

数据库"。

以上实例包括两部分内容:一般分层和按"分组依据"分层,分别分析如下。

1) 一般分层

对于"①",假设数据已被采集到 IDEA 中,进行分层分析操作的关键步骤如下。

(1) 单击菜单"分析"→"分层",如图 6.51 所示,出现如图 6.52 所示对话框。

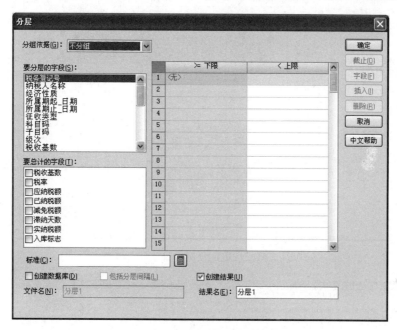

图 6.52　IDEA"分层"对话框

(2) 在图 6.52 中进行设置,如图 6.53 所示。

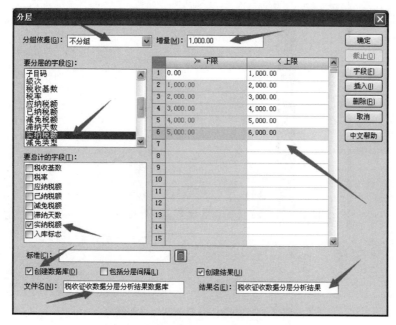

图 6.53　设置后的 IDEA"分层"对话框

(3) 在图 6.53 中,单击"确定"按钮,其分析结果的表格显示如图 6.54 所示,图形显示如图 6.55 所示,所创建的分层数据库如图 6.56 所示。

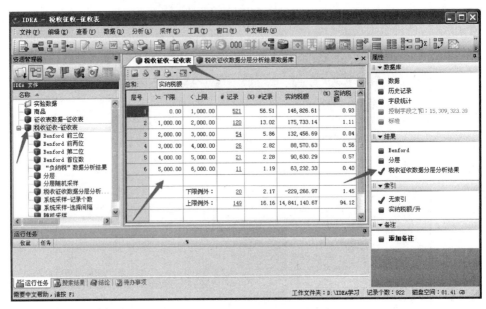

图 6.54　按数值分层的表格显示结果

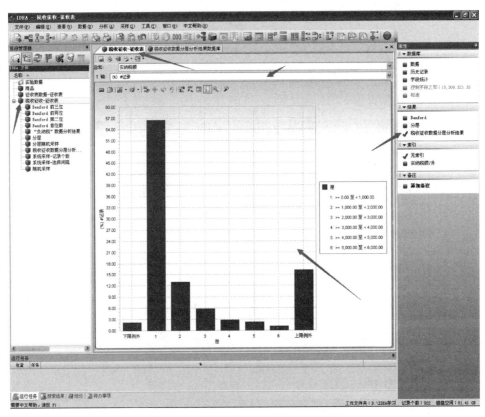

图 6.55　按数值分层的图形显示结果

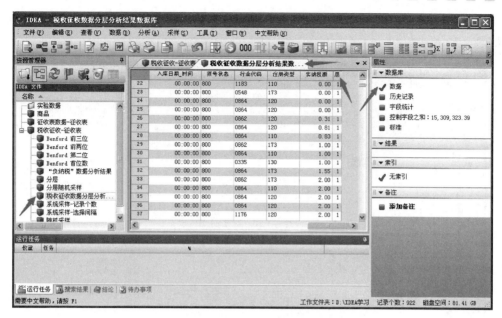

图 6.56 所创建的分层数据库界面

在创建的分层数据库结果图中,要注意理解图中"层"的"含义"。

2) 按"分组依据"分层

在 IDEA 中,按"分组依据"分层就是在分层分析的基础上,根据审计人员指定的某一"分组依据"字段对分层结果做进一步细化的过程。

对于"②",假设数据已被采集到 IDEA 中,进行分层分析操作的关键步骤如下。

(1) 单击菜单"分析"→"分层",并在出现的对话框中进行设置(相比上一案例,主要是设置分组依据),设置"征收类型"字段为分组依据,如图 6.57 所示。

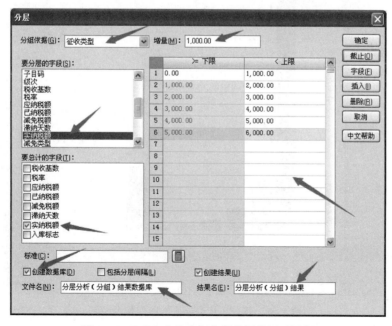

图 6.57 IDEA 中按分组依据分层设置对话框

（2）完成相关设置后,单击"确定"按钮,其分析结果的表格显示如图 6.58 所示,图形显示如图 6.59 所示。

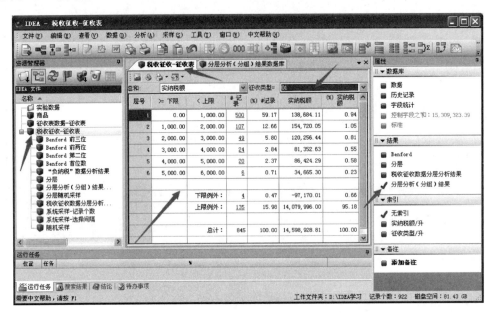

图 6.58　按分组依据分层的表格显示结果

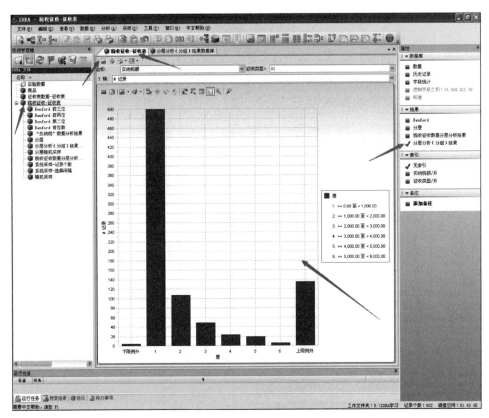

图 6.59　按分组依据分层的图形显示结果

6.4.5 数值分析

数值分析是根据被审计数据记录中某一字段具体的数据值的分布情况、出现频率等指标,对该字段进行分析,从而发现审计线索的一种审计数据分析方法。这种方法是从"微观"的角度对电子数据进行分析,审计人员在使用时不用考虑具体的被审计对象和具体的业务。在完成数值分析之后,针对分析出的可疑数据,再结合具体的业务进行审计判断,从而发现审计线索,获得审计证据。相对于其他方法,这种审计数据分析方法易于发现被审计数据中的隐藏信息。常用的数值分析方法主要有重号分析、断号分析和 Benford 定律,一些方法目前已被应用于 IDEA、ACL 以及 AO 等审计软件中。

1. 重号分析

重号分析用来查找被审计数据某个字段(或某些字段)中重复的数据。例如,检查一个数据表中是否存在相同的发票被重复多次记账。

1) AO 中"重号分析"功能的应用

"重号分析"功能包含在 AO 的"数值分析"菜单中,如图 6.49 所示。它用来计算被审计数据某个字段中相同数值被重复记录的次数。

2) IDEA 中"重号分析"功能的应用

在 IDEA 中,"重号分析"方法被称为重复关键量检测,它可以识别数据库中多至 8 个字段的信息相同的重复项。

例 6.5　IDEA 中简单重号分析实例

现有某税收征收电子数据(文件名为"税收征收.mdb",数据表名为"征收表"),数据表结构见本书附录 A,请使用"重号分析"功能分析"征收表"中"税务登记号"字段重复的数据。

假设数据已被采集到 IDEA 中,进行"重号分析"操作的关键步骤如下。

(1) 在 IDEA 中,单击菜单"分析"→"查找重复"→"检测",如图 6.60 所示,出现如图 6.61 所示对话框。

(2) 在图 6.61 中,单击"关键量"按钮,出现如图 6.62 所示的对话框。

(3) 在图 6.62 中,选择重号分析的字段,单击"确定"按钮,返回到图 6.61 中,在图 6.61 中更改文件名为"重复的税务登记号",如图 6.63 所示。

(4) 在图 6.63 中,单击"确定"按钮,查找结果如图 6.64 所示。

例 6.6　IDEA 中复杂重号分析实例

现有某劳动局失业保险数据(文件名为"失业金实际发放表.dbf",数据类型为 FoxPro 自由表),其数据表结构见本书附录 A。要求使用"重号分析"功能,查找同月重复发放失业金的人员,查找结果包括如下内容:身份证号、姓名、发放月份。

假设失业保险数据已被采集到 IDEA 中,查找失业保险数据中同月重复发放失业金的人员的操作过程如下。

(1) 在 IDEA 中,单击菜单"分析"→"查找重复"→"检测",则出现如图 6.61 所示的"关键量重复检测"参数设置对话框。

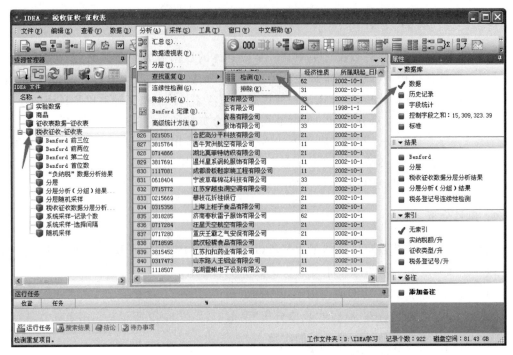

图 6.60 IDEA 的重号分析功能界面

图 6.61 "关键量重复检测"参数设置对话框

图 6.62 "定义关键量"对话框

图 6.63 更改文件名后的"关键量重复检测"对话框

(2) 在图 6.61 中单击"关键量"按钮,并在出现的对话框中设置需要检测的重复字段,如图 6.65 所示。

(3) 在图 6.65 中单击"确定"按钮,返回到"关键量重复检测"参数设置对话框,在对话

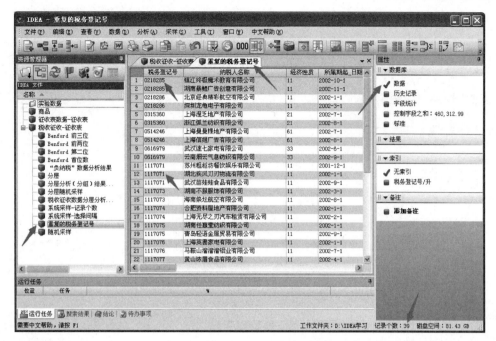

图 6.64 重复税务登记号的检测结果界面

框中单击"字段"按钮,则出现显示"字段"设置对话框,在该对话框中设置需要显示的字段,如图 6.66 所示。

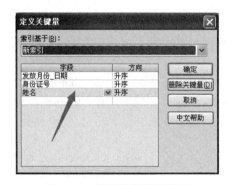

图 6.65 检测字段设置界面

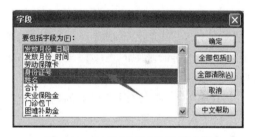

图 6.66 显示"字段"设置对话框

(4)完成相关参数的设置后,在图 6.66 中单击"确定"按钮,返回到"关键量重复检测"参数设置对话框,在该对话框中,可更改要显示的文件名,本例设置成"失业金重复发放数据",如图 6.67 所示。

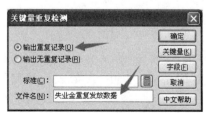

图 6.67 更改文件名后的"关键量重复检测"参数设置对话框

(5) 在图 6.67 中,单击"确定"按钮,数据分析结果如图 6.68 所示。

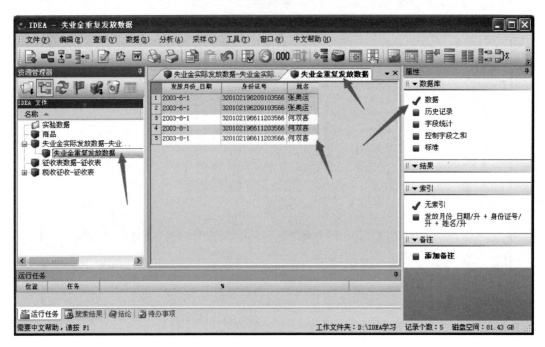

图 6.68　重复发放失业金人员检测结果界面

2. 断号分析

断号分析主要是分析被审计数据中的某字段在数据记录中是否连续。

1) AO 中"断号分析"功能的应用

"断号分析"功能包含在 AO 的"数值分析"菜单中,如图 6.49 所示。通过断号分析,可对某字段在数据记录中的连续性进行分析,如果有断点,则统计出来,否则只列出统计字段的最大值和最小值。

2) IDEA 中"断号分析"功能的应用

在 IDEA 中,断号分析这种方法被称为连续性检测。

例 6.7　IDEA 中断号分析实例

现有某税收征收电子数据(文件名为"税收征收.mdb",数据表名为"征收表"),数据表结构见本书附录 A,请使用"断号分析"功能分析"征收表"中"税务登记号"字段的连续性情况。

假设数据已被采集到 IDEA 中,进行"断号分析"查找"征收表"文件中遗漏税务登记号的操作的关键步骤如下。

(1) 单击菜单"分析"→"连续性检测",如图 6.69 所示,则出现如图 6.70 所示对话框。

(2) 根据数据分析的具体要求,在图 6.70 所示对话框中设置相应的参数,执行连续性检测,即可得到如图 6.71 所示的结果。其中,A 处表示遗漏的税务登记号(具体信息如图 6.72 中的 A 处所示),B 处表示该区间遗漏的税务登记号的个数。

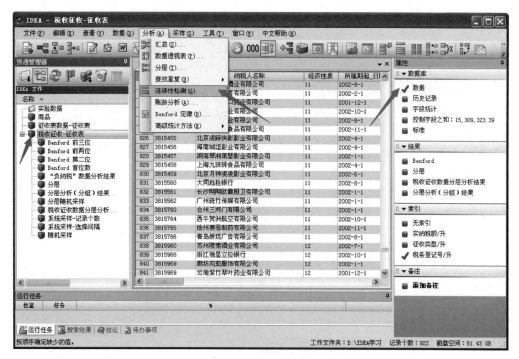

图 6.69　IDEA 的"连续性检测"功能

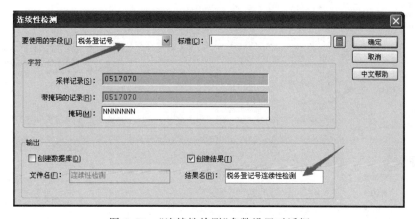

图 6.70　"连续性检测"参数设置对话框

3. 基于 Benford 定律的数值分析方法

1）Benford 定律原理

1881 年，美国天文学家 Simon Newcomb 在所发表的一篇论文中描述了一种奇异的数字分布规律：在图书馆的对数表手册中，包含较小数字的页码比那些包含较大数字的页码明显磨损严重，而且磨损的程度和数字大小呈递减关系。透过这个现象，他推断研究人员在查阅对数表时，查阅以数字"1"开头的数字的机会比以"2"开头的数字多，以"2"开头的比"3"多，并以此类推。在这个推断的基础上，他得出以下结论：以"1"开头的数字比以其他数字开头的多。1938 年，一位通用电气公司的科学家 Frank Benford 同样注意到他的对数表手

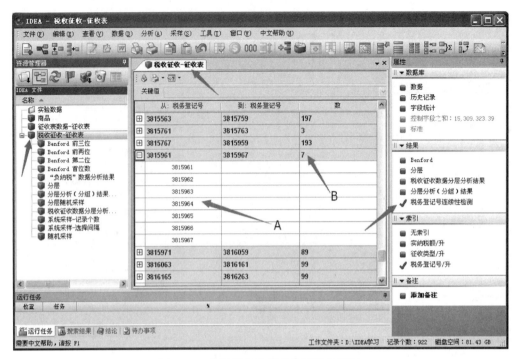

图 6.71 遗漏税务登记号检测结果界面

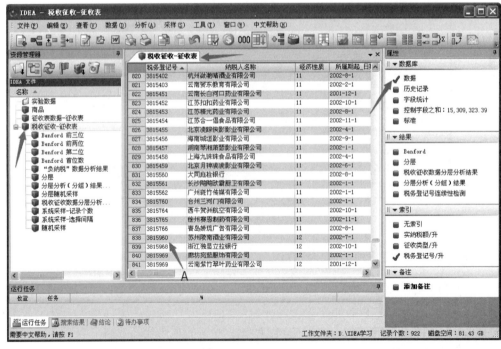

图 6.72 数据库窗口中的遗漏税务登记号对应关系界面

册的特殊磨损现象,通过进一步研究,他得出了和 Newcomb 同样的结论:人们处理较低数字开头的数值的频率较大。为了证明他的假设,Benford 收集了 20 229 类不同的数据集合,这些数据来源千差万别,例如河流的面积、不同元素的原子质量、杂志和报纸中出现的数字。通过分析,这些数字呈现同样的特点:首位数字出现较小数字的可能性比出现较大数字的可能性要大。后来,人们以他的名字命名了这条定律,这就是 Benford 定律(Benford's Law)。概括来说,Benford 定律是指数字及数字序列在一个数据集中遵循一个可预测的规律。美国国家标准和技术学院(National Institute of Standards and Technology,NIST)给出了 Benford 定律的定义。

定义 6.1　Benford 定律

在不同种类的统计数据中,首位数字是数字 d 的概率为 $\log_{10}(1+1/d)$。其中,数据的首位数字是指左边的第一位非零数字。例如数据 5678、5.678、0.5678 的首位数字均为 5。

根据 Benford 定律,首位数字出现的标准概率分布曲线如图 6.73 所示。同理,根据 Benford 定律,也可以计算出数据各位上数字出现的概率。

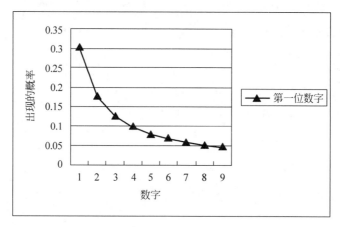

图 6.73　首位数字出现的标准概率分布曲线图

根据以上分析可以得出:如果被分析的审计数据不符合 Benford 定律的标准概率分布曲线,则表明在被分析的审计数据中可能含有"异常"的数据。

2) Benford 定律适用的条件

由以上分析可以看出:Benford 定律提供了一种审计数据分析方法,通过采用 Benford 定律对被审计数据进行分析,可以识别出其中可能的错误,潜在的欺诈或其他不规则事物,从而发现审计线索。然而,Benford 定律并不是适用于所有被审计数据,Nigrini(1997 年)对 Benford 定律的适用条件进行了研究,他认为 Benford 定律适用的三个经验条件如下。

(1) 被审计数据量具备一定规模,能够代表所有样本。

一般而言,应用 Benford 定律进行分析的数据集规模越大,分析结果越精确。这特别适用于我国大数据环境下的电子数据审计。

(2) 被审计数据没有人工设定的最大值和最小值范围。

例如,一般单位的固定资产台账数据就可能不适合 Benford 定律,因为按照财务制度,只有在一定金额之上的固定资产才被登录台账。

(3) 要求目标数据受人为的影响较小。

例如,用 Benford 定律对会计数据中的价格数据进行分析就可能不符合分布规律,因为价格受人为的影响较大。

3) IDEA 中"Benford 定律"功能的应用

目前,Benford 定律已被应用于 IDEA 等审计软件中。在 IDEA 中,复杂的 Benford 定律就被做成一个使用简便的数据分析应用程序。

例 6.8 Benford 定律的应用

现有某税收征收电子数据(文件名为"税收征收.mdb",数据表名为"征收表"),数据表结构见本书附录 A。要求使用"Benford 定律"对"实纳税额"字段进行分析。

假设数据已被采集到 IDEA 中,进行"Benford 定律"操作的关键步骤如下。

(1) 单击菜单"分析"→"Benford 定律",如图 6.74 所示,则出现如图 6.75 所示对话框。

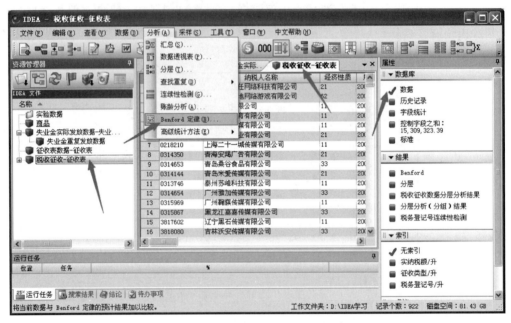

图 6.74 IDEA 中的"Benford 定律"命令

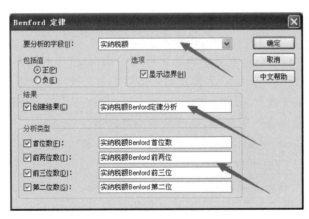

图 6.75 "Benford 定律"参数设置对话框

(2) 在图 6.75 所示对话框中设置相应的参数,即可得到如图 6.76～图 6.80 所示的结果。

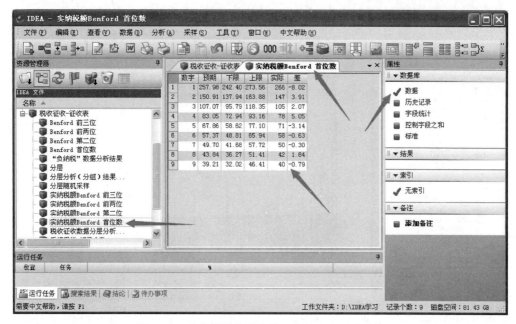

图 6.76 税收数据的首位数字分析表格显示结果

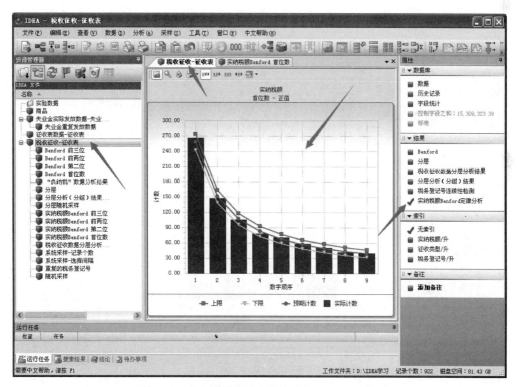

图 6.77 税收数据的首位数字分析图形显示结果

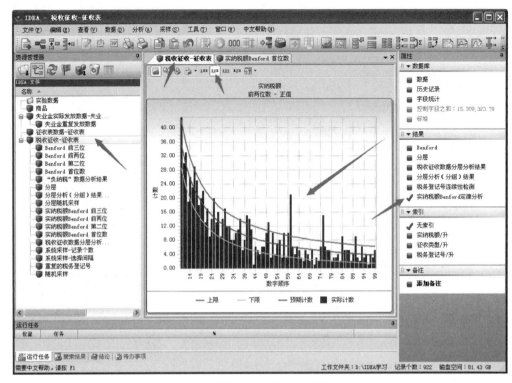

图 6.78 税收数据的前两位数字分析图形显示结果

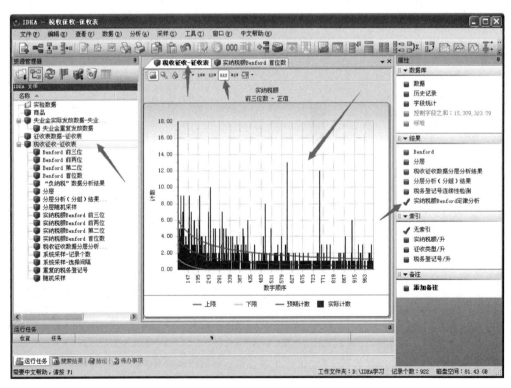

图 6.79 税收数据的前三位数字分析图形显示结果

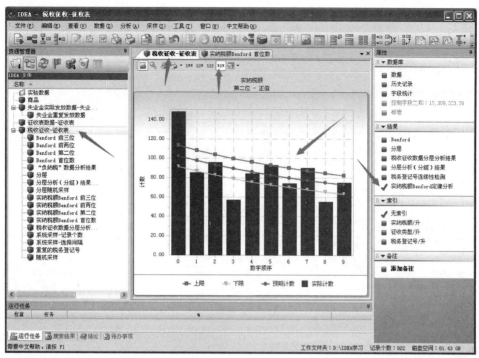

图 6.80 税收数据的第二位数字分析图形显示结果

(3) 在以上 Benford 定律的分析结果图中,可以显示查看某一分析结果的具体数据,例如,在图 6.81 中,选中首位数字为"5"的柱体,单击则弹出一菜单。单击其中的"提取记录",结果如图 6.82 所示。

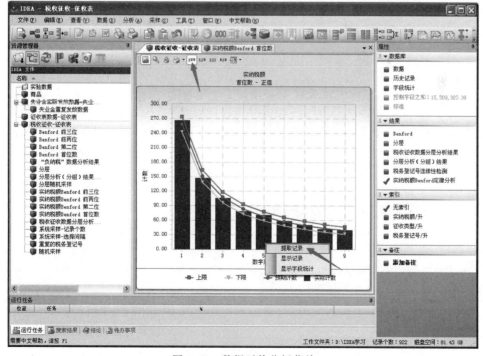

图 6.81 数据延伸分析菜单

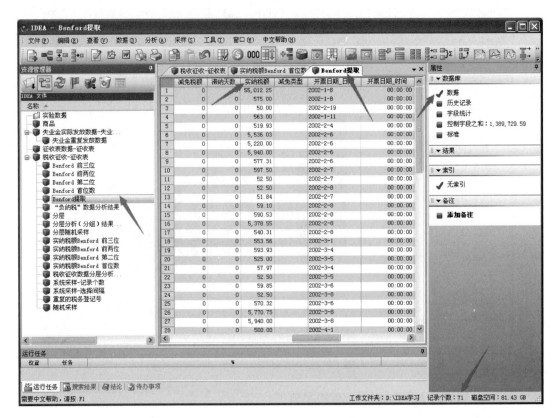

图 6.82 选中数据的显示结果

提取出的数据可以单独生成数据表,为后面进一步的分析打下基础。

6.4.6 账龄分析

1. 账龄分析原理

账龄是指负债人所欠账款的时间。账龄越长,风险就越大。账龄分析是指根据账款拖欠时间(即账龄)的长短将不同账户分为若干区间,并计算各个区间上数据记录的个数、账款的金额等,从而为审计人员的进一步分析打下基础。账龄分析可用于应收账、固定资产、应付账等账款的分析。

2. 账龄分析实例:IDEA 中账龄分析功能

目前,一些审计软件(如 IDEA 等)中都设计了账龄分析模块,审计人员只要选择"账龄分析"功能,输入相应的参数即可方便地完成所需要的账龄分析工作。以 IDEA 8 为例,其账龄分析方法如图 6.83 和图 6.84 所示。

其账龄分析结果的表格显示和图形显示示例如图 6.85 和图 6.86 所示。

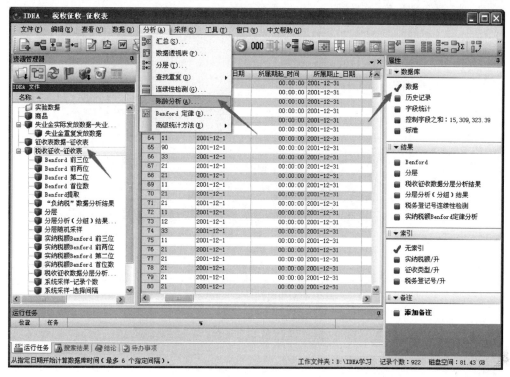

图 6.83 IDEA 的"账龄分析"菜单

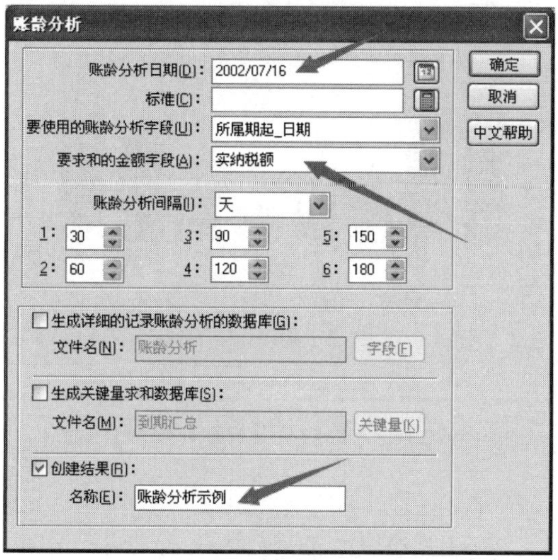

图 6.84 IDEA 的"账龄分析"设置对话框

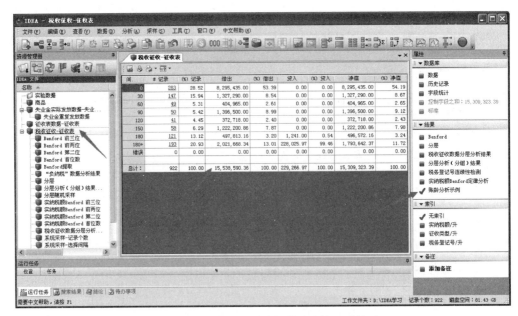

图 6.85　IDEA 的账龄分析结果表格显示界面

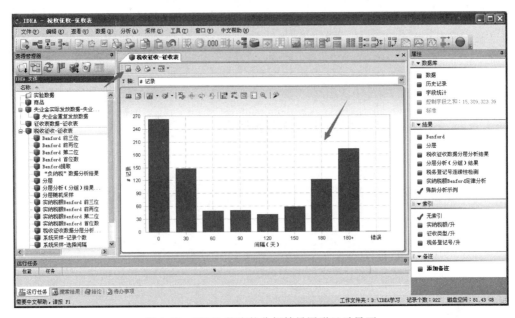

图 6.86　IDEA 的账龄分析结果图形显示界面

6.5　大数据审计数据分析方法

6.5.1　大数据审计方法分类

大数据环境下,审计人员可用的审计数据分析方法分析如下。

1）大数据智能分析技术

大数据智能分析技术是以各种高性能处理算法、智能搜索与挖掘算法等为主要研究内容，这是目前大数据分析领域的研究主流，它是从计算机的视角出发，强调计算机的计算能力和人工智能，例如各类面向大数据的机器学习和数据挖掘方法等。目前关于大数据智能分析技术的研究在审计领域的应用仍不成熟，大多数停留在理论研究层面。

2）大数据可视化分析技术

大数据可视化分析技术是从人作为分析主体和需求主体的视角出发，强调基于人机交互的、符合人的认知规律的分析方法，目的是将人所具备的、机器并不擅长的认知能力融入数据分析过程中。大数据可视化分析技术是目前大数据审计应用比较成熟和主流的内容。

3）大数据多数据源综合分析技术

大数据多数据源综合分析技术是通过对采集来的各行、各业、各类大数据，采用数据查询等常用方法或其他大数据技术方法进行相关数据的综合比对和关联分析，从而可以发现更多隐藏的审计线索。大数据多数据源综合分析技术也是目前审计领域应用大数据比较成熟和主流的内容。

由于大数据环境下数据量较大，所以审计人员一般采用Oracle数据库系统开展相关大数据的综合比对和关联分析。另外，大数据环境下，常用审计数据分析方法，如账表分析、数据查询、统计分析、数值分析等，仍可以根据审计工作的实际情况使用，例如，与大数据技术一起组合使用、对被审计大数据中的部分数据进行分析等。

6.5.2 大数据智能分析技术

1. 常见大数据智能分析技术简介

可用于大数据智能分析的技术很多，例如：A/B Testing、关联规则分析、分类、聚类、遗传算法、神经网络、预测模型、模式识别、时间序列分析、回归分析、系统仿真、机器学习、优化、空间分析、社会网络分析、自然语言分析等。本书仅介绍目前已经应用于大数据审计中的有效分析方法。对仍处于理论研究阶段，尚在审计实务应用中无成功案例的技术不作介绍。

2. 自然语言处理技术

1）自然语言处理技术简介

自然语言处理（Natural Language Processing，NLP）是语言学、逻辑学、计算机科学、人工智能等计算机和人类（自然）语言交叉的研究与应用领域，它主要研究如何实现人与计算机之间用自然语言进行有效通信的各种理论和方法。

自然语言处理技术可用于文本相似度计算、信息检索、语音识别、文本分类、机器翻译等方面。用于自然语言处理的平台或工具较多，一般基于Python、Java、C或C++等不同程序设计语言来实现。

2）自然语言处理技术应用示例——相似度分析方法

自然语言处理技术目前对于大数据审计来说，可以起到一定的整体辅助分析作用，但尚不能精确地直接发现审计证据。目前对于大数据审计来说，文本相似度计算有一定的应用价值。

文本相似度常用的计算方法有 TF-IDF、LSI、LDA、编辑距离计算等。其中 TF-IDF 是最常用的方法,但对于一义多词和一词多义问题,TF-IDF 方法并不能很好地解决,需要采用潜在语义索引(Latent Semantic Indexing,LSI)方法来解决,LSI 又称为潜在语义分析(LSA),它主要使用 SVD 降维的方法将词项和文本映射到一个新的空间,从而解决一义多词和一词多义问题。

潜在狄瑞雷克模型(Latent Dirichlet Allocation,LDA)是一种非监督机器学习技术,它是一种文档主题生成模型,可以用来识别大规模文档集(document collection)或语料库(corpus)中潜藏的主题信息,这种方法将每一篇文档视为一个词频向量,将文本信息转化为了易于建模的数字信息。

大数据环境下,相似度分析是目前有效的一种文本数据审计方法。大数据审计环境下,有时需要分析文本数据之间是否相似,成熟可行的方法可以采用词频-逆文档频率(Term Frequency-Inverse Document Frequency,TF-IDF)技术,它是一种常用的自然语言处理(NLP)方法,TF-IDF 的主要思想是:根据字词在文本中出现的频率和在整个文本库中出现的频率来计算一个字词在整个文本库中的重要程度。如果某个词或短语在一篇文章中出现的频率高,并且在其他文本中出现的很少,则认为该词或者短语具有很好的代表性,适合用来分类。TF-IDF 可用于比较两个文本文件相似程度、文本聚类、文本分类等方面。TF-IDF 的计算步骤如下。

(1) 计算 TF(词频)。

词频(Term Frequency,TF)表示某个词或短语在整个文本中出现的频率,其计算公式如下。

$$TF = \frac{某个词或短语在文本中的出现次数}{文本中所有词的个数}$$

(2) 计算 IDF(逆文档频率)。

逆文档频率(Inverse Document Frequency,IDF)是指某个关键词在整个文本库所有文件中出现的次数。逆文档频率又称为倒文档频率,它是文档频率的倒数,主要用于降低所有文档中一些常见却对文档影响不大的词语的作用。为防止分母为 0(即词语在文本库中不存在),使用"包含该词的文本数+1"作为分母。IDF 的计算公式如下:

$$IDF = \log_2 \left(\frac{文本库中文本的总数}{包含该词的文本数+1} \right)$$

(3) 计算 TF-IDF(词频-逆文档频率)。

综上,TF-IDF 的计算方法如下:

$$TF\text{-}IDF = TF \times IDF$$

不难发现,TF-IDF 值越大表示该特征词对这个文本的重要性越大。

由以上分析可知,TF-IDF 的优点是能过滤掉一些常见的却无关紧要的词语,同时保留影响整个文本的重要词语,该方法简单快速,结果比较符合实际情况;缺点是有时重要的词语可能出现次数并不多,仅仅以词频衡量一个词的重要性还不够全面,另外,这种算法无法体现词语的位置信息。

综上分析,如果同时计算一个文件中所有词组的 TF-IDF,将这些词的 TF-IDF 相加,可以得到整个文本文件的值,从而可用于文本文件的相似度比较。

(4) 相似度分析方法的实现。

根据前文对 TF-IDF 方法的分析,采用 Python 语言实现了文本数据相似检测方法,运行代码实现示例如图 6.87 所示。

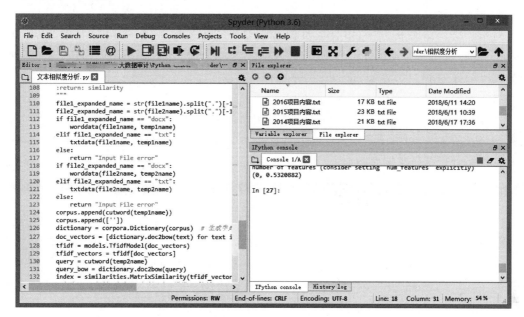

图 6.87　基于 Python 语言的文本数据相似检测方法运行代码示例

3. 社会网络分析技术

1) 社会网络分析方法原理分析

网络指的是各种关联,社会网络就是社会关系所构成的一种结构关系,一个社会网络是由一些特定范围的行动者以及行动者之间的关系组成,它可以反映行动者之间的社会关系。构成社会网络的主要要素简述如下。

(1) 行动者(actor):可以是具体的个人,也可以是一个团体或组织。这些行动者在网络中构成关系的节点(node)。

(2) 关系(relationship):行动者之间的关系形式是多种多样的,如股权关系、合作关系、亲属关系、交换关系等,这些关系构成了不同的网络。

(3) 纽带(tie):行动者之间相互的关联即称关系纽带。

社会网络分析(Social Network Analysis)是对社会网络的关系结构及其属性加以分析的一套规范和方法,它基于信息学、数学、社会学、管理学、心理学等多学科的融合理论和方法,为理解人类各种社会关系的形成、行为特点分析以及信息传播的规律提供的一种可计算的分析方法。社会网络分析采用的方式和方法从概念上有别于传统的统计分析和数据处理方法,它是研究一组行动者的关系的研究方法,关注的焦点是关系和关系的模式。

在社会网络分析方法中,许多社会系统可以描述成对象,看作节点,对象间关系看作节点间关系纽带的网络,例如,航空网络中节点表示机场,关系纽带表示机场间存在的航班关系。

2) 社会网络分析方法的实现

目前,社会网络分析在市场营销、广告、企业招聘、跟踪预测流感的爆发、预测票房等方面得到应用,一些流行的大数据可视化分析工具,如 Python、Gephi、Pajek 等也具有强大的社会网络分析功能。因此,大数据环境下,可以借助社会网络分析方法开展大数据审计,发现相关审计线索。

对于社会网络分析方法,审计人员没有必要研究太多的理论,采用 R 语言、Python、Pajek、Gephi 等工具实现该方法,完成审计数据分析,发现审计线索是关键。相关社会网络分析工具简介如下。

(1) Pajek。

Pajek 在斯洛文尼亚语中是蜘蛛的意思。Pajek 在 Windows 环境下运行,是一种大型复杂网络分析工具,可用于目前所存在的各种复杂非线性网络的分析和可视化操作。Pajek 的社会网络分析结果示例如图 6.88 所示。

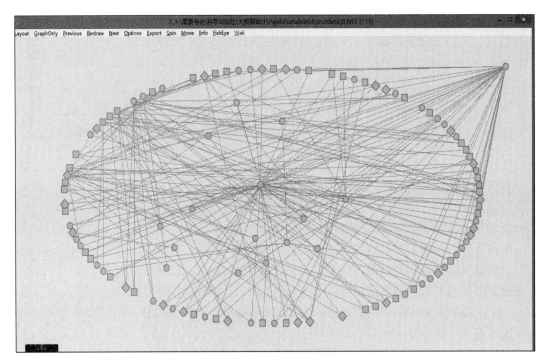

图 6.88 基于 Pajek 的社会网络分析示例

(2) Gephi。

Gephi 是一款开源免费、跨平台的复杂网络分析软件,它基于 Java 虚拟机(Java Virtual Machine,JVM),允许开发者开发新程序,创建新功能。它可以用于社会网络分析、探索性数据分析、可视化分析等方面。Gephi 的社会网络分析结果示例如图 6.89 和图 6.90 所示。

(3) R 语言。

除了采用 Pajek、Gephi 等工具实现社会网络分析方法之外,审计人员也可以采用开源工具 R 语言实现基于社会网络的审计数据分析,其分析结果示例如图 6.91 所示。

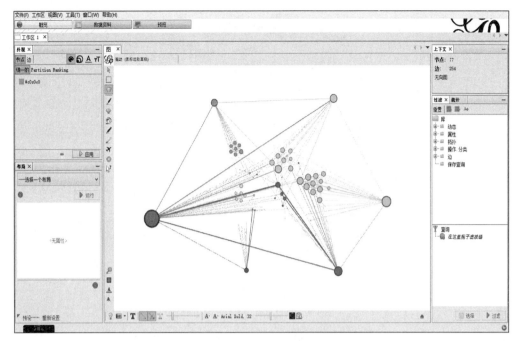

图 6.89　基于 Gephi 的社会网络分析示例一

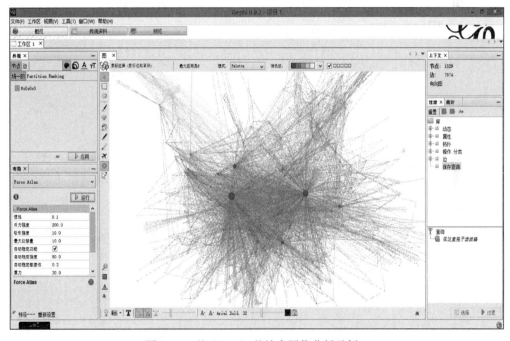

图 6.90　基于 Gephi 的社会网络分析示例二

（4）Python。

除了采用 Pajek、Gephi 等工具实现社会网络分析方法之外，审计人员也可以采用开源工具 Python 实现基于社会网络的审计数据分析，其分析结果示例如图 6.92 所示。

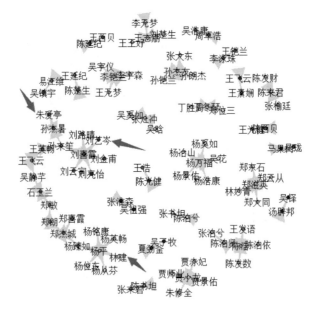

图 6.91 基于 R 语言的户籍数据社会网络分析结果示例

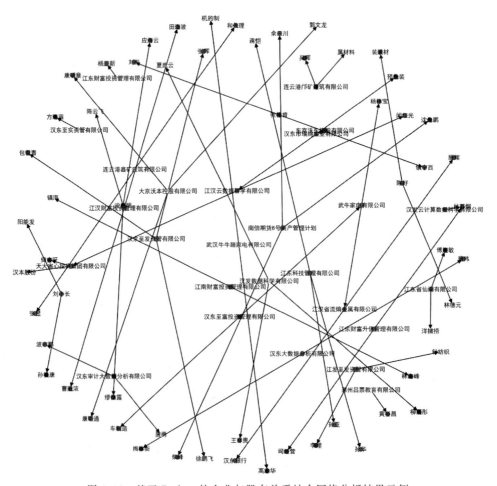

图 6.92 基于 Python 的企业与股东关系社会网络分析结果示例

4. 图形数据库技术

随着大数据时代的到来,传统的关系数据库如 SQL Server、My SQL 等已经难以支撑目前的大数据量、高并发的大数据审计需要。因此,NoSQL 横空出世。图形数据库(Graph Database)是 NoSQL 数据库家族中特殊的存在,用于存储丰富的关系数据。

图形数据库是大数据时代的一种新型数据库,它是基于数学中图论的理论和算法而实现的高效处理复杂关系网络的新型数据库系统。从图形数据库的结构来看,图是由顶点(Vertex)、边(Edge)和属性(Property)组成的,顶点也称作节点,边也称作关系,节点可以带标签,节点和关系也都可以设置属性。每个节点和关系都可以有一个或多个属性。图形数据库专门为处理复杂关系而创建出来的,擅长处理大量的、复杂的、互联的、多变的网状数据,且处理效率远远高于传统的关系数据库。因此,它特别适用于社会网络、实时推荐、金融征信系统领域的大数据分析。一些流行的图形数据库工具被开发出来,如 Neo4J、Titan 等。大数据环境下,审计可以借助图形数据库技术开展大数据审计,发现相关审计线索。以图形数据库工具 Neo4J 为例,其分析结果示例如图 6.93 所示。

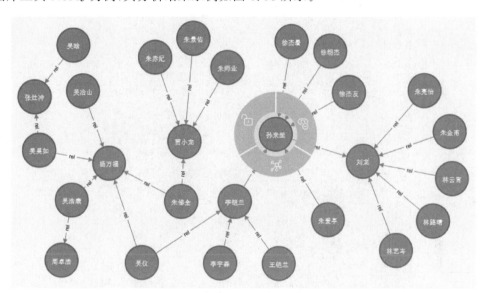

图 6.93　基于 Neo4J 的户籍数据图形数据库分析结果示例

6.5.3　大数据可视化分析技术

1. 大数据可视化分析技术简介

人类非常擅长通过视觉获取有用信息,一图胜千言。现代数据分析也日益依赖通过呈现图形来揭示含义和表达结果。常用的审计数据分析方法虽然能有效地对电子数据进行审计,但不具有直观的效果,而可视化工具可以提供直观、简洁的机制表示大量的审计信息,这有助于定位重要的数据。另外,可视化工具提供的多窗口、交互式、可视化图形界面便于审计人员直观、综合、灵活地进行分析处理,获得评价结果。因此,如何把可视化工具应用于审计数据分析中来减小审计人员的工作强度,提高审计效率具有重要的理论和应用价值。以某海关进口报关单数据为例,基于可视化技术的审计数据分析结果示例如图 6.94 所示。通过对图 6.94 所示的可视化结果进行分析,审计人员可以更轻松地发现报关单数据中的可疑数据,然后,由审计人员通过一定的方法对可疑数据进行审计判断,从而最终发现审计线索,获得审计证据。

相对于应用 SQL 语言等方式分析电子数据来说,可视化数据展现方法可以把审计人员所关心的数据很直观地展现在审计人员面前,从而能更轻松地发现审计线索。

大数据环境下,数据可视化分析技术尤为重要。一般来说,大数据可视化分析技术包括文本可视化技术、多维数据可视化技术、网络可视化技术、时空可视化技术等。以文本可视化技术为例,文本数据是大数据时代非结构化数据的典型代表。文本可视化的意义在于能够将文本中蕴含的语义特征(如词频、重要程度、动态演化规律、逻辑结构等)直观地展示出来,标签云就是一种典型的文本可视化技术。通过标签云,可以将关键词根据词频或其他规则进行排序,按照一定规律进行布局排列,用大小、颜色等图形属性对关键词进行可视化,例如,用字体大小代表该关键词的重要性。常见的其他大数据可视化分析技术还有:柱状图、折线图、饼图、散点图、气泡图、雷达图、分级统计图、树地图、热力图等。

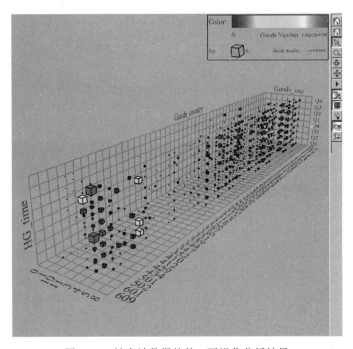

图 6.94 被审计数据的某一可视化分析结果

在何种情况下应该用何种可视化方法,才能够让审计数据分析达到最佳的效果,这是大数据可视化分析技术在审计中应用的重点。例如,在分析我国新型农村社会养老保险制度的发展情况时,对每年、每个地方、每个参保人员的信息进行逐一计算后,当把数据在地图软件上可视化之后,其具有的特点就能很好地显现出来,审计人员便可以轻松地看出全国各地新型农村社会养老保险制度近年来的发展变化情况。

目前,常用的大数据可视化分析工具主要包括以下。

(1) 开源的、可编程的工具,如 R 语言、Python、D3.js、Leaflet、Processing.js 等。

（2）商业化软件工具，如 Tableau、QlikView、SAS、SAP Business Object 水晶易表、IBM Cognos 等。

本节根据审计的需要，考虑到大数据可视化分析工具 R 语言、Python 等是比较简单的、开源的大数据可视化分析软件。以 R 语言、Python 以及 Tableau 等大数据可视化分析工具为例，分析气泡图、标签云、散点图等常用的数据可视化技术。

2．标签云分析

1）标签云分析方法原理分析

大数据环境下大量的文本数据使审计人员分析的难度越来越大，传统的浏览和筛选等方法无法满足大数据环境下非结构化数据审计的需要。将文本中的内容或规律以视觉符号的形式展示给审计人员，有助于审计人员利用视觉感知的优势来快速获取大数据中蕴涵的重要信息，从而发现审计线索。

标签云(Tag Cloud)是常用的可视化分析方式之一，它由一组相关的标签以及与标签相对应的权重组成，这些标签按字母顺序或其他顺序，或者再结合颜色深浅进行排列，呈现出来供用户浏览的文本可视化方法。其中，权重值的大小决定标签的字体大小、颜色或其他视觉效果。

通过对被审计文本数据进行标签云可视化分析，可以整体把握被审计文本数据的主要内容。实现标签云分析的主要步骤包括：分词；统计词频；根据词频自动设置颜色深浅、字体大小并进行可视化展示。

2）标签云分析方法的实现

基于以上分析，可以采用 R 语言、Python 实现文本数据的标签云分析方法。以 Python 为例，其实现代码示例如图 6.95 所示。

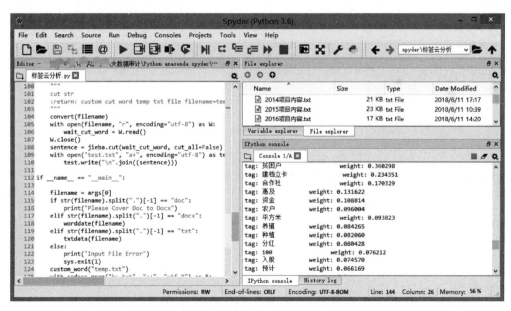

图 6.95　基于 Python 语言的标签云分析方法实现代码示例

例 6.9　采用标签云分析某扶贫审计公告数据

现有某扶贫审计公告数据，如图 6.96 所示。现需要采用 R 语言对其实现标签云分析。

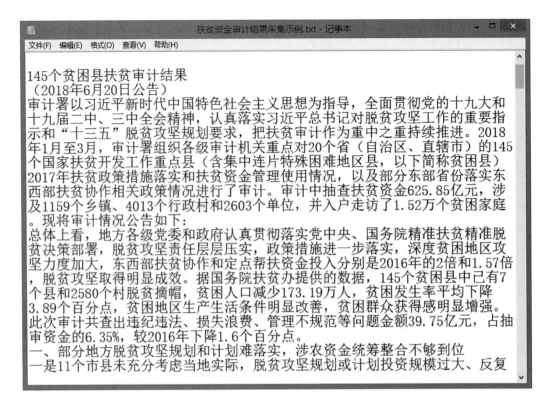

图 6.96 某扶贫审计公告数据示例

基于 RStudio,可以编写标签云分析代码分析以上扶贫审计公告数据,其代码如下。

```
library(jiebaR)
library(wordcloud2)
txtfile <- scan("E:\\扶贫数据\\扶贫资金审计结果采集示例.txt ", sep = '\n',what = '')
seg <- qseg[txtfile]
seg <- table(seg)
seg <- sort(seg, decreasing = TRUE)[1:100]
wordcloud2(seg) #绘制词云图
```

在 RStudio 中运行以上代码,如图 6.97 所示。

以上该扶贫审计公告数据的标签云分析结果如图 6.98 所示。

对以上标签云分析代码也可以做进一步的优化,如去除字符长度小于 2 的词语、去除数字等,从而使分析结果更有意义。

3. 散点图分析

1) 散点图分析方法简介

散点图可以用于表示 X、Y 轴坐标之间数据的变化关系,借助可视化分析工具,X、Y 轴坐标之间数据的变化关系可以被可视化地分析并展示出来。

2) 散点图分析方法的实现

散点图分析方法在审计工作中具有一定的用途,例如,在金融审计中通过散点图分析,

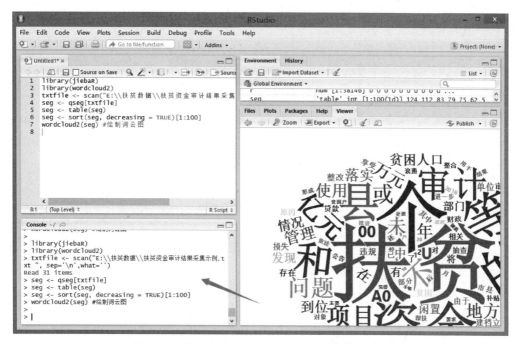

图 6.97 基于 RStudio 的标签云分析运行情况示例

图 6.98 某扶贫审计公告数据的标签云分析结果示例

审计人员可以分析客户购买股票的情况,从而判断客户购买股票的类型是否比较单一。基于以上分析,分别采用 Python 语言和 R 语言实现了针对某一股票交易数据的散点图分析方法,其分析结果示例如图 6.99 和图 6.100 所示。在图 6.99 和图 6.100 中,X 轴表示被分析的客户编号,Y 轴表示被分析的客户购买股票的代码。

由图 6.99 和图 6.100 不难发现:客户编号为 C024、C038、C046、C064 的客户购买股票的类型比较单一。

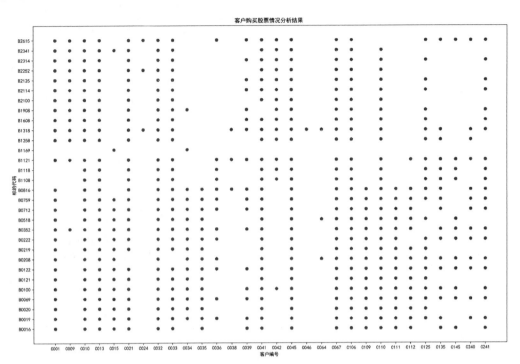

图 6.99　基于 Python 语言的散点图分析方法示例

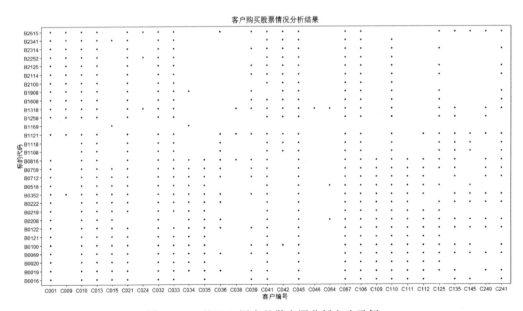

图 6.100　基于 R 语言的散点图分析方法示例

4. 条形图分析

1）条形图分析方法简介

条形图是数据分析中常用的图形之一。通过条形图,可以把数据表中列或行数据生成条形图,从而可以直观地显示各个项目之间的比较情况。条形图的主要特点是:方便审计人员很容易地看出各个项目数据的大小；容易比较各个项目数据之间的差别。

2）条形图分析方法的实现

条形图分析方法在审计工作中具有一定的用途，例如，在金融审计中通过条形图分析，审计人员可以分析客户购买股票的情况，从而判断客户购买股票的类型是否比较单一。基于以上分析，分别采用 Python 语言和 R 语言实现了针对某一股票交易数据的条形图分析方法，其分析结果示例如图 6.101 和图 6.102 所示。在图 6.101 和图 6.102 中，X 轴表示被分析的客户编号，Y 轴表示被分析的客户所购买的股票的总数。

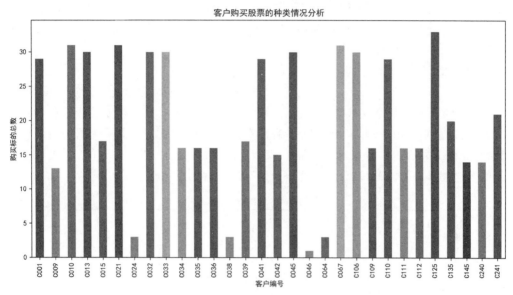

图 6.101　基于 Python 语言的条形图分析方法示例

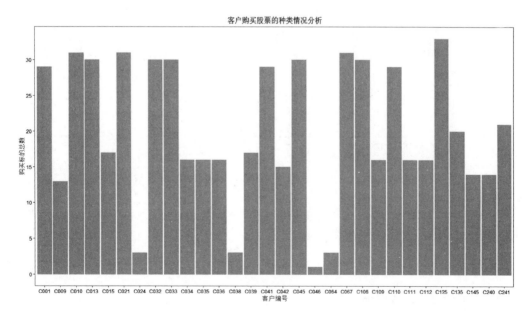

图 6.102　基于 R 语言的条形图分析方法示例

由图 6.101 和图 6.102 不难发现：客户编号为 C024、C038、C046、C064 的客户购买股票的类型比较单一，这些客户是审计人员关注的重点。

5. 折线图分析

1）折线图分析方法简介

折线图是数据分析中常用的图形之一。通过折线图，可以把数据表中列或行数据生成折线图，从而可以直观地显示各个项目数据之间的比较情况。折线图的主要特点是：方便审计人员很容易地看出各个项目数据的大小；容易比较各个项目数据之间的差别。折线图可以显示随时间（根据常用比例设置）而变化的连续数据，因此非常适用于显示在相等时间间隔下数据的趋势。

2）折线图分析方法的实现

折线图分析方法在审计工作中具有一定的用途，例如，在金融审计中通过折线图分析，审计人员可以分析客户购买股票的情况，从而判断客户购买股票的类型是否比较单一。基于以上分析，分别采用 Python 语言和 R 语言实现了针对某一股票交易数据的折线图分析方法，其分析结果示例如图 6.103 和图 6.104 所示。在图 6.103 和图 6.104 中，X 轴表示被分析的客户编号，Y 轴表示被分析的客户所购买的股票的总数。

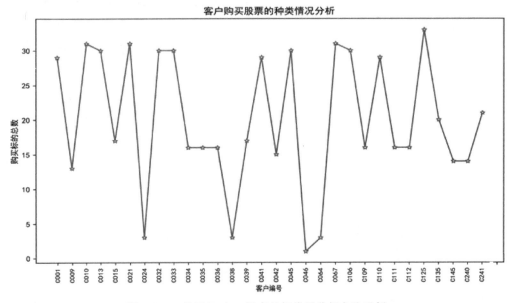

图 6.103　基于 Python 语言的折线图分析方法示例

由图 6.103 和图 6.104 不难发现：客户编号为 C024、C038、C046、C064 的客户购买股票的类型比较单一，这些客户是审计人员关注的重点。

6. 气泡图分析

1）气泡图分析方法原理分析

气泡图可以用于表示 X、Y 轴坐标之间数据的变化关系，并可以通过图中散点的大小来直观感受其所表示的数值大小。气泡图类似散点图，可以像彩色散点图给点上色，不同之处

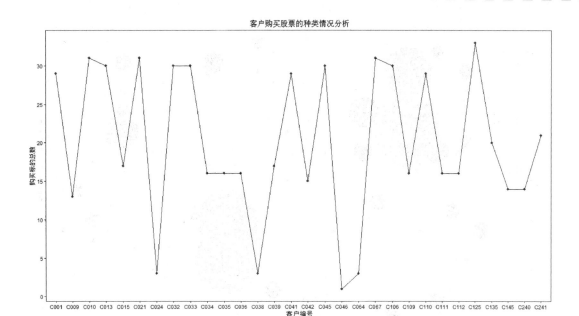

图 6.104　基于 R 语言的折线图分析方法示例

是气泡图允许在图表中额外加入一个表示大小的变量进行对比。

2) 气泡图分析方法的实现

气泡图分析方法在审计工作中具有一定的用途,气泡图可以帮助审计人员分析客户购买股票的类型是否比较单一,但不能整体了解客户购买股票的获利情况。通过气泡图,审计人员可以整体了解客户购买股票的获利情况。

基于以上分析,分别采用 Python 语言和 R 语言实现了针对某一股票交易数据的气泡图分析方法,客户购买股票及获利金额规模情况分析结果示例如图 6.105 和图 6.106 所示。在图 6.105 和图 6.106 中,X 轴表示被分析的客户编号,Y 轴表示被分析的客户所购买股票的代码。

由图 6.105 和图 6.106 中不难发现:客户编号为 C024 和 C064 的客户购买股票的类型比较单一,且购买的股票获利较大(如标的代码为 B1318 的股票),这些客户数据是审计人员关注的重点。

7. 热力图

1) 热力图分析方法简介

热力图是一种可将变量值用不同的颜色或高亮形式描绘出来的数据可视化技术,它可以非常直观地呈现一些不易理解或表达的数据,如频率、密度、温度等。

2) 热力图分析方法的实现

热力图分析方法在审计工作中具有一定的用途,例如,在金融审计中,通过对客户的股票交易数据进行热力图分析,审计人员可以整体了解客户所购买股票的获利情况,从而为下一步的审计工作打下基础。以某一股票交易数据分析为例,通过采用 R 语言进行热力图分析,其客户获利金额情况分析结果示例如图 6.107 所示。其中,X 轴表示被分析的客户编

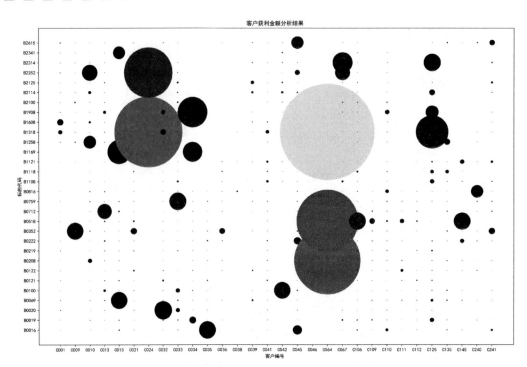

图 6.105　基于 Python 语言的气泡图分析方法示例

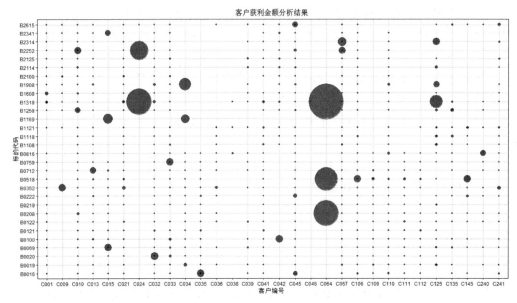

图 6.106　基于 R 语言的气泡图分析方法示例

号,Y 轴表示被分析的客户所购买股票的代码(标的代码)。在图 6.107 中,颜色的深浅可以清晰地表达出每个客户获利金额的大小。

由图 6.107 中不难发现:客户编号为 C024 和 C064 的客户购买的股票获利较大(如标的代码为 B1318 的股票),这些客户数据是审计人员关注的重点。

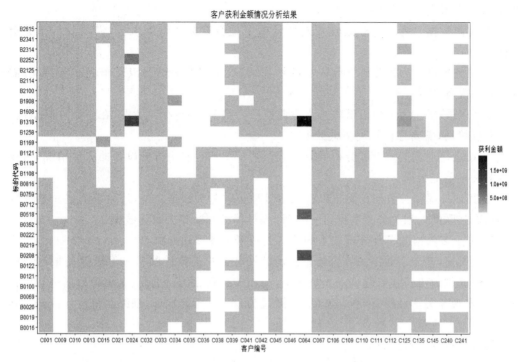

图 6.107　基于 R 语言的热力图分析方法示例

6.5.4　大数据多数据源综合分析技术

1. 大数据多数据源综合分析技术简介

如前文所述，大数据多数据源综合分析技术是通过对采集来的各行、各业、各类大数据，采用数据查询等常用方法或其他大数据技术方法进行相关数据的综合比对和关联分析，从而发现更多隐藏的审计线索。这类技术方法是目前审计领域应用大数据比较成熟和主流的技术方法。

2. 大数据多数据源综合分析技术应用示例—扶贫审计

1) 所需数据

大数据环境为扶贫审计提供了全方位分析的相关数据，一般可以对以下数据进行分析。

(1) 被审计单位的主要内部数据。

① 文本数据。从被审计单位采集来的被审计单位的业务介绍、部门年度工作总结、扶贫项目情况、相关审计报告等相关文本数据，通过这些文本数据，可以了解目前被审计单位的相关业务情况等，便于审计人员开展相关审计工作。

② 相关扶贫数据。从被审计单位采集来的相关扶贫数据，包括低收入人员名单信息等，通过该数据，可以掌握目前的低收入人员相关信息等。

(2) 被审计单位的主要外部数据。

① 工商数据。为了掌握与扶贫审计线索有关的相关公司的股东、法人、投资关系等信

息,需要分析相关工商数据。

② 财政数据。为了分析低收入人员名单中是否有财政供养人员,需要分析相关财政数据。

③ 税务数据。为了分析低收入员的纳税情况、房屋交易情况以及车辆购置情况,需要分析相关税务数据。

④ 金融数据。为了分析低收入人员股票账户情况、银行存款情况,在有条件的情况下,经批准授权后,需要分析相关金融数据。

⑤ 农机登记数据。为了分析低收入人员名单中拥有农用机械设备的人员情况,需要分析相关农机登记数据。

⑥ 其他外部相关数据。除了以上被审计单位的相关数据之外,还可以通过一些大数据工具抓取互联网上相关公开数据,便于审计人员辅助判断相关审计线索。

2) 基于多数据源综合分析技术的扶贫大数据审计原理分析

综上所述,基于多数据源综合分析技术的扶贫大数据审计的基本原理就是根据被审计扶贫单位提供的建档立卡低收入人员名单,与相关财政、税务、工商、金融等数据进行综合分析,从而发现相关审计线索,在此基础上,通过进一步的延伸取证,最终获得审计证据。其原理如图 6.108 所示。

具体分析过程示例如下。

(1) 低收入人员名单信息与工商数据综合分析。

可以根据所采集到的低收入人员名单信息与相关工商投资人、高管数据进行比对,分析低收入人员名单中是否有某公司的投资人和高管,以及低收入人员名单中是否有人注册成立公司。

(2) 低收入人员名单信息与财政数据综合分析。

可以根据所采集到的低收入人员名单信息与相关财政供养人员数据进行比对,分析低收入人员名单中是否有财政供养人员(公务员、事业单位人员等)。

(3) 低收入人员名单信息与税务数据综合分析。

① 可以根据所采集到的低收入人员名单信息与地税数据中个人所得税数据等相关数据进行比对,分析是否存在纳税的低收入人员。

② 可以根据所采集到的低收入人员名单信息与税务数据中房屋契税数据等相关数据对比,分析低收入名单中人员的房屋交易情况。

③ 可以根据所采集到的低收入人员名单信息与税务数据中车辆购置税数据等相关数据比对,分析低收入名单中的人员是否有购车记录。

(4) 低收入人员名单信息与金融数据综合分析。

可以根据所采集到的低收入人员名单信息与相关金融数据进行比对,分析低收入人员股票账户情况、银行存款情况(如定期余额、活期交易金额等)。

(5) 低收入人员名单信息与农机登记数据综合分析。

可以根据所采集到的低收入人员名单信息与相关农机登记数据进行比对,分析低收入人员名单中的人员是否拥有农用机械设备。

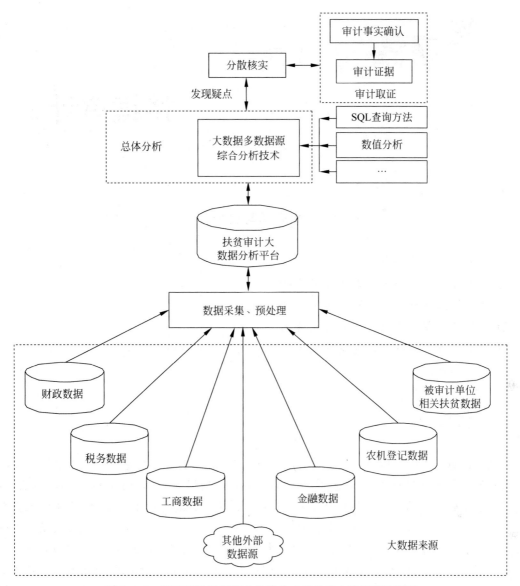

图 6.108 基于多数据源综合分析技术的扶贫大数据审计原理

思考题

1. 常用的审计数据分析方法有哪些?
2. 请比较使用 IDEA 和使用数据库工具(如 Access、SQL Server)编写 SQL 语句进行"重号分析"时,两种方法的优缺点。
3. 大数据环境下可用的审计数据分析方法有哪些?
4. 数据可视化分析技术对开展大数据审计有何意义?
5. 谈谈本章所介绍的审计数据分析方法(包括大数据审计)的优缺点。

第 7 章 持续审计

本章学习目标

- 理解持续审计的内涵。
- 熟悉持续审计的研究内容分类情况。
- 熟悉持续审计的主要技术实现方法。
- 了解持续审计的相关理论研究情况。
- 了解应用于持续审计的关键技术研究情况及未来的研究方向。

7.1 概述

随着信息技术的发展,信息技术在审计中的应用情况也随之变化。信息技术的发展将使得计算机辅助审计向持续、动态、实时的方向发展。持续审计(Continuous Audit,CA)成为计算机辅助审计的一个重要发展方向。尽管持续审计的思想已有多年,但近年信息技术的发展才使持续审计变得可行。在过去的十几年里,持续审计得到学术界、审计人员以及软件开发人员的关注,美国新泽西州立罗格斯大学还成立了持续审计研究中心,并每年召开国际持续审计年会,这使得持续审计的研究得到很大的发展。为了能系统、清晰地认识持续审计,从而为实施持续审计提供技术和理论上的支持,本章对持续审计的研究进行分析。为了方便起见,在不引起混淆的情况下,后文直接用 CA 来表示持续审计。

7.2 持续审计的内涵及研究内容分类

7.2.1 持续审计的内涵

为了便于理解 CA,首先来看一下不同文献对 CA 的理解。根据 CICA/AICPA(亚洲相互协作与信任措施会议/美国注册会计师协会)的研究报告,CA 是指:能使独立审计师通过使用在委托项目出现相关事件的同时或短时间内生成的一系列审计报告,来对委托项目提供书面鉴证的一种审计方法。这一定义强调了 CA 是用于独立审计的一种方法。

Alexander 等人(1999 年)认为：CA 是能在相关事件发生的同时，或之后很短的时间内就能产生审计结果的一种审计类型。根据这一定义，Alexander 等人认为把 CA 称为实时审计更为合适。此外，Alexander 等人还认为要实现 CA，需要一个在线的计算机系统把审计部门和被审计部门连接起来，所以，把 CA 称为持续在线审计(Continuous Online Audit，COA)。王会金和陈伟(2005 年)对信息化环境下非现场审计的实现方法进行了研究，这种形式的非现场审计其实也是 CA 的一种方式。随着信息化程度的提高以及计算机网络的广泛使用，目前正在开展的所谓的联网审计也是 CA 的一种实现方式。

7.2.2 持续审计研究内容分类

总地来说，实施 CA 都是为了实现对被审计单位的持续审计，但不同时期、不同技术条件下，CA 的实现原理是有区别的。为了能对 CA 的研究有一个清晰的认识，根据现有文献对 CA 的研究，笔者把关于 CA 的研究情况总结分类成如图 7.1 所示。概括来说，关于 CA 的研究主要集中在技术实现方法、理论分析和关键技术的研究上。对于技术实现方法，根据实现技术的不同，又可以分成嵌入式和分离式两种，其中，分离式 CA 是目前研究的主流。根据 CA 系统的灵活性情况，分离式 CA 又可分成专用模式和通用模式两种。专用模式是针对某一特定系统而设计的 CA 实现方法；而通用模式是为了使设计的 CA 方法具有一定的通用性，其采用的方法包括基于 XML、基于 CORBA 等。后文将按这一分类对 CA 的研究情况进行分析。

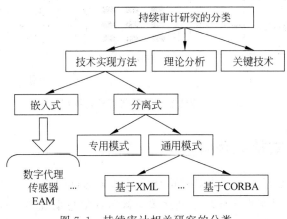

图 7.1 持续审计相关研究的分类

7.3 持续审计的技术实现方法

技术实现方法的研究一直是 CA 研究的重点。随着信息技术的发展，越来越多的 CA 实现方法被提出。本节根据图 7.1 的分类，对这方面的主要研究情况进行分析。

7.3.1 嵌入式持续审计

所谓嵌入式 CA，是指为了完成对被审计信息系统的持续监控，在被审计信息系统中嵌入相应的程序模块(触发器、智能代理等),通过该程序模块不断地对被审计信息系统中的数据进行检测,从而完成持续监控。这种方式的典型代表就是 EAM。Groomer 和 Murthy(1989 年)以使用关系数据库管理系统的会计系统为例,研究了一种采用 EAM 的 CA 实现方法,并分析了该方法的优缺点。Minsky(1996 年)对 EAM 在审计中的应用做了进一步的研究。Debreceny(2005 年)则研究了 EAM 在企业资源计划(Enterprise Resource Planning,ERP)系统环境下的应用情况。

Koch(1981 年)提出了一种称为 CIS(Continuous and Intermittent Simulation)的在线审计方法。该方法基于平行模拟(Parallel Simulation)技术(Weber,1999 年)的原理,并针对其不足之处,采用模拟器持续或间歇地审查被审计信息系统的电子数据,从而可以根据需要完成对被审计信息系统的持续监控。

传感器(Sensors)和数字代理(Digital Agents)也是实现嵌入式 CA 的一种方法。Sean(2003 年)给出了一种采用传感器和数字代理来实现嵌入式 CA 的框架,其原理如图 7.2 所示。这种方法是在被审计信息系统中放置传感器和数字代理,并在传感器和数字代理中定义相应的规则,被审计信息系统中的数据、传感器和数字代理中定义的相应规则的任何差异将会通过 E-mail 发送给审计人员,审计人员再根据该信息采取相应的措施。

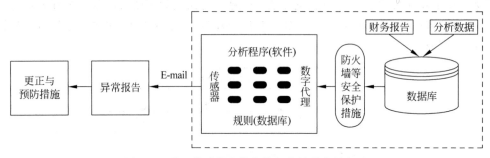

图 7.2 基于传感器和数字代理的持续审计方法

7.3.2 分离式持续审计

所谓分离式 CA,是指为了完成对被审计信息系统的持续监控,在被审计信息系统外设置相应的程序模块,通过该程序模块不断地采集被审计信息系统中的数据,并把这些采集来的数据传输到审计单位中去,供审计人员进行分析,从而完成对被审计信息系统的持续监控。这种类型和嵌入式不同,其审计系统是审计单位独立开发和拥有的,与被审计单位没有任何关系。分离式 CA 是目前 CA 研究的主流。

1. 专用模式

常见的这类研究分析如下。

(1) Vasarhelyi 和 Halper(1991 年)提出了持续过程审计方法(Continuous Process Audit Methodology,CPAM)的概念,并描述了一个由贝尔实验室开发用来处理大型无纸数据库系统的持续过程审计系统(Continuous Process Auditing System,CPAS),它的设计主要适用于内部审计,其工作原理如图 7.3 所示。CPAS 是通过设计一个和被审计信息系统相独立的 CA 系统来实现的,它有自己的工作平台、操作系统、数据库,以及其他应用软件,这使得审计系统和被审计信息系统之间的冲突减至最小。

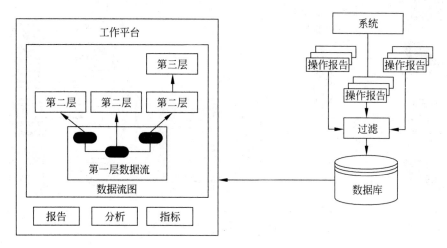

图 7.3　CPAS 的工作原理

(2) Internet 技术和 Web 应用技术也被应用于 CA 之中,Woodroof 和 Searcy(2001 年)研究了一种基于 Web 服务器的 CA 模型,该模型的主要组成部分包括互连的 Web 服务器、持续审计协议、可靠和安全的系统和实时更新的报告,其原理如图 7.4 所示。

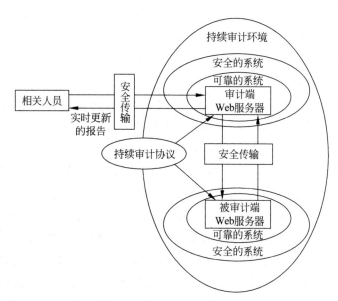

图 7.4　一种基于 Web 服务器的持续审计模型

(3) Rezaee 等人(2002 年)提出了一种建立持续审计能力的方法,在技术上,提出了采用审计数据仓库和数据集市来存储和处理下载的被审计数据,其原理如图 7.5 所示。

(4) 目前,我国正在研究实施的联网审计也是分离式 CA 的一种方式,本书第 8 章将对联网审计做详细分析。

(5) Lin(2006 年)研究了一种基于拦截器的持续审计方法。拦截器是环绕在被审计信

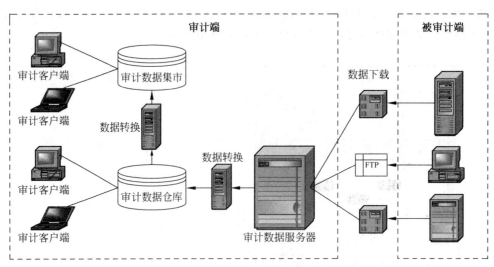

图 7.5 一种基于数据仓库的持续审计方法

息系统周围的一个装置,它能截取流入流出被审计信息系统的信息,然后自动把数据加载到监控工具中,再对这些数据进行分析。该方法的优点是设置拦截器时不用修改被审计信息系统,从而能有效地克服嵌入式 CA 的不足。

2. 通用模式

由以上分析可知,以上这几种分离式 CA 的数据采集接口可移植性差,不具有通用性。为了使设计的 CA 在实现技术上具有一定的通用性,一些文献对通用模式的 CA 实现方法进行了研究,相关情况分析如下。

(1) 针对基于可扩展标记语言(Extensible Markup Language,XML)的会计信息系统,Murthy 和 Groomer(2004 年)研究了一种持续审计 Web 服务模型,称为 CAWS(Continuous Auditing Web Services),CAWS 主要是针对将来建立在 XML 基础上的会计信息系统。由于 XML 现在仍然是一种较新的技术,CAWS 的应用仍然是有限的,尽管我国已经制定了基于 XML 数据格式的会计软件数据接口标准。

(2) 在前人研究的基础上,Du 和 Roohani(2006 年)提出了一种面向财务的持续审计方法,其原理如图 7.6 所示。该持续审计框架具有一定的通用性,它既适用于基于 XML 的系统,又适合于非基于 XML 的系统。该方法采用简单对象访问协议(Simple Object Access Protocol,SOAP)和公用对象请求代理程序体系结构(Common Object Request Broker Architecture,CORBA)技术,针对使用 XML 数据的被审计信息系统,采用 SOAP 方式在审计系统和被审计信息系统之间进行数据的传输。针对不使用 XML 数据的被审计信息系统,采用 CORBA 来解决不同应用系统中复杂的数据结构问题,从而保证能抽取不同应用程序和不同数据格式的数据。另外,Du 和 Roohani(2006 年)还提出了持续审计周期的概念,从而帮助解决持续审计频率的相关问题。不足的是,Du 和 Roohani(2006 年)仅从理论上进行了探讨,具体的技术细节仍没有进行详细的分析。

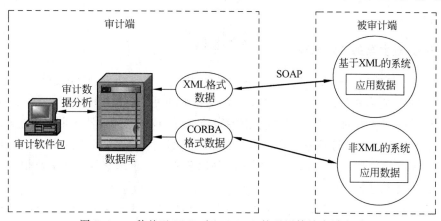

图 7.6　一种基于 XML 和 CORBA 的通用持续审计方法

7.3.3　两种实现方法的比较

以上对嵌入式和分离式这两种 CA 的实现方法进行了分析。由分析可知,这两种方法的区别是分离式 CA 是和被审计信息系统分离的,对被审计信息系统的影响较小;而嵌入式 CA 必须和被审计信息系统集成在一起,这就会带来很多问题,举例如下。

(1) 由于嵌入审计模块不具有通用性,为一个被审计信息系统开发的嵌入审计模块不容易用到其他被审计信息系统中去。如果被审计信息系统发生了变更,嵌入审计模块也需要随之修改。这种方式对于内部审计比较适合。

(2) 由于目前大多数信息系统没有提供设计嵌入审计模块的功能,所以嵌入式 CA 的实施是比较困难的。另外,为了保证嵌入审计模块的准确、可靠和完整,开发一个嵌入审计模块需要经过大量的测试,对于独立审计来说,这在经济上也是不可行的。对于社会审计来说,这更不可行。

(3) 嵌入审计模块会占用被审计信息系统的资源,特别是当执行复杂且含有大量触发器的嵌入审计模块时,会降低系统的运行性能。

(4) 如果嵌入审计模块的设计不合理,会导致产生大量包含异常信息的 E-mail,这会对审计单位和被审计单位造成一定的影响。

(5) 嵌入审计模块会对数据库和应用系统的安全和控制在技术和管理上产生挑战。

所以,分离式 CA 是目前研究的主流。但相对于分离式 CA 来说,嵌入式 CA 在实现技术上比较简单,且比较灵活,适用一些中小型被审计单位;而分离式 CA 设计和实施成本相对较高,它对一些经常接受审计的、重要的被审计单位比较适合。

7.3.4　基于 DBMS 触发器的持续审计模型

1. 问题的提出

尽管目前国内外已经研究了多种实现持续审计的方法,但这些方法仍存在很多不足之处,或者不具有通用性,或者实施成本太高,不能较好地满足目前的需要。因此,研究简单易行的持续审计方法对我国开展持续审计具有重要的理论和应用价值。基于持续审计的研究现状,笔者提出一种基于数据库管理系统(DataBase Management System,DBMS)触发器的持续审计模型。

2. DBMS 触发器的工作原理

DBMS 触发器是特定事件出现时自动执行的代码块。它在插入、删除或修改特定表中的数据时触发执行,它有比数据库本身标准的功能更精细和更复杂的数据控制能力,是一种特殊的存储过程,但是用户不能直接调用。能用于持续审计的 DBMS 触发器的主要功能列举如下。

(1) 触发器可以自动计算某字段的数据值,如果数据值达到了预定的值,触发器则会根据需要执行相应的处理。例如,如果某职工的住房公积金高于国家规定的最高值,触发器则立即给审计人员发送警告信息。

(2) 触发器可以基于时间限制用户的操作。例如,如果下班后或节假日有人修改数据库中的数据,触发器则立即给审计人员发送警告信息。

(3) 触发器可以基于数据库中的数据限制用户的操作。例如,如果某单位职工的住房公积金升幅后超过国家规定的最高值,触发器则立即给审计人员发送警告信息。

(4) 触发器可以提供审计和日志记录。触发器可以把用户对数据库的更新写入审计表,从而可以跟踪用户对数据库的操作,如果用户对数据库的操作违反相关规定,触发器则立即给审计人员发送警告信息。

(5) 触发器可以实现复杂的数据完整性规则。例如,在某住房公积金管理系统中,如果用户输入一条总房价为 100 万元,贷款金额为 200 万元的贷款记录,触发器则立即给审计人员发送警告信息。

3. 基于 DBMS 触发器的持续审计模型原理

基于以上分析,可以采用 DBMS 触发器的相关功能来实现对被审计数据库系统的持续审计。因此,本节提出一种基于 DBMS 触发器的持续审计方法,如图 7.7 所示。其原理说明如下。

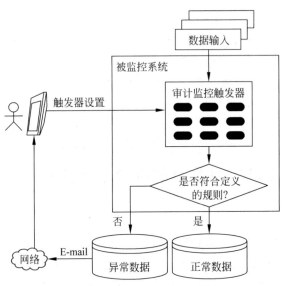

图 7.7　基于 DBMS 触发器的持续审计原理

(1) 根据对被审计单位的业务及数据库系统的分析,在被审计信息系统中定义相应的触发器,触发器的定义和修改可以在现场,也可以远程的方式进行。

(2) 当数据输入被审计信息系统中去的时候,触发器会对每一笔数据进行检测,从而判定每条记录是否符合所定义的业务规则。如果记录不符合所定义的业务规则,则将该记录导入异常数据库中。

(3) 对于异常数据库中的异常数据,可以通过网络传输到审计单位,审计人员可以实时或定期对异常数据库中的异常数据进行现场或非现场的审查,并对有问题的数据进行审计判断和进一步的延伸审计。

4. 优缺点分析

本节针对持续审计实现方法的研究现状,提出了一种基于 DBMS 触发器的持续审计模型。基于该模型的持续审计方法具有以下优点。

(1) 用于持续审计的触发器设计独立于被审计信息系统的设计,因此,使用该方法时不需要在被审计信息系统开发时就考虑。

(2) 当被审计信息系统发生变化时,用于持续审计的触发器可以很容易地被修改。

(3) 实施成本较低。尽管基于 DBMS 触发器的持续审计方法具有很多优点,但是,被审计信息系统中过多的触发器一方面会影响数据库的结构,增加维护的复杂程度,另一方面也会占用服务器端太多的资源,对服务器造成很大的压力。

7.4 持续审计的相关理论研究

除了以上这些从技术实现的角度对 CA 进行研究的文献之外,一些文献也分别从理论的角度对 CA 进行了研究,主要研究情况分析如下。

1. 如何解决独立审计和在线监控之间产生的冲突

对于嵌入式 CA,Minsky(1996 年)认为采用嵌入式审计技术来在线监控被审计信息系统时,会在独立审计和在线监控之间产生冲突,于是提出了一种应用法律管理框架(Law-govern Architecture)的概念来解决这种冲突的方法。

2. ERP 系统环境下如何采用 EAM 实现持续审计

一些文献针对 ERP 系统环境下采用 EAM 实现持续审计的情况进行了分析研究,例如,Flowerday 和 Solms(2005 年)的研究表明,现在的 ERP 系统既不包括任何 EAM 功能,也不提供任何实现持续审计的能力;Debreceny 和 Gray(2005 年)研究了 EAM 在 ERP 系统中的应用情况,研究表明,目前 ERP 系统对 EAM 的支持不够,这在实施对 ERP 系统的持续监控时会造成很大的障碍,另外,采用 ERP 系统提供的工具来实施嵌入式 CA 时需要审计人员具有较高的技术水平。

3. CA 的可行性以及实施问题

一些文献对 CA 的可行性以及实施问题进行了研究,例如,Flowerday 和 Solms(2005 年)、Rezaee 和 Elam(2001 年)认为可扩展商务报告语言(Extensible Business Reporting Language,XBRL)将使在线、实时地准备、发布、检查和抽取财务信息成为可能,这为 CA 提供了机会。Alexander 等(1999 年)从技术和经济两个方面分析了 COA(持续在线审计)的可行性,以及影响 COA 使用的因素等。Searcy 和 Woodroof(2003 年)分析了 CA 相对于传统审计的优点,以及实施 CA 面临的障碍,并根据对国际四大会计公司的调查,分析了 CA 的现状以及实施 CA 需要克服的障碍。他们认为,在过去对 CA 的研究主要集中在实现技术上,而现在,对 CA 的研究已不是能否实现的问题,而是什么时候来实施 CA,这取决于外界对 CA 的需求。Searcy 等人还认为 CA 的发展应遵循以下几个阶段:在初始阶段,CA 技术将被用来减少年终审计的工作量;在第二阶段,CA 技术将帮助完成每季度的审计工作;在 CA 发展的最后阶段,审计的频率将继续增加,直到能持续、实时产生审计报告。Alles 等人(2002 年)认为,需求是促使 CA 发展的最重要的因素。Elliott(2002 年)认为,电子化的商务报告将为 CA 提供市场。陈伟和尹平(2007 年)则根据中国开展联网审计的特点,从成本和效益的视角研究了联网审计的可行性。

4. 实施 CA 所面临的挑战和机遇

Sean(2003 年)认为实施 CA 所面临的挑战和机遇包括。

1) 实施 CA 面临的挑战

(1) 实施 CA 面临两大障碍。

① 被审计单位能否接受。因为一方面,多数被审计单位已习惯了传统的审计方式;另一方面,CA 需要直接连接被审计信息系统,这需要审计单位和被审计单位之间必须有高度的信任和许诺。这两个方面会影响被审计单位对 CA 的接受。

② 审计人员的培训。只有通过培训,才能使审计人员胜任 CA 的实施和维护工作。

(2) CA 鉴证服务的时间选择问题。

(3) 缺少文件保护和数据安全标准。

2) 实施 CA 面临的机遇

(1) 传统的审计模式具有七种审计浪费,即过度审计、等待、时间延迟、审计过程自身的无效率、审计过程的不连续、过多的审阅过程、误差,而实施 CA 能有效消除这七种审计浪费。

(2) 实施 CA 可以节省审计单位的人力和物力,从而使审计单位把更多的资源投入其他工作中。

5. 实施 CA 时如何防止审计人员自身的舞弊

Alles 等人(2004 年)认为,当审计人员和被审计单位恶意串通时,CA 将不能有效地发挥作用。为了解决这一问题,Alles 等人提出采用"黑箱日志文件"(Black Box Log File)来记录审计的过程,"黑箱日志文件"是只读的,供第三方来监控审计人员的活动。

7.5 应用于持续审计的关键技术研究

针对 CA 的特点,一些文献对适用于 CA 的一些关键技术进行了研究。

(1) Koskivaara(2004 年)在 Woodroof 和 Searcy(2002 年)所提出的 CA 框架的基础上,研究了人工神经网络在 CA 中的应用,Koskivaara 主要是研究如何把人工神经网络技术作为审计分析性复核工具来解决持续审计过程中审计数据的分析处理问题。

(2) 陈伟等人(2006 年)探讨了一些用于审计数据分析处理的新方法,这些方法可以用来解决 CA 的数据分析处理问题。

(3) Alles 等人(2006 年)针对 CA 的特点,研究了连续方程(Continuity Equation,CE)在 CA 中的应用。该方法提出了两种 CE 模型:联立方程模型(Simultaneous Equation Model)和多变量时间数列模型(Multivariate Time Series Model),并以一个保健管理公司提供的供应链采购周期的数据来验证了这两个模型。

(4) Flowerday 和 Solms(2005 年)、Rezaee 等人(2001 年)、Heitmann(2005 年)研究了 XBRL 技术。XBRL 为审计端和被审计端之间数据的实时交换提供了方便,并使 CA 的数据采集模块具有一定的通用性,从而为实施 CA 提供了方便。

(5) 持续审计的频率一般从实时或是近似实时地进行审计到定期地进行审计。对于持续审计的频率为多少比较合适没有简单的答案,也许只能说持续审计的频率高一些比低一些要好。持续审计的频率不仅取决于被审计信息系统的风险等级,而且取决于管理部门所执行的监控是否适当和充分。对于关键系统和关键控制要进行实时审计。Pathak 等人(2005 年)就对持续审计的最佳频率问题进行了研究。

以上这些关键技术的研究对实施 CA 提供了技术上的支持。

7.6 持续审计未来的研究方向

CA 是信息化环境下审计模式的发展方向,信息技术的发展使得 CA 的实现成为可能。尽管 CA 不会完全替代传统的审计模式,随着 CA 研究的进展,必将对传统的审计模式产生巨大的冲击。总的来说,实施 CA 对于提高审计工作效率,降低审计工作成本,扩大审计工作范围,提高审计工作质量,实现审计工作的规范化、系统化和科学化具有重要作用。但另一方面,虽然目前 CA 已有初步的应用,但很多相关的问题仍有待进一步研究,举例如下。

(1) 对适用于 CA 的关键技术进行研究。例如,研究适合 CA 的更有效的审计数据分析技术,特别是适合大数据环境下的电子数据分析技术。

(2) 研究如何使现有的 CA 实现方法更具有通用性和可移植性。例如,对于分离式 CA,研究如何设计通用的数据采集接口(如基于 XBRL)或可重构的数据采集系统,从而使其具有一定的通用性。

(3) 研究针对目前大数据环境下的 CA 实现方法。

(4) 研究关于 CA 的风险及其控制问题。

(5) 研究适合不同环境下的 CA 实现方法。现有的 CA 实现方法有多种,研究不同的环境下如何选择最佳的实现方法是一项重要的任务,特别是针对我国的国情,以及审计环境的复杂性,研究面向不同环境的 CA 实现方法。后面的章节将分析适合我国审计特点的持续审计(联网审计)。

思考题

1. 谈谈本人对持续审计的认识。
2. 目前持续审计有哪些实现方法?
3. 持续审计与联网审计有何关系?
4. 研究和开展持续审计有何意义?
5. 大数据环境对持续审计有何影响?

第8章 联网审计

本章学习目标

- 理解联网审计与持续审计之间的关系。
- 掌握联网审计的基本原理。
- 熟悉联网审计的优缺点。
- 了解联网审计系统的安全问题以及联网审计的风险控制方法。
- 熟悉对于拟开展的联网审计项目如何分析其可行性;熟悉对于已开展的联网审计项目如何对其进行绩效评价。
- 了解云计算环境下如何开展联网审计以及云计算环境下实施联网审计存在的风险。
- 了解大数据环境下的联网审计实现方法。

8.1 概述

如第7章所述,目前我国正在开展的联网审计也是持续审计的一种实现方式。本章首先分析我国联网审计的原理,在此基础上,对联网审计的一些关键问题进行分析,包括:分析实施联网审计的优缺点和联网审计系统的安全问题;基于成本效益的视角,分析在实施联网审计项目之前,如何分析其可行性;以及对于已实施的联网审计项目,如何对其进行绩效评价;云计算环境下如何开展联网审计;大数据环境下如何开展联网审计。

8.2 联网审计原理

联网审计是通过不断地采集被审计单位信息系统中的数据来实现的,其在技术实现上主要包括审计数据采集、审计数据传输、审计数据存储以及审计数据分析四个部分。这种方式也可以被看成一种面向数据的联网审计(Data-oriented Online Auditing,DOOA)。其原理如图8.1所示。

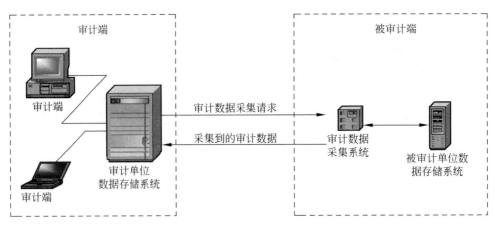

图 8.1　我国联网审计实现方法的原理

1．审计数据采集

要实现联网审计，必须研究如何采集被审计单位的电子数据。一般来说，联网审计数据采集的实现是通过在被审计单位数据服务器端放置一台被称为"数据采集前置机"的服务器，通过在"数据采集前置机"上安装数据采集软件，把审计需要的相关数据采集到部署在本地的审计数据采集服务器（前置机）中，从而完成联网审计的审计数据采集工作。

2．审计数据传输

审计数据传输主要用来把采集来的数据通过网络传输到审计单位中去，以供审计数据分析使用，即利用公共通信资源网构建的联网审计数据传输网把部署在被审计单位数据采集服务器（前置机）中的数据传输到审计单位的数据中心。在实际工作中，可以根据具体的情况采取相应的数据传输方式。

3．审计数据存储

联网审计环境下，由于从被审计单位采集来的电子数据是海量的，所以，对于采集来的电子数据需要采取一定的方式来存储，即可以在审计机关构建联网审计的海量数据存储系统。随着云计算技术的发展，也可以采用云存储技术来解决联网审计环境下审计数据的海量存储问题。

利用海量数据存储系统可以实现按不同的应用（逻辑）或按数据特征（类型）进行分区管理。例如，在海量数据存储系统中，可以根据联网审计的需要或不同数据特征的需要，同时存放税务联网审计、海关联网审计、银行联网审计等若干系统的海量数据，如图 8.2 所示。

4．审计数据分析

这一阶段主要是采用相关审计工具和方法对采集来的电子数据进行分析，从而发现审计线索，获得审计证据。联网审计环境下，采集来的电子数据是海量的，因此，研究如何分析被审计数据，获得审计证据是实现联网审计的关键。

根据以上分析，联网审计可以归纳为：联网审计是由于网络技术在审计中的应用而形

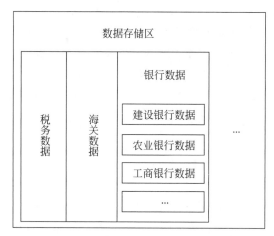

图 8.2　审计数据分区管理示意图

成的一种新的审计模式,它通过网络采集被审计单位的电子数据,进行连续、全面的分析,及时发现被审计单位存在的问题,为现场审计提供线索和资料,从而使得审计工作实现网络化、远程化。

8.3　实施联网审计的优缺点分析

8.3.1　主要优点

根据前文对联网审计原理的分析,实施面向数据的联网审计的主要优点如下。

1)能有效消除七种审计浪费

传统的审计模式具有七种审计浪费,即:过度审计、等待、时间延迟、审计过程自身的无效率、审计过程的不连续、过多的审阅过程、误差,而实施联网审计能有效消除这七种审计浪费。例如,减少调阅资料时间,审计人员可以远程获取主要审计资料,避免传统审计中依赖被审计单位提供数据,等待数据的时间。根据统计,一般审计项目中,审计人员等待调阅会计资料的时间大量占用审计人员的有效工作时间。联网审计模式下,主要的审计数据采集是通过审计数据采集前置机来获得的,具有前所未有的主动性和灵活性。

2)降低了审计成本

实施联网审计后,需要的相应审计人员会减少,降低了审计人员相应的成本。对于异地审计项目的审计,实施联网审计能有效地减少外勤经费,如差旅费、住宿费等,这也大大降低了审计成本。

3)节省了审计的时间,提高了审计效率

传统审计模式下,由于审计对象的情况往往比较复杂,仅凭一次审计就把全部问题都查出来几乎是不可能的。而采用联网审计则可以把审计数据采集来之后,采用先进的审计数据分析方法对被审计数据进行仔细的分析,从而可以全面发现审计线索。

4)提高了审计的独立性

审计人员依赖被审计单位提供数据,现场审计时,提供数据的效率和质量影响到审计行为的实施效果。联网审计时,借助于联网审计系统,审计人员具备更大的灵活性和行为的独立性。可以对审计事项进行更加自由的调查取证,形成审计意见。此外,现场审计时,审计人员和被审计单位人员在工作全过程中接触,在涉及敏感问题时,难免会受到各方面的干扰,影响到审计人员的独立判断。而在联网审计模式下,审计人员与被审计单位人员处于物理上的不同地点,从环境上有利于审计人员的独立性。

8.3.2 主要缺点

根据前文对联网审计原理的分析,实施面向数据的联网审计的主要缺点如下。

1) 实施成本高

实施联网审计的成本可以分成一次性成本和经常性成本两部分,一次性成本是指联网审计系统开发和执行的初始投资;经常性成本是指在联网审计系统整个生命周期内反复出现的运行和维护成本。

针对目前我国联网审计的实施方法,其一次性成本主要包括以下几点。

(1) 硬件成本。

(2) 软件成本。

(3) 人员培训费用。

(4) 场地成本。

针对我国目前联网审计的实现方法,其经常性成本主要包括以下几点。

(1) 人员成本。

(2) 硬件维护成本。

(3) 软件维护成本。

(4) 耗材成本。

(5) 风险控制费用。

(6) 其他费用,如网络通信费等。

对于实施联网审计的成本,将在后文做详细分析。

由联网审计的成本构成可以看出,实施联网审计的成本是比较高的。因此,在实施联网审计时需要从成本和效益的角度进行可行性研究。

2) 技术要求高

联网审计主要是采用信息技术来完成。为了保证联网审计过程的顺利完成,审计人员对联网审计的各个环节,例如审计数据采集、审计数据传输、审计数据存储、审计数据分析等,应该有足够的认识,这就要求审计人员需要具备软件、硬件、网络、数据库等方面的知识。

3) 审计风险高

联网审计环境下,审计的主要对象是从被审计单位信息系统中采集来的原始数据,如果被审计单位没有健全的内部控制制度来保证其数据信息的真实性,那么审计人员的工作都将建立在虚假信息之上,带来极大的审计风险。

另外,由于联网审计也是一个复杂的系统,有时灾难性的事故是无法预防或规避的,这些灾难造成的系统停顿也将给审计工作的进行带来重大影响。

8.4 联网审计系统的安全问题分析

对于图 8.1 所示的面向数据的联网审计系统,其安全控制非常重要。面向数据的联网审计系统的安全因素主要包括审计数据采集安全、审计数据传输安全、审计数据存储安全和审计数据分析安全。

1. 审计数据采集安全

审计数据采集安全主要包括数据采集物理安全、数据采集身份认证与授权以及审计数据完备性等。

2. 审计数据传输安全

联网审计系统一般需要异地传输大量的数据,其中大部分数据是关系到被审计单位利益的重要数据,有些数据甚至关系到国家的重要利益,而目前联网审计系统的数据传输过程中会涉及公网系统,因此,联网审计系统数据传输的安全性问题非常重要。只有保证了数据传输过程中的保密性和完整性,才能保证系统数据不被截获、不被泄露、不被监听和复制。审计数据传输安全主要包括信息传输安全、传输通道安全和网络结构安全。

3. 审计数据存储安全

在联网审计系统的数据中心存储着大量审计数据,包括从被审计单位采集来的审计数据以及审计人员分析处理后的结果数据,这些数据会涉及被审计单位的敏感信息以及国家的重要保密信息,如果这些信息发生泄露,会严重地影响被审计单位和国家的利益。另外,数据的完整性也是极为重要的,一旦重要数据被破坏或丢失,就会对联网审计系统的日常运行造成重大的影响,甚至是难以弥补的损失。因此,审计数据存储的安全也很重要。

审计数据存储安全主要是要保证审计数据的连续性、共享性和可使用性,同时要保证审计部门内外数据的安全隔离。另外,为了防止各种灾难给数据存储带来的损害,应该建立异地备份方案。审计数据存储安全可通过实施业务持续计划(Business Continuity Plan,BCP)来完成,对于这一内容,将在 8.5 节详细分析。

4. 审计数据分析安全

审计数据分析安全主要指审计人员在进行审计数据分析的过程中,不能更改原始的被审计数据,不能泄露相关的被审计数据等。

8.5 基于成本效益视角的联网审计可行性分析方法

8.5.1 问题的提出

尽管实施联网审计具有众多的优点,然而,并不是在所有情况下都可以开展联网审计。

在对某单位实施联网审计时,首先需要进行详细的可行性研究。联网审计的可行性主要包括以下几点。

1. 技术可行性

随着信息技术的发展,实施联网审计在技术上已不是问题,目前国内外已经研究了多种实现联网审计的方法,且一些方法已被应用于实践之中。

2. 法律可行性

在实施联网审计时,需要和被审计单位的信息系统进行联网,这就要求实施联网审计时,必须在所有法律许可的界限内进行。

3. 操作可行性

联网审计是审计模式上的转变,实施联网审计的单位需要考虑本单位审计人员的知识构成,要能够进行恰当的工作程序转变和充分的人员再培训,来实现联网审计的可行操作。

4. 经济可行性

经济可行性主要是考虑实施联网审计的效益是否大于其实施成本。对于一个被审计单位,如果收益太低,则实施联网审计便不具有任何意义。

目前,一些文献研究了联网审计的技术可行性,但很少文献研究联网审计的经济可行性。Alles 等人(2002 年)指出,之所以目前对持续审计的需求不高,主要是其实施成本太高。尹平和陈伟(2008 年)对信息化环境下的审计成本控制问题进行了研究,并提出了一些控制对策。本节基于我国联网审计的实施现状及其技术实现原理,通过研究实施联网审计的成本及效益,从经济上分析联网审计的可行性,从而为实施联网审计提供决策依据。

8.5.2 实施联网审计的成本效益分析方法

根据前文对联网审计原理的分析,为了确定对某被审计单位是否需要实施联网审计,需要分析其实施成本及收益。根据经济学的理论,如果某一项目的投入大于它的产出,那么这个项目是不经济,不值得去做的。同理,对某单位实施联网审计时,如果实施成本远大于其收益,那么就没有必要实施联网审计。

成本效益分析的过程分为三步:确定成本,确定效益以及成本和效益的比较。本节首先分析联网审计的成本和效益。

1. 联网审计的成本分析

1)一次性成本

为了便于计算联网审计的成本,可将其分成一次性成本和经常性成本两部分。一次性成本是指联网审计系统开发和执行的初始投资。针对目前我国联网审计的实施方法,其一次性成本主要包括以下几点。

(1)硬件成本

硬件成本指购买用于实现联网审计系统的硬件费用,这些硬件包括:微型计算机、小型计算机、大型服务器、外围设备(如磁盘驱动器、磁盘,海量数据存储系统等),以及网络设备(如网桥、路由器、网关、交换机、调制解调器、集线器、无线电通信媒体以及其他涉及数据的物理传输设备等)。

(2) 软件成本

软件成本指为实施联网审计所购买的软件的费用,这些软件包括:操作系统软件(不含随硬件附送的软件)、网络控制软件,以及自行开发的软件(如联网审计数据采集软件、联网审计数据分析软件、联网审计管理软件等)。

(3) 人员培训费用

为了使审计人员能够胜任联网审计环境下的审计任务,对审计人员进行培训的费用。

(4) 场地成本

场地成本主要包括实施联网审计时数据采集端和数据存储端的机房改建(如增加空调或结构改变)等相关费用。

2) 经常性成本

经常性成本是指在联网审计系统整个生命周期内反复出现的运行和维护成本。针对我国目前联网审计的实现方法,其经常性成本主要包括以下几点。

(1) 人员成本

人员成本主要是指联网审计环境下相关审计人员的工资等费用。

(2) 硬件维护成本

硬件维护成本主要是指对联网审计相关硬件系统,如审计数据采集前置机的升级(增加内存)、海量数据存储系统扩充,以及对计算机和外围设备进行预防性维护和检修的费用。

(3) 软件维护成本

软件维护成本主要是指操作系统、网络控制软件,以及自行开发的联网审计相关软件的升级与调试费用。

(4) 耗材成本

耗材成本主要是指和联网审计相关的日常消耗费用,如打印机色带、墨盒、硒鼓、打印纸、磁盘磁带,以及一般的办公室用品等。

(5) 风险控制费用

联网审计的风险控制费用主要是指用来制定、维护和实施 BCP 所需的费用。如前文所述,联网审计也是一个复杂的系统。有时灾难性的事故是无法预防或规避的,这些灾难造成的系统停顿也将给审计工作的进行带来重大影响。如果有对意外事件的详细规划,就可能避免灾难和系统停顿的全面影响,而 BCP 则是解决该问题的最佳方案。用于 BCP 的费用主要有:每天备份系统软件、应用程序、电子数据,以及非现场存储和将备份介质(磁带机、磁盘、光盘)转换到安全地点的费用等。

(6) 其他费用

如网络通信费等。

2. 联网审计的效益分析

实施联网审计的成本比较容易计算,但其效益的评估就比较困难,为了便于分析联网审计的效益,可以从有形效益和无形效益两个方面进行分析。

1) 有形效益

联网审计的有形效益是指可以用财务指标进行计量的效益。联网审计的有形效益主要包括以下几点。

(1) 降低人员成本。非联网审计环境下,用于审计人员的日常成本主要包括：

① 审计人员的日常工资和福利；

② 办公场所费用；

③ 审计人员的培训费用；

④ 为审计人员购买用于审计工作的软硬件设备的费用。

实施联网审计后,需要的相应审计人员会减少,从而降低了审计人员相应的成本。

(2) 减少审计成本。对于异地审计项目的审计,主要费用一般包括：

① 外勤经费,如住宿费、伙食费、公杂费、差旅费等；

② 加班补贴；

③ 其他费用。

其总费用根据审计人员数和审计天数来计算。而实施联网审计能有效地减少异地审计项目的审计成本。

(3) 实施联网审计可以节省审计单位的人力和物力,可使审计单位把更多资源投入其他工作中,从而增加了其他方面的效益。

2) 无形效益

联网审计的无形效益是指不容易统计,难以用财务指标核算的效益。无形效益主要包括以下几点。

(1) 采用联网审计之后,节省了审计的时间,提高了审计效率。传统审计模式下,由于审计对象的情况往往比较复杂,仅凭一次审计就把全部问题都查出来几乎是不可能的。而采用联网审计,则可以把数据采集来之后,采用先进的数据处理方法对被审计数据进行仔细的分析,从而可以全面发现审计线索。

(2) 实施联网审计能有效消除七种审计浪费。传统的审计模式具有七种审计浪费,即：过度审计、等待、时间延迟、审计过程自身的无效率、审计过程的不连续、过多的审阅过程、误差,而实施联网审计能有效消除这七种审计浪费。

(3) 联网审计的一个重要无形效益就是它的社会效应,其中包括对审计单位形象的提升和对社会的价值增加,从长远考虑为审计单位带来不可估量的价值。另外,联网审计对被审计单位的威慑作用也会产生重要的无形效益。

(4) 实施联网审计提高了审计的频率,从而提高了审计报告的价值,降低了审计风险。传统审计模式下,审计报告需在事件发生几个月后才能生成,而实施联网审计后,审计报告可以实时的产生,从而提高了审计报告的价值,降低了审计风险。

(5) 实施联网审计可以有效地调度审计资源的使用。传统审计模式下,如果对一个项目投入的审计力量过多,则可能会出现窝工,造成审计资源的浪费；如果审计力量投入不足,则一些重大问题可能会查不出来,审计起不到应有的作用。采用联网审计则可以解决这一问题,联网审计环境下,对于采集来的电子数据,可根据审计进展情况,调集各个地方的力量,通过网络,协同作战。

尽管联网审计的无形效益很重要,但由于难以进行精确地度量,无形效益有时会被夸大或贬低,这会对实施联网审计产生重要的影响。

3. 联网审计实施的可行性分析

在实施联网审计时,通过对确定的成本和效益进行比较,可以判断该联网审计项目是否可行。常用的方法包括净现值法和回收期法,其过程分别分析如下。

1) 净现值法

净现值法(Net Present Value,NPV)就是在联网审计的整个生命周期里将效益现值减去成本现值,净现值为正的表示该联网审计项目在经济上是可行的。

假设 NPV 表示净现值,当 NPV>0 时,表示该联网审计项目在经济上是可行的;当 NPV≤0 时,表示该联网审计项目在经济上是不可行的。对于同一个联网审计项目的不同实施方案,应该选择净现值最大的实施方案。

2) 回收期法

回收期法(payback method)是收支平衡分析的一种变形。当总成本与总效益相等时,就达到了收支平衡点,在分析联网审计项目的可行性时,可把回收期法应用于其中。

联网审计也是一个复杂的信息系统,由于信息技术发展迅速,使得信息系统的有效生命周期越来越短。因此,实施联网审计时,回收速度通常是决定性因素。相对于无形效益的其他考虑因素,通常要优先考虑回收期限的长短。假设某联网审计系统的预期有效寿命为 T_f,T_p 为联网审计系统的回收期,如果:

$$T_p < T_f$$

则表示该联网审计项目可行,且 T_f 和 T_p 的差额越大越可行。对于同一个联网审计项目的不同实施方案,应该选择回收期最小的实施方案。

以某联网审计项目为例,假设该项目的相关数据如表 8.1 所示。

表 8.1 某联网审计项目的相关数据

指 标	数值	指 标	数值
项目完成时间/年	0.5	年经常性成本/万元	50
系统预期有效寿命/年	5	年有形效益/万元	200
一次性成本/万元	320	回收期/年	2

在单独考察成本和有形效益的情况下,若使用净现值法进行分析,则该项目的净现值为:

$$NPV = (200 - 50) \times 5 - 320 = 430 \text{ 万元}$$

$$NPV > 0$$

表明该项目可行。

若使用回收期法进行分析,$T_p = 2$,$T_f = 5$,则:

$$T_p < T_f$$

表明该项目可行。

4. 成本效益分析方法的不足

成本效益分析有助于实施联网审计时确定所产生的收益是否(或多大程度上)超过其成本,这种方法常常用于估计商业投资预期的财务价值。把成本效益分析方法应用于联网审计的可行性分析之中又具有一定的局限性,因为联网审计也是一种信息化建设项目,由于信息化建设项目本身所具有的复杂性,导致其成本及收益的评估方法要比传统建设项目复杂得多,联网审计的成本和效益相对于传统的资本项目更不易确定并量化,主要表现为以下几点。

(1) 联网审计系统效益评估的很多指标难以量化。

(2) 联网审计系统的建立是一个不断改进的过程。

(3) 联网审计系统的效益具有长期效应,而且还存在很多隐性效益。

(4) 联网审计系统的技术含量高,而目前的信息系统建设项目却缺乏严格的监理机制,因此又增加了评估的难度。

尽管把成本效益分析方法应用于联网审计的可行性分析之中存在一些不足,但由于其简单易行,在没有明显更好的选择的情况,忽略其局限性,可行性研究加上成本效益分析,是分析某联网审计项目是否可行的有效工具。

8.5.3 提高联网审计可行性的建议

基于本节的分析,为了提高联网审计的可行性,在实施联网审计时应该注意以下问题。

(1) 在联网审计对象的选择上,应考虑以下几个方面。

① 对于政府审计,实施联网审计的被审计单位应属于经常接受审计的重点单位,这样实施联网审计才比较有价值;对于一些大型企业的内部审计,在条件许可的情况下,也可以考虑实施联网审计。

② 为了减少联网审计的风险,被审计单位的内部控制制度应比较完善,能保证通过联网审计系统采集到的数据的真实性和可靠性。

③ 被审计单位的信息化程度应比较高,使用的财务等软件比较规范,保证具备联网审计的基本条件。

④ 在保证网络传输安全的条件下,审计单位与被审计单位之间应比较容易进行联网,且联网成本较低。

(2) 在联网审计系统的开发上,应使开发的联网审计相关软件具有一定的通用性和可移植性,从而降低联网审计的实施成本。例如,通过研究如何设计通用的审计数据采集接口(如基于 XBRL),或可重构的数据采集系统,从而使其具有一定的通用性。

(3) 根据被审计对象的情况,在面向数据的联网审计方法不可行的情况下,可以选择采取其他更合适的持续审计方法。

8.6 联网审计绩效评价

8.6.1 联网审计绩效评价研究的意义

概括来说,研究联网审计绩效评价的意义如下。

(1) 审计信息化对审计成本控制带来了有利影响和不利影响,只有充分利用审计信息化对审计成本控制带来的有利影响,尽力回避审计信息化对审计成本控制带来的不利影响,才能更好地做到少投入多产出,才能更好地整合审计资源,提高审计广度和深度,更好地实现审计目标。而联网审计是目前审计信息化的一个研究与应用的热点,因此,研究联网审计的绩效评价方法有利于发挥联网审计环境对审计成本控制的有利影响,并回避其不利影响,从而达到审计成本控制的目的。

(2) 目前对于联网审计实现技术和联网审计应用方面的研究较多,但缺少绩效评价方面的研究与应用。而研究联网审计绩效评价,有助于重新认识目前的联网审计政策和联网审计实现技术,有助于审计机关更有效地制定联网审计对策,因此,开展联网审计绩效评价方面的研究具有重要的现实意义。

(3) 开展联网审计的绩效评价,有助于建立科学的投入机制。在联网审计的建设初期,应对联网审计建设过程中的重大建设支出进行科学的论证,规范决策程序,对联网审计软件的开发方式进行优化,避免联网审计软件的重复开发,加强审计成本控制制度建设,降低审计成本。

(4) 通过研究联网审计的绩效评价方法,可为我国正确开展联网审计提供决策依据,也可为我国联网审计建设的持续发展打下基础。另外,从定量的角度研究联网审计的绩效评价方法,可为合理评价联网审计的实施效果提供了手段,从而摆脱传统联网审计实施过程中的"经验主义时代",使得联网审计建设决策更加科学化。

8.6.2 开展联网审计绩效评价的步骤

基于前文分析,根据我国开展联网审计的特点,一般来说,开展联网审计绩效评价的步骤如下。

(1) 分析影响联网审计绩效的因素。多视角地调研国内联网审计实施的现状和特点等,收集相关数据,分析影响联网审计绩效的因素。

(2) 构建联网审计绩效评价指标体系。在分析影响联网审计绩效因素的基础上,建立联网审计绩效评价指标体系。

(3) 建立联网审计绩效评价模型。结合联网审计绩效评价指标体系,采用合适的方法(如 RC、AHP、RC/AHP 等)确定联网审计绩效各个评价指标的权重,建立绩效评价模型,根据这一模型,计算需评价联网审计项目的绩效值,完成联网审计项目的绩效评价。

对于开展联网审计绩效评价的具体案例,可参见笔者的其他相关论文和著作。

8.7 云计算环境下的联网审计实现方法探析

8.7.1 研究云计算环境下联网审计的必要性

1. 我国联网审计的特点

如前文所述,我国正在研究与实施的联网审计也可以看成是面向数据的联网审计,其原理是一个基于对采集来的审计数据进行分析,获取审计证据的过程。概括来说,我国的联网审计主要具有以下特点。

(1) 联网审计环境下,审计数据被采集过来集中存储,数据量大,需要可扩展的数据存储设施。

(2) 某一行业的数据集中,为数据的比较分析提供了基础,数据信息全面,隐藏的或未知的信息较多,采集来的大量数据为审计数据分析提供了基础。为了能做到事中审计,或者是实时审计,需要强大、高效的数据处理设施。

(3) 在联网审计的各个环节中,影响数据真实性和完整性的因素很多,为了能得到正确、可靠的审计证据,必须保证被采集来的数据是真实和完整的,从而减少审计风险。

2. 云计算的原理及特点

1) 云计算的原理

云计算(Cloud Computing)是基于互联网的相关服务的增加、使用和交付模式,通常涉及通过互联网来提供动态、易扩展且经常是虚拟化的资源。云计算包括的三个层次的服务模式如下。

(1) 软件服务(Software as a Service, SaaS)。软件服务为很多用户提供应用软件服务,用户不需要日常的 IT 操作人员。

(2) 平台服务(Platform as a Service, PaaS)。平台服务为很多用户提供运行应用软件的环境,用户需要维护自己的应用软件。

(3) 设施服务(Infrastructure as a Service, IaaS)。设施服务为很多用户提供运行应用软件的环境,用户需要有自己的技术人员,如系统管理员、数据库人员、开发人员等。

2) 云计算的特点

概括来说,使用云计算主要具有以下优点。

(1) 可提供动态变化的计算环境。云计算平台能够按需对服务进行配置和管理,可以支持多种不同类型不同需求的应用;云平台能够根据需要分配资源,具有可伸缩性,对业务具有灵活性。

(2) 数据存储能力强大。云计算平台可提供海量存储环境,能够按需进行数据存取,支持海量数据管理和存储业务。

(3) 减少了相关成本。使用云计算能够极大地提高硬件利用率,并能够在极短时间内升级到巨大容量,而不需要用户自己频繁地投资构建新的基础设施、培训新员工,不需要频繁的软件升级,从而减少了相关成本。

(4) 云计算能够实现强大、高效的数据处理能力。云计算在处理用户需要的信息计算处理时可将庞大的计算处理程序拆分成无数个子程序,然后将这些子程序交付由多部服务器所组成的庞大系统进行搜索及计算分析,最后直接将处理结果回传给用户,这一过程可在极短时间内完成,因此具有强大、高效的数据处理能力。

(5) 云计算能够提供专业、高效和相对安全的数据存储。优秀的云计算服务供应商能够提供专业、高效和相对安全的数据存储,用户运用云计算技术将数据存储在云平台中,相对于自己管理数据存储,能在一定程度上消除因各种安全问题导致数据丢失的顾虑。

然而,由于云计算环境下,所有软硬件以及电子数据都依托于云计算服务供应商,用户对这些软硬件以及数据失去控制。因此,不论什么样的云计算模式,都具有可控制性差的缺点,关于应用云计算技术存在的风险将在后文具体分析。

3. 云计算技术的发展为开展联网审计提供了机遇

云计算技术的发展为开展联网审计提供了机遇,主要表现如下。

1) 云计算技术在一定程度上可以降低联网审计的实施与运行成本

如前文所述，针对目前联网审计的实施方法，联网审计的成本可分成一次性成本和经常性成本两部分。现有的信息技术手段造成目前的联网审计模式实施与运行成本较高，这影响了我国联网审计的进一步发展。一般来说，采用云计算技术没有任何基建投资，没有硬件购置成本、没有需要管理的软件许可证或升级、不需要雇佣新的员工或咨询人员，也不用承担机房空间、电力以及人力等成本。因此，采用云计算技术实现联网审计在一定程度上可以降低联网审计的实施与运行成本。

2) 云计算技术的应用使得研究云计算环境下的联网审计成为必然

近年来，云计算的概念已经普遍被人们接受，越来越多的信息系统将运行在云计算平台上，将来会有更多的被审计单位开始采用云计算平台运行自己的应用系统，这使得云计算平台成为审计单位的审计对象，因此，研究云计算环境下的联网审计将成为我国开展联网审计的一个重要部分。

3) 政府信息化建设为开展云计算环境下的联网审计提供了机遇

近年来，各地政府投入了大量的资金用于信息化建设，有些政府单位已经建设了自己的政府云平台，这为开展云计算环境下的联网审计提供了机遇。

4) 应用云计算技术能更好地满足联网审计环境下大数据分析的需要

为了更好地满足联网审计环境下大数据分析的需要，应该充分利用新的信息技术提高审计效率，而云计算的出现为解决这一问题提供了机遇。

8.7.2　云计算环境下的联网审计实现方法

基于目前我国联网审计的实现原理，本节从被审计单位使用云平台、审计单位使用云平台、审计单位和被审计单位都使用云平台这三种情况出发，研究云计算环境下适合我国联网审计特点的联网审计实现方法。审计单位在应用云计算技术时，至于采用 SaaS、PaaS 还是 IaaS，将由审计单位根据自己的实际情况和需要来决定。

1. 被审计单位使用云平台

在这种情况下，由于被审计单位在云平台上运行自己的应用系统，存储自己的电子数据，审计单位在对被审计单位实施联网审计时，将被迫开展云计算环境下的联网审计。在这种情况下审计单位可采用的两种可行的联网审计实现方法如下。

(1) 审计部门可以借助被审计单位使用的云平台安装审计数据采集软件，完成联网审计的数据采集工作，然后把采集到的被审计数据传输到审计单位的数据存储系统中，供审计人员分析处理，从而发现审计线索，获得审计证据，其原理如图 8.3 所示。审计单位也可以在自己的数据库服务器端安装运行数据采集软件，通过网络远程采集被审计单位云平台中的电子数据。

(2) 在条件许可的情况下，审计单位也可以借助被审计单位使用的云平台，运行审计数据分析软件，根据审计单位的审计请求，直接利用云平台强大的计算能力完成对被审计单位的审计数据分析，发现审计线索，获得审计证据，并把审计证据返回给审计端，从而完成联网审计的审计工作。其原理如图 8.4 所示。

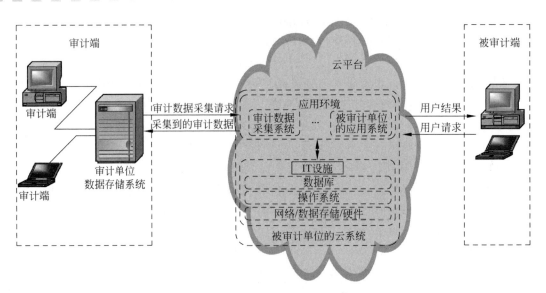

图 8.3 被审计单位采用云计算时联网审计的可行实现方法一

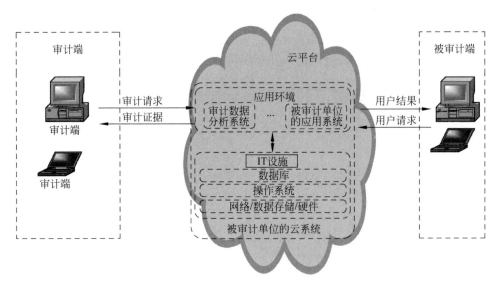

图 8.4 被审计单位采用云计算时联网审计的可行实现方法二

2. 审计单位使用云平台

目前一些地方已建成用于电子政务的云计算平台,这为审计单位应用云计算技术提供了机遇。在这种情况下,审计单位利用云平台提供的平台服务和设施服务,把从被审计单位采集到的电子数据存储在云平台中,然后可以借助云平台提供的软件服务对采集到的电子数据进行分析取证。其原理如图 8.5 和图 8.6 所示。

3. 审计单位和被审计单位都采用云平台

在这种情况下,审计单位和被审计单位都采用云平台完成自己的工作。审计单位和被

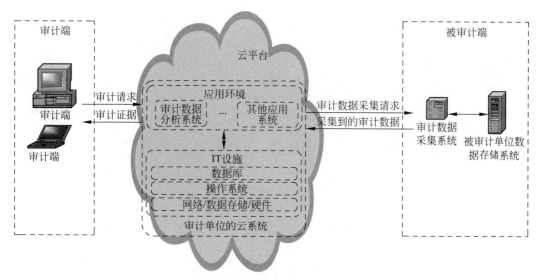

图 8.5　审计单位采用云计算时联网审计的可行实现方法一

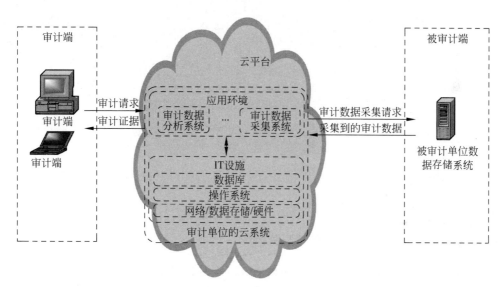

图 8.6　审计单位采用云计算时联网审计的可行实现方法二

审计单位可能采用同一个云平台供应商,也可能采用不同的云平台供应商。其原理如图 8.7 和图 8.8 所示。

8.7.3　云计算环境下实施联网审计存在的风险

8.7.2 节分析了云计算环境下的联网审计实现方法,总的来说,无论是审计单位被迫实施云计算环境下的联网审计,还是为了充分利用云计算的优势,进一步提高联网审计的实施效果来实施云计算环境下的联网审计,在实际的应用中,都应该充分认识云计算给联网审计产生的风险,并在实际的实施过程中考虑如何防范这些风险。本节从基于云平台整体控制与应用控制的视角、基于云平台选择的视角、基于云平台服务的视角这三个方面出发,分析

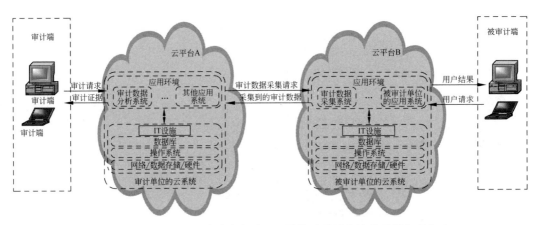

图 8.7 审计单位和被审计单位都采用云计算时联网审计的可行实现方法一

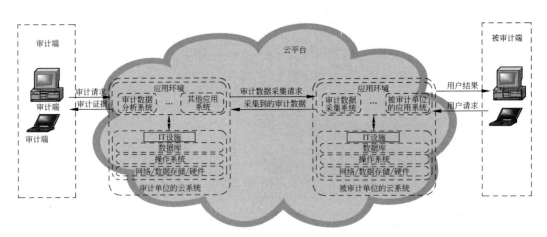

图 8.8 审计单位和被审计单位都采用云计算时联网审计的可行实现方法二

云计算环境下实施联网审计存在的风险。

1. 基于云平台整体控制与应用控制的视角

云计算环境下，审计单位和被审计单位所有软硬件以及电子数据都依托于云计算服务供应商，审计单位和被审计单位对这些软硬件以及数据失去控制。因此，云平台的整体控制与应用控制是风险控制的关键。基于云平台的整体控制与应用控制的视角，存在的主要风险分析如下。

1) 灾难恢复与业务持续

云计算环境下，云计算服务供应商的灾难恢复与业务持续策略对联网审计有着重要的影响，主要表现为：云计算服务供应商如何考虑灾难恢复计划(Disaster Recovery Plan，DRP)与业务持续计划(Business Continuity Plan，BCP)？审计单位和被审计单位的数据是否有备份？当发生灾难事故时，审计单位和被审计单位如何访问自己的备份数据？数据恢复的时间有多长？

2) 数据安全问题

云计算环境下，审计单位和被审计单位的数据存储、传输和处理都由云服务供应商管理。所使用信息系统的物理控制和逻辑控制取决于云服务供应商,审计单位和被审计单位缺少对数据的物理控制。另外,审计单位和被审计单位对云服务供应商的工作人员情况缺少了解,有时候云服务供应商内部恶意或者是善意的工作人员可能会滥用权力访问审计单位和被审计单位的数据及应用系统。这会产生以下风险:在云服务供应商内部谁可以访问你的数据?云服务供应商对自己的工作人员采取了哪些控制措施?云服务供应商如何管理自己的工作人员?云服务供应商是否具有职责分离控制措施?

3)数据隔离问题

云计算环境下,多个用户之间共享计算环境,缺少隔离,特别是公用云,一个应用系统可能会影响其他应用系统。云计算供应商如何保证审计单位和被审计单位的数据不被其他用户看到?数据如何加密?密钥如何管理?

4)数据完整性问题

云计算环境下,特别是公共云时,所有软硬件以及数据都依托于云计算供应商,有可能缺少防范数据修改的控制措施,不正确的访问控制或弱加密会导致各种数据风险,不能有效检测数据的修改,另外,云计算供应商采取不正确的加密方法也会造成对审计单位和被审计单位数据的破坏,这都会影响审计单位和被审计单位数据的完整性。

5)监管规范问题

审计单位和被审计单位所采用的云计算平台是否有政府监管?是否符合相应的监管规范?是否有第三方审计或认证?被审计单位应用云平台是否会影响执行萨班斯法集(Sarbanes-Oxley Act,SOX)等。

2. 基于云平台选择的视角

目前,云计算供应商的数目繁多,许多传统的服务供应商也更名为云计算供应商。因此,审计单位和被审计单位在采用云计算开展联网审计时如何选择合适的云平台非常重要,审计单位和被审计单位应该根据自己的服务需求,尝试多个云计算供应商的基础设施,测试应用程序,选择最佳云计算供应商。关于云平台的选择,存在的主要风险分析如下。

1)经营状况

云计算供应商持续发展能力不确定。审计单位和被审计单位选择云计算供应商时应该考虑:云计算供应商的经营状况如何?如果云计算供应商破产,可能会造成数据的丢失,因此,如果云计算供应商破产,审计单位和被审计单位如何收回自己的数据?

2)服务水平协议

服务水平协议(SLA)是一种衡量云计算供应商的服务平台舒适度的方法。审计单位采用云计算技术开展联网审计时,要确保自己的服务水平协议(SLA)有一些保护条款。万一出现服务中断,云计算供应商能提供优厚的回报补偿。

3)性能

由于地理位置和云平台架构的不同,云计算供应商供应的应用程序性能结果也不同,因此,审计单位在选择云计算供应商时应该考虑云平台的地理位置和实际的架构。

4)安全与保障

在选择云计算供应商时有没有考虑这些云计算供应商采取什么保障措施来保护客户的

数据。

5) 数据的存储与归属

云计算环境下,所有软硬件以及数据都依托于云计算供应商,审计单位和被审计单位不清楚自己的数据会被存储在什么地方,甚至都不知道数据位于哪个国家,数据也许会被存储在国外。因此,审计单位和被审计单位采用云计算开展联网审计时有没有考虑:自己的数据是如何被保护的?这些数据的存放地点在哪里?数据的归属问题?如果审计单位或被审计单位需要更换云计算供应商时,自己的数据是否可以转移到另一家云计算供应商。因此,审计单位和被审计单位采用云计算开展联网审计时,如果缺少数据存储与归属方面的考虑,将会给未来的联网审计运行造成潜在风险。

3. 基于云平台服务的视角

关于云平台的服务,存在的主要风险分析如下。

1) 服务支持

审计单位和被审计单位在使用云平台时,有没有考虑遇到了问题应该如何联系云计算供应商?联系哪些人员?

2) 服务可靠性

审计单位和被审计单位使用的云平台网络连接是否可靠?数据传输是否可靠?当网络出现故障时,云计算服务会出现中断,这会影响服务的可靠性。特别是对于一些规模小的审计单位和被审计单位在使用云平台时,由于采用较慢的因特网接口,相比于使用自己内部的软件平台,使用云计算平台速度会较慢。另外,审计单位和被审计单位对云计算供应商的灾难恢复过程依赖性强。

3) 云平台的友好性

云平台的友好性是指审计单位和被审计单位选择的云平台的操作界面容易使用,人机交互性好,审计单位和被审计单位在使用云平台时,有没有考虑:云平台界面操作起来是否方便?云平台操作是否容易学习?云平台是否能防止审计单位和被审计单位用户的输入错误?审计单位和被审计单位用户的输入错误是否会对联网审计系统造成破坏?

8.7.4 云计算环境下实施联网审计的建议

云计算环境下实施联网审计具有众多的优点,例如:能在一定程度上减少了联网审计的实施与运行成本;能进一步提高审计效率,更好地满足"事中审计",甚至"实时审计"的需要;在进行审计数据采集或审计数据分析时对被审计单位系统的运行影响较小。但同时云计算环境下实施联网审计又具有一定的缺点,例如:相对于非云计算环境下的联网审计,云计算环境下的联网审计具有较多的审计风险,如果在实施联网审计项目时盲目应用云计算技术,不能合理的处理云计算带来的风险,将会产生严重的潜在审计风险;云计算环境下,审计人员检测被审计单位所采用云平台的整体控制和应用控制情况将会变得相对困难,因此不能很好地确定采集来的电子数据是否可靠。

综合以上分析,云计算环境下在实施联网审计时,应该充分利用云计算带来的优势,回避云计算带来的风险,根据需要和实际情况选择最佳实施方案。

8.8 大数据环境下的联网审计实现方法

大数据环境下,联网审计的数据采集存在一定的风险,一方面是因为数据量大、结构复杂;另一方面是数据的传输风险;除了需要从被审计单位内部采集数据之外,还需要采集相关外部数据。因此,目前在审计实务中,对于数据采集,除了已有的联网自动采集数据方法外,大数据环境下,也可以采用其他数据采集方式为开展联网审计提供基础,例如,在审计项目实施期间按规定程序依法现场采集相关数据、每年定期从相关单位采集数据、被审计单位定期报送相关数据等。因此,在实际的联网审计实施过程中,可以采取联网审计和数据报送相结合的方式,其原理如图 8.9 所示。

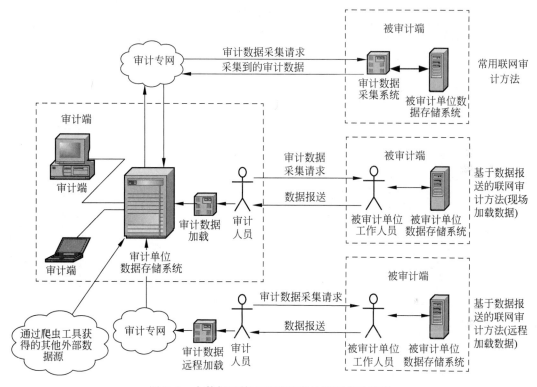

图 8.9 大数据环境下的联网审计实现方法原理

(1) 针对相对固定、数据量小、联网条件成熟的相关被审计单位,仍可以继续采用原有的联网数据采集方式。在联网采集数据的过程中,需要针对不同传输环境和数据敏感级别,应采用差异化的加密及传输方式进行传输,确保数据传输的安全性和完整性。

(2) 对于那些比较分散、审计周期不固定,数据量极大,或者是联网条件不成熟的相关被审计单位,可以采用定期数据报送方式采集。在数据报送时,一般需要采用对数据加密后通过移动介质复制、"双人交付"的方式进行,在报送的过程中要注意做好介质交接记录。另外,在数据报送时,被审计单位需要根据审计机关要求的数据格式提供数据,从而有效地控制数据质量风险。

(3) 通过网络爬虫获得其他数据。这种数据采集方式可以有效地弥补审计大数据不全面性方面的不足,使得审计人员可以将被审计单位内部数据与外部相关数据进行集成以充分发挥大数据的潜力,提高了审计取证的查全率,减少审计风险。另一方面,审计人员在采用这种数据采集方式时,应注意选择好合适的公开数据源(数据采集对象),注意加强数据验证,保证采集来的相关公开数据的可靠性、完整性和准确性,减少审计风险。

思考题

1. 简述面向数据的联网审计的原理。
2. 实施联网审计有什么优缺点?
3. 如何对一个IT项目进行绩效评价?
4. 云计算环境下如何开展联网审计?有何风险?
5. 大数据环境下如何开展联网审计?

第 9 章 大数据审计

本章学习目标

- 理解开展大数据审计的重要性。
- 掌握大数据的基本知识。
- 熟悉目前大数据审计的研究与应用情况。
- 熟悉大数据环境下的电子数据审计方法。
- 熟悉大数据环境下的信息系统审计方法。

9.1 概述

如本书第 1 章所述,大数据审计是随着大数据时代的到来以及大数据技术的发展而产生的一种新的计算机审计(审计作业信息化)方式,其内容包括大数据环境下的电子数据审计(如何利用大数据技术审计电子数据、如何审计大数据环境下的电子数据)和大数据环境下的计算机信息系统审计(如何利用大数据技术审计信息系统、如何审计大数据环境下的信息系统)两方面的内容。

随着信息技术的发展,大数据时代的到来为计算机审计提供了机遇和挑战。大数据时代的到来使得审计工作不得不面对被审计单位的大数据环境,如果不研究大数据环境下如何开展审计工作,审计人员将再次面临无法胜任审计工作的挑战。审计署在 2013 年 12 月 27 日的全国审计工作会议上指出:积极跟踪国内外大数据分析技术的新进展、新动态,探索在审计实践中运用大数据技术的途径,为推动大数据背景下的审计信息化建设做好准备。2015 年 12 月 8 日,中共中央办公厅、国务院办公厅印发了《关于实行审计全覆盖的实施意见》等文件,其中,《关于实行审计全覆盖的实施意见》"七、创新审计技术方法"中指出,构建大数据审计工作模式,提高审计能力、质量和效率,扩大审计监督的广度和深度。适应大数据审计需要,构建国家审计数据系统和数字化审计平台,积极运用大数据技术,加大业务数据与财务数据、单位数据与行业数据以及跨行业、跨领域数据的综合比对和关联分析力度,提高运用信息化技术查核问题、评价判断、宏观分析的能力。2017 年 3 月,中共中央办公厅、国务院办公厅印发的《关于深化国有企业和国有资本审计监督的若干意见》提出"创新审计理念,完善审计监督体制机制,改进审计方式方法"。在中国审计署的倡导下,世界审计组织大数据审计工作组于 2016 年 12 月成立,并于 2017 年 4 月 18 日在南京召开第一次会议。审计署胡泽君审计长在 2018 年 1 月召开的全国审计工作会议上指出"积极推进大数据审计"。中共中央委员会总书记、国家主席、中共中央军事委员会主席、中央审计委员会主任习近平 2018 年 5 月 23 日在主持召开的中央审计委员会第一次会议上指出"要坚持科技强审,加强审计信息化建设"。2019 年 4 月 25 日,审计署办公厅印发了《2019 年度内部审计工作指导意见》,意见提出"积极创新内部审计方式方法,加强审计信息化建设,强化大数据审计思维,增强大数据审计能力,综合运用现场审计和非现场审计方式,提升内部审计监督效能"。对于社会审计,中国注册会计师协会 2017 年提出了研究大数据、人工智能等先进信息技术在注册会计师行业的落地应用,促进会计师事务所信息化。

综上所述,研究大数据审计问题具有重要的理论意义和应用价值。本章结合目前大数据审计的研究与应用现状,详细介绍大数据审计的基本知识。

9.2 大数据基本知识

9.2.1 大数据概念的来源

在 2008 年 9 月 4 日 Nature(《自然》)上的 Big data special 大数据专题论文中,Nature 记者对目前正在制定的、用以最为充分地利用海量数据的最新策略进行了探讨,首次提出大数据的概念(Lynch,2008 年),认为大数据来源有三个:

(1) 天体物理和粒子物理。这些领域的研究产生大量数据,根本来不及处理,连分类都来不及,更谈不上再利用。

(2) 生物科学,基因、蛋白研究产生的数据。

(3) 社会社交网。社交网产生巨量的数据,而且非结构化,尚没有较好的数据库存储。

2011 年 6 月,世界著名咨询机构麦肯锡公司发布了报告 Big data: The next frontier for innovation, competition, and productivity(《大数据:下一个创新、竞争和生产力的前沿》),给出了大数据定义,大数据指的是大小超出常规数据库工具获取、存储、管理和分析能力的数据集(Manyika,2011 年)。Gartner Group(高德纳咨询公司)把大数据定义为大数据是具有大容量、快速和(或)多样性等特点的信息资产,为了能提高决策、洞察发现和流程优化,这种信息资产需要新形式的处理方法(Gartner,2012 年)。

大数据时代的到来为各行业提供了机遇和挑战。Science(《科学》)杂志 2011 年专刊讨论如何管理大数据(Science,2011 年)。Gartner Group(高德纳咨询公司)把大数据技术列入全球未来 5 年十大关键技术趋势之一,并认为大数据技术将会对科学研究、商业、公共管理等领域带来重大变革(Gartner,2012 年)。目前,大数据的研究和应用已经成为国内外的热点。世界各国均高度重视大数据相关问题的研究与探索,并从国家战略层面推出研究规划以应对大数据带来的机遇和挑战。2012 年 3 月,美国政府公布了"大数据研究与发展计划",未来的十年将是一个大数据引领的智慧科技时代。

9.2.2 大数据的特点

概括来说,大数据主要具有以下四个特点(Science,2011 年;Gartner,2012 年)。

(1) 海量性(volume)。数据量大,非结构化数据的超大规模和增长,比结构化数据增长快 10~50 倍。

(2) 多样性(variety)。大数据的形式多样,有很多不同形式,如文本、图像、视频、机器数据等。

(3) 高速性(velocity)。一方面数据量增长速度快,另一方面大数据要求实时分析,要求处理速度快。

(4) 真实性(veracity)。数据必须是准确的,可靠的,一致的,具有可追溯性。

另外,国际内部审计师协会在 2017 年发布的《理解与审计大数据》指南中,把可视化(visualization)也作为大数据的一个重要特点(GTAG,2017 年)。

9.3 国外大数据审计应用情况

9.3.1 实务界应用情况

国外审计实务界高度关注大数据在审计中的应用。大数据审计得到了美国注册会计师协会(American Institute of Certified Public Accountants,AICPA)的重视,AICPA 于 2014 年 8 月发布了一份名为《Reimagining auditing in a wired world》(在数字世界里重构审计)的白皮书,分析了大数据环境对审计工作的影响,并指出:可以利用相关大数据作为实际被审计数据的辅助数据,通过数据分析技术,识别和发现被审计数据中关联,从而发现审计线索。例如,报表、会计欺诈、破产或持续经营问题等和从公司的一些文件和数据源得到的一些指标是有关联的,因此,通过分析从公司获得的一些文件和数据源,可以发现相关审计线索。

美国证券交易委员会(The Securities Exchange Commission,SEC)使用大数据分析来确定内幕交易和会计欺诈,运用大数据策略来监督金融市场活动,例如,他们利用自然语言处理程序和网络分析来帮助识别违规交易活动。美国联邦住房管理局(Federal Housing Authority,FHA)运用大数据分析来帮助预测违约率、偿还率和索赔率,利用大数据技术为可能出现的场景构建现金流模型,以确定维持正向现金流所需的保费。美国社会保障局(Social Security Administration,SSA)利用大数据技术来分析海量的非结构化伤残索赔数据,通过更快、更高效地处理医学分类和预期诊断,重塑整个决策过程,更好地识别可疑的不实索赔。

普华永道会计事务所 2015 年 2 月在 *Data Driven: What Students Need to Succeed in a Rapidly Changing Business World* 中指出:高校应该为审计、会计专业的学生提供大数据审计方面的课程,对相关审计人员提供大数据审计方面的培训工作,教他们会使用大数据分析程序语言与工具(如 R 语言、Python、Java 等)、数据可视化分析工具,从而为审计人员开展大数据审计的需要(PwC,2015 年)。另外,普华永道的调查发现:在实际的审计工作中,计算机辅助审计技术,特别是数据审计技术的使用要比预期的低(PwC,2015年)。Brown-Liburd(2015年)认为要多关注审计人员的处理大数据的能力,例如如何对审计人员进行大数据审计方面的培训,如何开发大数据审计工具或借助其他领域的软件工具来开展大数据审计。

麦肯锡认为,目前已有经典技术可用于大数据分析之中,这些技术如:关联规则挖掘、数据聚类、数据挖掘、集成学习、遗传算法、机器学习、自然语言处理、神经网络、模式识别、预测模型、回归、信号处理、空间分析、统计、监督式学习、无监督式学习、时间序列分析、时间序列预测模型等;此外,也有一些可专门用于整合、处理、管理和分析大数据的关键技术,主要包括:Big Table、云计算、Hadoop、HBase、MapReduce、Mashup、元数据、非关系型数据库、关系型数据库、R 语言、可视化技术等,其中,可视化技术是大数据应用的重点之一(Manyika,2011年)。

9.3.2 政府开展大数据审计情况

2017年4月18日,世界审计组织大数据审计工作组第一次会议在南京召开,来自美国、中国、英国、印度、巴西、奥地利、挪威、俄罗斯、泰国、印度尼西亚等多个国家的代表分别介绍了本国开展大数据审计的情况。主要相关情况概括如下。

英国国家审计署(National Audit Office,NAO)的大数据审计重点是增加价值,减少成本。目前是借助开源工具 R 语言、Shiny 软件和可视化软件,应用统计、机器学习、文本挖掘和可视化等技术开展大数据审计。

印度审计署(Comptroller and Auditor General of India,CAG)于 2016 年 9 月设立了数据管理和分析中心,广泛使用来自审计署内部、被审计单位和第三方的各类数据,采用统计、可视化等技术开展大数据审计。

巴西联邦审计署(Tribunal de Contas da Uniao,TCU)审计信息管理办公室自 2006 年以来一直注重审计数据的采集与应用工作,目前,已采集了巴西 56 个最重要的政府部门相关数据库,汇总了 7TB 的审计数据,供审计部门根据需要使用这些数据开展审计。审计人员可以使用 SQL、审计软件 ACL、R 语言等软件与工具(CAATs)开展数据分析。

奥地利审计法院(Austrian Court of Audit,ACA)对简单的数据分析使用 Excel,对于复杂的数据分析、建模和大数据审计则采用 R 语言进行,对文本分析采用词云技术。

厄瓜多尔审计署(The Office of the Comptroller General of Ecuador)从民政局、全国选举委员会、劳动部、财产登记、国内收入服务、社会保障国家机构等部门收集信息,并采用数据挖掘技术和开发相关 APP(手机软件)利用这些大数据。

尽管爱沙尼亚审计署(National Audit Office of Estonia,NAOE)在审计中没有使用大数据分析的经验,但其国家的一些大学和科研机构正在开展一些大数据方面的应用研究。

芬兰国家审计署(National Audit Office of Finland,NAOF)高度重视大数据审计的应用,目前所有国家部门和机构都使用相同的会计系统,会计数据已电子化,审计人员已系统地使用 CAATs 相关分析工具开展电子数据审计,审计的对象包括传统的财务数据、电子邮件、社交媒体、视频、声音等。今后计划把机器人技术、可视化技术应用于审计之中。

印度尼西亚设计了 CRISP-DM 系统来开展大数据审计,采用该系统进行数据分析的步骤为业务理解、数据理解、数据准备、建模、评价、部署。

挪威审计署(Office of the Auditor General of Norway, OAGN)采用 IDEA、Microsoft Excel 等工具开展数据审计,目前主要分析结构化数据,下一步准备也对非结构化数据进行分析,现在正在建立数据科学和数据分析的能力,今后将使用微软公司的数据仓库技术(SQL Server Analysis Services)、可视化技术、开源工具 R 语言、Shiny 等开展大数据审计。

泰国目前是采用审计软件 ACL 来分析从被审计单位采集来的电子数据。

9.4 大数据环境下的电子数据审计方法

9.4.1 大数据环境下电子数据审计发展机遇和面临的挑战

1. 大数据环境下电子数据审计发展机遇

大数据时代的到来为各行业提供了机遇和挑战。目前,大数据的研究和应用已经成为国内外的热点。世界各国均高度重视大数据相关问题的研究与探索,并从国家战略层面推出研究规划以应对大数据带来的机遇和挑战。其中,大数据时代的到来给电子数据审计提供了机遇主要表现如下。

1)审计取证更充分

如前文所述,随着被审计单位财务和业务数据的电子化,获取被审计单位的电子数据,开展电子数据审计,已经成为审计的重要方式。联网审计技术也使得审计单位获取被审计单位电子数据的范围和频率大大增加。大数据环境下,被审计单位提供更多、更全面的数据,审计单位可以充分利用采集来的各方面数据,建立集中统一的被审计单位数据中心。在此基础上,借助大数据分析技术,构建审计大数据分析平台和使用更智能的大数据分析技术,对被审计单位的电子数据进行系统、全面地分析,以及跨部门的综合分析,从而解决目前数据分析局限于查找单个问题的缺陷,获得更充分的审计证据,更好地发挥审计的威力。

2)大数据的可视化技术更有助于审计数据的分析

可视化技术是大数据应用的重点之一,可视化审计分析方式能够帮助审计人员快速有效地交互分析大量的数据,所提供的洞察力有助于审计人员更快、更准确地从复杂的被审计数据中发现审计线索。

3)审计大数据的实时和快速分析将得以实现

随着云计算、流处理等技术的应用,以及粒计算(granular computing)、量子计算(quantum computing)等用来解决大数据的大计算量技术的研究进展,审计大数据的实时处理和快速决策将得以实现。另一方面,大数据环境下的审计数据实时分析能够使联网审计更好地实现实时的审计,真正实现持续审计的目的。

4)审计结论更科学

大数据环境下,审计证据的获取、审计报告的形成、审计意见的决策等都可以基于对审计大数据的分析,只要数据可靠,审计结论必然可靠,这使得审计结果更科学。

2. 大数据环境下电子数据审计面临的挑战

尽管大数据技术给审计信息化带来了机遇,但进入大数据时代,开展电子数据审计也将面临一些挑战,主要表现如下。

1) 审计大数据的真实性

大数据环境下,影响数据真实性的因素很多,为了能得到正确、可靠的审计证据,防止大数据环境下的"假账真审",必须保证被审计的数据是真实的,防范与控制大数据环境带来的审计风险非常重要,其中,审计大数据质量控制是一个关键问题。

2) 审计大数据的控制和保护

大数据环境下,为了获得全面、可靠的审计证据,需要从众多的被审计单位采集大量敏感和重要的数据进行分析,这些审计大数据常常会含有一些详细的、潜在的能够反应被审计单位机密的信息,如银行客户的用户名、密码等。这些采集来的数据集中存储在审计单位的数据中心,一般以分布的方式存储,如采用云计算平台方式存储。来自网络的攻击会影响审计大数据的安全,一些对审计数据中心的恶意进攻也会造成更严重的后果,这就需要审计大数据要有合适的、贯穿审计数据采集、审计数据传输、审计数据存储、审计数据维护、审计数据分析等整个数据生命周期的控制和保护,以减少审计风险。

3) 审计大数据分析风险

审计大数据的复杂性给数据分析带来了一定困难。大数据环境下,数据信息全面,隐藏的或未知的信息较多,采集来的大量数据为审计数据分析提供了基础,为了能做到事中审计,或者是实时审计,需要强大、高效、实时的审计数据分析方法。另一方面,大数据环境下,数据复杂性也急剧增长,其多样性(多源、异构、多模态、不连贯语法或语义等)、低价值密度(大量不相关信息、知识"提纯"难度高)、实时性(数据需实时生成、存储、处理和分析)等复杂特征日益显著。审计单位现有的计算机系统和审计软件不能应对急剧增长、种类众多的被审计数据,审计大数据的复杂性给数据分析带来了一定困难,造成了审计数据分析的风险。因此,大数据环境下,如果不采用大数据技术实现从传统的审计数据分析向审计大数据分析的过渡,必将影响审计数据分析结果和分析效率,造成一定的审计风险。

4) 审计大数据的全面性尚不够

大数据环境下,审计单位需要访问第三方数据来源并将自己内部信息与外部信息进行集成以充分发挥大数据的潜力。然而,目前尚未建立起数据访问与数据共享机制。这为充分获得大数据带来的价值带来了障碍,影响了审计取证的查全率,造成了一定的审计风险。

5) 审计大数据的存储

大数据环境下,已有的审计数据存储技术将不能完全满足大数据环境的需要,被审计单位的大数据为审计数据的存储提出了挑战,研究适合大数据环境的审计数据存储技术成为开展电子数据审计的一项重要任务。

9.4.2 大数据环境下的电子数据审计方法与现有电子数据审计方法比较

传统环境下,审计人员常采用审阅法、复算法、盘存法、函证法、鉴定法等方法开展审计工作。如前文所述,信息化环境下,审计的对象是电子数据,因此,审计证据的获取多是通过采用信息技术对被审计数据的分析来完成的。随着大数据时代的到来,被审计单位的大数据环境为电子数据审计提出了挑战,由大数据的特点可知,目前信息化环境下现有的电子数据审计方法将不能完全满足大数据环境下电子数据审计的需要,因此,大数据环境下需要新的电子数据审计方法。

综合现有文献的分析,大数据环境下的电子数据审计方法与现有电子数据审计方法的比较如表 9.1 所示(陈伟,2016 年)。

表 9.1 大数据环境下的电子数据审计方法与现有电子数据审计方法比较

比较内容	目前现有电子数据审计方法	大数据环境下的电子数据审计方法
被审计数据来源	主要是被审计单位的内部数据,特别是结构化数据	被审计单位内外部各种类型的相关数据,不仅包括结构化数据,还包括非结构化数据
审计数据采集方法	常用的审计数据采集方法主要有直接复制、通过中间文件采集、通过 ODBC 接口采集、通过专用模板采集以及远程联网数据采集等方法	大数据环境下,除了采用现有审计数据采集方法之外,一些专门针对大数据的采集方法也可用于审计大数据采集之中,例如,对于非结构化数据的采集,可以采用网络数据采集方法,这种方法通过网络爬虫等方式从网站上获取审计数据信息;对于系统日志数据采集,可以采用 Hadoop 的 Chukwa,Facebook 的 Scribe 等
审计数据预处理方法	一般针对采集来的结构化数据进行审计数据预处理,主要是解决不完整的数据、不一致的数据、不正确的数据、重复的数据等问题,其中,名称转换、数据类型转换、代码转换、横向合并、纵向合并、空值处理等是目前电子数据审计预处理过程中常用方法	不仅包括对结构化数据的预处理,有时还需要把非结构化数据通过预处理转化成结构化,或直接把非结构化数据预处理为可以方便分析的非结构化数据
审计数据分析方法	常用的审计数据分析方法主要包括:账表分析、数据查询、审计抽样、统计分析、数值分析等	常用的大数据审计分析方法主要包括:大数据智能分析技术、大数据可视化分析技术、大数据多数据源综合分析技术。另外,大数据环境下,常用审计数据分析方法,如账表分析、数据查询、统计分析、数值分析等,仍可以根据审计工作的实际情况使用,例如,与大数据技术一起组合使用、对被审计大数据中的部分数据进行分析等
审计数据存储方法	大多采用一般服务器来存储数据;联网审计环境下,可以在审计机关构建联网审计的海量数据存储系统,或建立审计数据中心系统	目前的数据存储技术不能满足审计大数据环境的需要,审计大数据的存储方法发生改变,包括存储设施、存储架构、数据访问机制等。可借助云计算平台进行审计数据存储,但这同时又带来了审计大数据的存储安全问题

9.4.3 大数据环境下的电子数据审计方法原理

根据前文分析,大数据环境下的电子数据审计方法原理如图 9.1 所示,其原理简述如下。

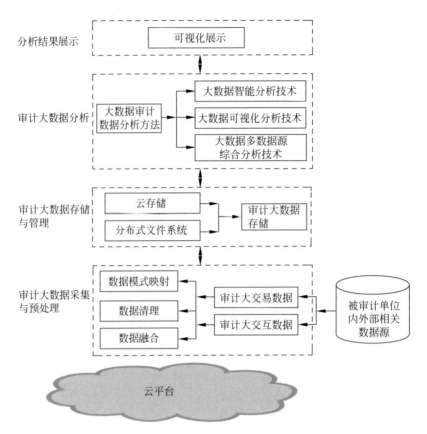

图 9.1 大数据环境下的电子数据审计方法原理

1. 审计大数据采集

1) 数据来源

大数据的来源多种多样,主要包括审计大交易数据。这些数据是传统的结构化的、通过关系数据库进行管理和访问的静态、历史数据;审计大交互数据。这些数据源于社交媒体数据,包括传感器信息、海量图像文件、Web 文本、电子邮件等。

对于审计来说,大数据环境下,采集审计所需要的大数据是开展大数据审计的必要步骤,概括来说,采集数据的来源主要包括以下四个方面。

(1) 上级审计单位数据中心提供的数据。

这类数据由上级审计单位根据审计项目的需要,提供给下级开展审计项目的审计单位,下级审计单位一般可通过查询方式使用上级审计单位提供的数据。

(2) 审计单位定期采集并上传至上级审计单位或本部门数据中心的各类数据。

在开展相关审计项目时,审计单位可以充分利用平时积累的各类数据。

(3) 在审计项目实施过程中根据需要采集的各类数据。

在开展相关审计项目时,审计单位可以根据项目的需要,从被审计单位依法采集相关所需要的审计数据。

(4)通过大数据工具从互联网上抓取的公开数据。

审计人员还可以通过一些大数据工具从互联网上抓取所需要的相关公开数据,或者可以实现自动搜索互联网上关于被审计单位一些公开报道的风险信息,从而便于审计人员进行全方位的大数据分析。

2)数据采集的类型

大数据环境下,数据采集的类型可分为非结构化数据和结构化数据,具体说明如下。

(1)结构化数据。

一般来说,采集的结构化数据如:被审计单位共性数据,主要涉及基础管理、相对具有一致性的数据,包括报表、财务、产权、投资、供应商管理、合同管理、采购和销售等数据;被审计单位个性数据,如用于决策、审批、签批等的决策数据,体现经济运行和行业特点的业务数据;与信息系统有关的结构化数据,如信息系统的操作用户信息、用户操作日志等方面的相关数据。

(2)非结构化数据。

一般来说,采集的非结构化数据如:被审计单位基本情况、历史沿革、组织结构、部门职责、经营和改革发展状况、存在的主要问题和风险;被审计单位内部审计报告、社会审计报告、审计机关审计报告等,以及对上述报告发现问题的整改情况;被审计单位与经营管理决策相关的党组(委)会、董事会、总经理办公会会议纪要和会议记录;与信息系统有关的非结构化数据,如信息系统的开发、测试、运行、安全管理、业务连续性管理等方面的相关文档。

2. 审计大数据预处理

审计大数据集成的目的是把从不同被审计单位或同一被审计单位中不同数据源中的各种不同数据整合在一起,这些数据往往涉及诸多数据源,并且它们的数据模式也可能不一样。因此,大数据环境下,在对审计大数据进行分析时,首先需要对这些被审计单位的审计大交易数据和审计大交互数据进行集成和数据预处理,从而满足审计大数据分析的需要。

3. 审计大数据存储与管理

目前的数据存储技术不能满足审计大数据环境的需要,大数据环境下,审计数据的存储方法发生了改变,包括存储设施、存储架构、数据访问机制等。因此,可借助云计算平台或分布式文件系统进行审计大数据存储与管理。

以云计算为例,云计算是一种数据分析技术,云计算三个层次的服务模式包括:软件服务、平台服务和设施服务。云计算能够充分利用物理设施的弹性,以实现处理快速增长数据的能力。大数据本身就是一个问题集,而云计算则为大数据提供存储、访问和计算。大数据有云计算平台作为基础架构,才能得以顺畅运营。云计算提供了基础架构平台,审计大数据分析等应用在这个平台上运行。

4. 审计大数据分析与结果展示

常用的大数据审计分析方法主要包括：大数据智能分析技术、大数据可视化分析技术、大数据多数据源综合分析技术。另外，大数据环境下，常用审计数据分析方法，如账表分析、数据查询、统计分析、数值分析等，仍可以根据审计工作的实际情况使用，例如，与大数据技术一起组合使用，对被审计大数据中的部分数据进行分析等。

9.4.4 基于大数据多数据源综合分析技术的扶贫审计案例

基于多数据源综合分析技术的大数据审计示例

1）审计案例背景简介

A 市 B 县是一个贫困人口聚集、脱贫任务艰巨的地方，为了检查该地贯彻落实精准扶贫政策情况，根据 A 市审计局 2018 年的审计计划安排，现对该地进行扶贫审计。重点是审计 B 县 2013 年—2017 年期间落实"贫困户精准识别"的情况，特别是查找"五有人员"（有国家公职人员、有工商注册登记人员、有小轿车人员、有商品房人员、有农用机械设备人员）。（注意：本案例中相关数据已经进行脱密处理）。

2）审计案例设计

整个的案例内容设计如下。

(1) 审前准备阶段。

掌握如何进行审前准备，如何编写审计通知书、如何编写审计实施方案等文件。

(2) 审计实施阶段。

掌握如何编写审计需求单、如何进行数据采集与分析、如何编写审计取证单、如何编写审计工作底稿等审计文书。

(3) 审计报告阶段。

掌握如何编写审计报告征求意见稿（审计事实确认书）、如何编写审计报告等文件。

3）案例实现

(1) 低收入农户数据与财政数据综合分析。

为了检查被审计单位是否做到精准扶贫，审计人员可以通过对低收入农户数据与财政数据做综合分析，分析低收入人员名单中是否有财政供养人员，相应的 SQL 查询语句分别如下。

```
SELECT   *
FROM 低收入农户数据, 财政供养人员数据
WHERE 低收入农户数据.身份证号码 = 财政供养人员数据.身份证;
```

采用自主研发的"易智通审计"软件（电子数据审计模拟实验室软件）对采集来的低收入农户数据、财政数据等进行综合分析，其分析过程及结果示例如图 9.2 所示。

若采用数据库工具对采集来的低收入农户数据、财政数据等进行综合分析，以 Access 为例（当数据量大时，可以采用 Oracle 数据库及其 SQL 查询工具 PL/SQL Developer 进行分析），其操作过程与分析结果如图 9.3 和图 9.4 所示。

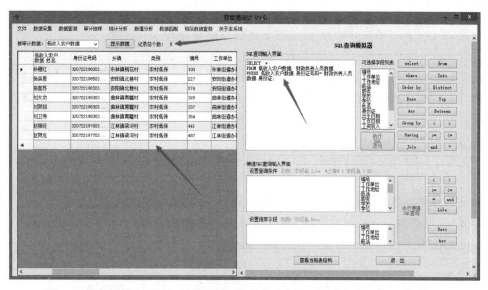

图 9.2 基于"易智通审计"软件的低收入农户数据与财政数据综合分析结果示例

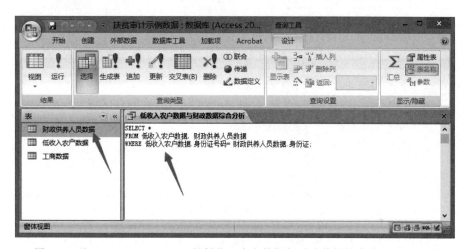

图 9.3 基于 Microsoft Access 的低收入农户数据与财政数据综合分析过程示例

图 9.4 基于 Microsoft Access 的低收入农户数据与财政数据综合分析结果示例

由图 9.2 或图 9.4 都可以发现：在该地认定的扶贫对象中，有 8 人属于财政供养人员，应该对这些人做进一步的延伸审计，确认是否符合扶贫建档立卡标准。

(2) 低收入农户数据与工商数据综合分析。

为了检查被审计单位是否做到精准扶贫，审计人员可以通过对低收入农户数据与工商数据做综合分析，分析低收入人员名单中是否有注册公司的人员，相应的 SQL 查询语句分别如下。

SELECT　*
FROM 低收入农户数据，工商数据
WHERE 低收入农户数据.身份证号码 = 工商数据.身份证号码;

采用自主研发的"易智通审计"软件(电子数据审计模拟实验室软件)对采集来的低收入农户数据、工商数据等进行综合分析，其分析过程及结果示例如图 9.5 所示。

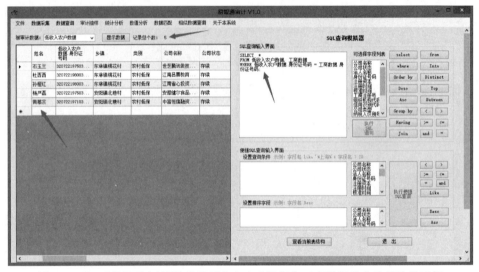

图 9.5　基于"易智通审计"软件的低收入农户数据与工商数据综合分析结果示例

若采用数据库工具对采集来的低收入农户数据、工商数据等进行综合分析，以 Microsoft Access 为例，其操作过程与分析结果如图 9.6 和图 9.7 所示。

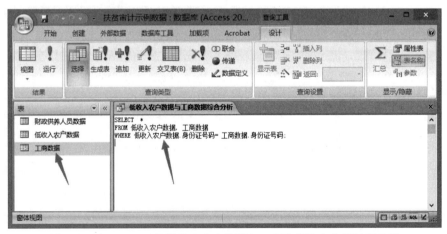

图 9.6　基于 Access 的低收入农户数据与工商数据综合分析过程示例

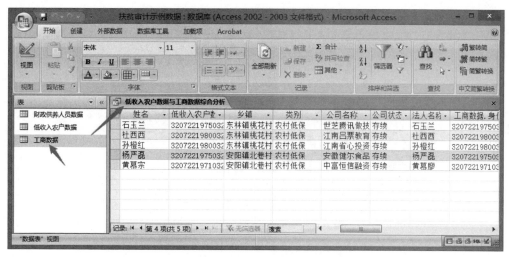

图 9.7 基于 Access 的低收入农户数据与工商数据综合分析结果示例

由图 9.5 或图 9.7 都可以发现，在该地认定的扶贫对象中，有 5 人注册了公司，应该对这些人做进一步的延伸审计，确认是否符合扶贫建档立卡标准。

同理，为了发现更多类似情况，可以对低收入农户数据与税务数据综合分析、低收入农户数据与金融数据综合分析、低收入名单信息与农机登记数据综合分析等。

9.4.5　基于大数据可视化分析技术的扶贫审计案例

本节以扶贫项目内容的大数据可视化分析为例，分析如何基于大数据可视化分析技术开展扶贫审计。

以某扶贫项目审计为例，假设需要了解该地区 2014 年—2017 年的扶贫项目内容总体变化情况，审计人员可以借助大数据可视化分析工具进行建模，计算该期间扶贫项目内容的频次情况，在此基础上，按年度对所有扶贫项目内容数据生成标签云图进行分析，其示例结果如图 9.8～图 9.11 所示，其中，标签云中字体的大小表示扶贫项目内容出现的次数情况。图 9.8～图 9.11 的分析结果表明：该地区 2017 年扶贫项目内容发生了变化，例如，建档立卡工作成为 2017 年扶贫项目关注的重点，从而表明被审计单位有效地执行了国家的扶贫政策。下一步需要确认的工作就是该地区建档立卡工作的实施情况，例如，建档立卡人员是否准确？致贫原因分析是否合理？帮扶措施是否合适等。

9.4.6　大数据环境下基于模糊匹配的电子数据审计方法案例

1. 研究大数据环境下基于模糊匹配的审计方法的重要性

如前文所述，研究大数据环境下的电子数据审计问题具有重要的理论意义和应用价值。一般来说常用的审计数据分析方法主要包括：账表分析、数据查询、审计抽样、统计分析、数值分析等，其中，数据查询的应用最为普遍。通过采用这些方法对被审计数据进行分析，可以发现审计线索，获得审计证据。

图 9.8　2014 年项目内容分析

图 9.9　2015 年项目内容分析

图 9.10　2016 年项目内容分析

图 9.11 2017 年项目内容分析

大数据环境下从不同地方采集来的被审计数据中可能含有相似重复的数据,这些相似重复数据可能就是审计过程中要查找的可疑数据,如何对这些相似数据进行关联分析是大数据分析过程中的一个重要问题。目前常用的电子数据审计方法,如 SQL 数据查询、数值分析(重号分析)等,只能查找完全符合查询条件的数据(陈伟,2016 年)。为了查找被审计数据中的相似重复数据,解决 SQL 数据查询方法的不足,本节结合目前大数据的研究与应用现状,研究大数据环境下基于模糊匹配的电子数据审计方法。

2. 大数据环境下基于模糊匹配的审计方法原理

大数据环境下基于模糊匹配的审计方法原理描述如下。

1) 选取模糊匹配字段

根据对被审计数据的分析,选取要比较的字段。

2) 进行模糊匹配

选用合适的字段相似检测算法,根据所选取的比较字段,执行数据表中各字段之间的比较,在此基础上,综合所有比较字段的相似检测结果,计算整条数据记录的相似度,并根据预定义的字段和记录的阈值,检测出相似重复数据,即为可疑数据。其中,字段相似检测算法如下。

(1) 字符型字段相似度计算方法

对于字符型字段,一个字段可以看成是一个字符串,字符串的相似检测也称字符串匹配,一般通过采用编辑距离算法,可以计算出两个字段间的编辑距离。由于编辑距离值为整数,为了把字段间的编辑距离转换成字段间的相似度,提出以下转换方法,如表 9.2 所示。

表 9.2 编辑距离和相似度的对应关系定义

编 辑 距 离	相 似 度	编 辑 距 离	相 似 度
1	0.9	4	0.6
2	0.8	…	…
3	0.7		

表 9.2 中的对应关系也可以由审计人员根据对被审计数据的分析进行调整,从而更准确地检测相似重复数据。

(2) 布尔型字段相似度计算方法

对于布尔型字段,如果两字段相等,则相似度取 0,如果不同,则相似度取 1。

(3) 数值型字段相似度计算方法

对于数值型字段,可以采用计算数字的相对差异算法:

$$S(s_1,s_2)=\frac{|s_1-s_2|}{\max(s_1,s_2)}$$

其中,s_1,s_2 为数值型字段。

3) 确认模糊匹配结果

对检测出的每一组相似重复数据(可疑数据),由审计人员通过对可疑数据的调查和分析,最终获得审计证据。

由以上分析可以看出:当该方法分析字符型字段时,无论该字段中字符的位置怎样,只要出现该字符即可。同样,当该方法分析数值型字段时,也不要求待比较的数值型字段的值完全一样,只要相近即可。所以,本节所提出的方法称之为模糊匹配。相对于模糊匹配,精确匹配是指只有所比较的字符型字段中整个字段相同,或者所比较的数值型字段的值完全一样时才匹配。

3. 大数据环境下基于模糊匹配的审计方法的实现

根据前文对基于模糊匹配的审计方法的分析,笔者在电子数据审计模拟实验室软件中设计并实现了这种审计数据分析方法,其界面如图 9.12 所示。主要功能介绍如下。

(1) 功能菜单区

功能菜单区主要提供电子数据审计模拟实验室软件的功能菜单,包括分析结果导出、审计日志导出、数据采集、审计数据分析(数据查询、数值分析、统计分析、审计抽样、数据匹配、相似数据查询)、关于本系统等。其中,相似数据查询和数据匹配功能菜单即为基于模糊匹配的审计方法。

(2) 状态区

状态区用来显示当前数据预览和结果显示区中数据记录的数量,以及用来选择和显示采集来的待分析数据表,用户可以在状态区选择要分析的数据。

(3) 相似查询参数设置区

相似查询参数设置区主要用来选择待分析的字段、设置相应字段的权重,以及选择每个相似查询字段的相似检测算法。

(4) 阈值参数设置区

阈值参数设置区主要用来设置字段间阈值和记录阈值。字段间阈值表示每个字段之间的相似度,记录阈值表示整个数据记录之间的相似度。

(5) 相似度与编辑距离对应关系设置区

相似度与编辑距离对应关系设置区用来设置相似度与编辑距离之间的对应关系。相似度与编辑距离对应关系可以由审计人员根据对被审计数据源的分析进行调整,从而更准确地检测相似重复数据。

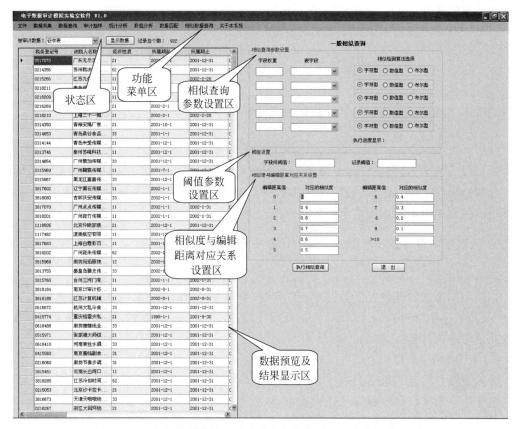

图 9.12　电子数据审计模拟实验室软件中的相似查询功能界面

（6）数据预览及结果显示区

数据预览及结果显示区用来显示当前待分析数据表中的数据，用户可以通过该区预览当前待分析数据表中的数据。同时，一般相似查询功能的数据分析结果也在该区中显示，用户可以通过单击菜单"文件"→"分析结果导出"完成分析结果的导出和保存。

4. 大数据环境下基于模糊匹配的审计方法的审计风险评价

由于模糊匹配方法的不精准性，如何评价该方法的审计风险非常重要。国际审计与鉴证准则理事会（International Auditing and Assurance Standards Board，IAASB）把审计风险的模型定义如下。

$$审计风险 = 重大错报风险 \times 检查风险$$

在审计风险模型中，审计人员所能控制的只有检查风险，重大错报风险与被审计单位有关，审计人员对其无能为力，只能对其水平进行评估，以便确定可接受的检查风险水平。根据以上审计风险模型，不难发现：可以通过采用合适的审计方法来降低检查风险。

目前，国内对信息化环境下计算机审计风险的研究多是从理论层面分析计算机审计风险的成因与规避，在审计风险控制这方面的研究也多是从定性的角度进行分析，没有从定量的角度对其进行深入的研究。为了从定量的角度分析审计数据分析方法的审计风险，笔者定义相应的查全率 R（Recall）和查准率 P（Precision），分别如下。

(1) 查全率 R

查全率是指可疑数据被正确识别的百分率,即:

$$R = \frac{\text{正确识别出的可疑数据}}{\text{实际的可疑数据}} \times \%$$

(2) 查准率 P

查准率是指审计方法识别可疑数据的正确率,即:

$$P = \frac{\text{正确识别出的可疑数据}}{\text{识别出的可疑数据}} \times \%$$

通过以上两个指标,可以定量地评价基于模糊匹配的审计方法的审计检查风险。例如,通过灵活地设置字段和数据的阈值,以及字段的权重值,可以改变系统的查全率和查准率,从而可以控制基于模糊匹配的审计方法的检查风险。

5. 大数据环境下基于模糊匹配的审计方法的应用及分析

1) 案例介绍

以给定的某税收征收电子数据(文件名为"税收征收.mdb",数据表名为"征收表")为例,查找该数据中"纳税人名称"和"税务登记号"两个字段相似的数据,要求从查全率和查准率的角度考虑审计检查风险。

2) 案例操作

要检查某税收征收电子数据中"纳税人名称"和"税务登记号"两个字段相似的数据,可采用电子数据审计模拟实验室软件中的"相似数据查询"功能,根据"纳税人名称"和"税务登记号"这两个字段对该数据中相似的数据进行分析。对于审计检查风险,可以通过设置字段阈值和记录阈值来控制。

假设该税收征收电子数据已被采集到电子数据审计模拟实验室软件中,打开电子数据审计模拟实验室软件的相似查询功能,如图 9.13 所示。然后,在图 9.13 中相似查询的字段分别为"纳税人名称"和"税务登记号",考虑到"纳税人名称"字段较为重要,"纳税人名称"的权重设为 0.7,"税务登记号"的权重设为 0.3;"纳税人名称"和"税务登记号"的相似查询算法都选择字符型;相似度与编辑距离的对应关系保持系统默认值不变。主要分析结果如下。

(1) 当选择字段阈值为 0.8,记录阈值为 0.7 时。单击"执行相似查询"按钮,其相似查询结果如图 9.13 所示。

(2) 当选择字段阈值为 0.9,记录阈值为 0.8 时。单击"执行相似查询"按钮,其相似查询结果如图 9.14 所示。

(3) 当选择字段阈值为 0.8,记录阈值为 0.8 时。单击"执行相似查询"按钮,其相似查询结果如图 9.15 所示。

(4) 当选择字段阈值为 0.9,记录阈值为 0.9 时。单击"执行相似查询"按钮,其相似查询结果如图 9.16 所示。

以上分析的结果可以另存为数据文件,然后做进一步的分析。

3) 案例分析

由以上案例可以得出以下几点结论。

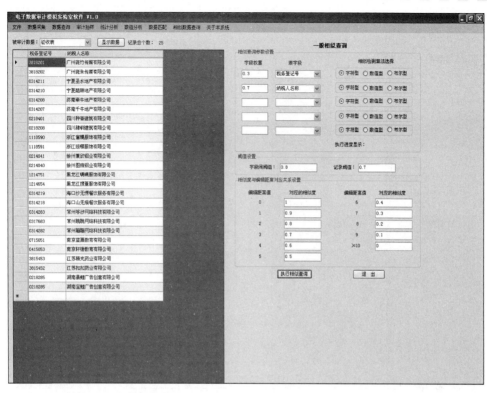

图 9.13 字段阈值为 0.8 和记录阈值为 0.7 时的模糊匹配分析结果示例

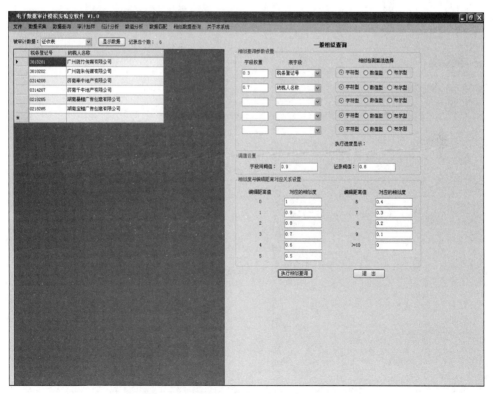

图 9.14 字段阈值为 0.9 和记录阈值为 0.8 时的模糊匹配分析结果示例

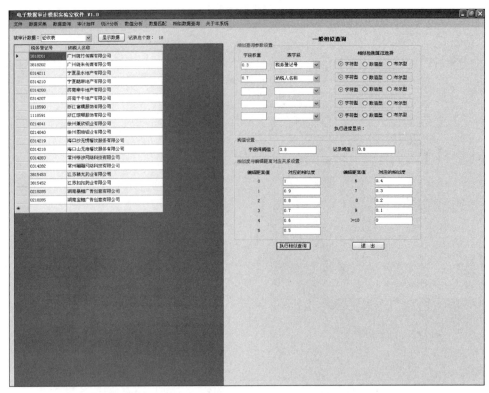

图 9.15　字段阈值为 0.8 和记录阈值为 0.8 时的模糊匹配分析结果示例

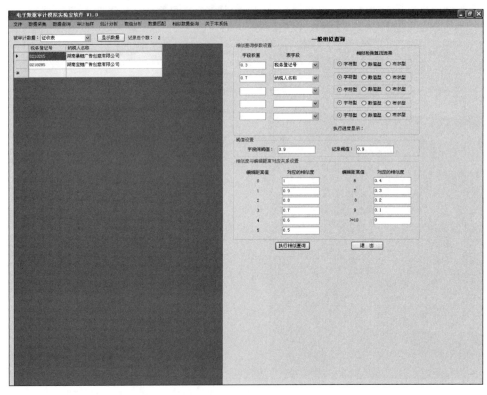

图 9.16　字段阈值为 0.9 和记录阈值为 0.9 时的模糊匹配分析结果示例

(1) 通过设置不同的字段阈值和记录阈值,相似数据查询结果会有所不同。当设置的字段阈值和记录阈值较低时,查出的相似数据较全,但准确率较低;当设置的字段阈值和记录阈值较高时,查出的相似数据会有遗漏,但准确率较高。

(2) 当查全率高时,分析出的结果较多,查出的相似数据较全,审计检查风险减少,但审计人员需要用更多的时间去确认这些相似重复数据,从而降低审计效率;当查准率高时,分析出的结果较少,分析结果较准确,审计人员不需要用更多的时间去确认这些相似重复数据,从而提高审计效率,但查出的相似数据会有遗漏,审计检查风险增加。

(3) 审计人员可以根据所需要控制的审计风险水平,来确定合适的查全率和查准率,然后确定合适的字段阈值和记录阈值,从而可以控制审计检查风险。

(4) 基于模糊匹配的审计方法可以有效地对被审计数据进行分析,查找出被审计数据中的相似重复数据,满足大数据环境下审计数据分析的需要。

6. 小结

本节根据目前大数据环境下开展电子数据审计的需要,提出了一种基于模糊匹配的审计方法,并在自主研发的电子数据审计模拟实验室软件中实现了这种方法。在此基础上,以某税收数据审计为例,分析了该方法的应用。由本节的研究可知:审计人员借助电子数据审计模拟实验室软件,可以方便地使用基于模糊匹配的审计方法,并能通过在系统中设置合适的字段阈值和记录阈值,以及相似度与编辑距离的对应关系,有效地控制该方法的审计风险。总之,基于模糊匹配的审计方法能有效地满足大数据环境下电子数据审计的需要。

由于篇幅所限,本节案例仅介绍如何对同一个数据表中的数据采用基于模糊匹配的审计方法开展电子数据审计。对于基于模糊匹配的审计方法的其他功能应用,如如何对不同数据表之间的数据进行模糊匹配,以及当被分析数据的数据量大时,如何采用"长度过滤相似查询"功能提高审计效率等,参见《电子数据审计模拟实验》(清华大学出版社)(陈伟,2016年)。

9.5 大数据环境下的信息系统审计方法

9.5.1 研究大数据环境下信息系统审计的重要性

如前文所述,信息系统审计是目前审计信息化的一项重要工作,大数据环境同样对信息系统审计产生了影响。大数据时代的到来使得审计工作不得不面临被审计单位的大数据环境,大数据环境下如何开展信息系统审计成为一个重要问题。随着大数据环境的发展,被审计单位信息化程度越来越高,信息化应用范围越来越广,使用的应用系统也越来越多,业务系统也越来越复杂。这使得目前常用的信息系统审计方法不能很有效地满足大数据环境下信息系统审计的需要,采用大数据技术开展信息系统审计成为一种有效的方法。另外,大数据环境下,如何便于审计人员从整体上把握被审计大数据情况,快速发现可疑数据,提高审计效率成为大数据环境下开展审计工作的一项重要任务。因此,大数据环境下如何开展信息系统审计成为一个重要问题。本节结合目前大数据与信息系统审计的研究与应用现状,分析大数据环境下的信息系统审计问题。

9.5.2 大数据环境下信息系统审计的主要变化

(1) 大数据环境对信息系统审计的需求越来越强

随着大数据环境的发展,信息系统中的数据量越来越大,数据的存储方式也随之不断变化,数据的安全性越来越重要,因此,大数据环境对信息系统审计的需求越来越强。

(2) 大数据环境对信息系统审计的技术要求越来越高

随着大数据环境的发展,被审计单位信息化程度越来越高,信息化应用范围越来越广,对信息化的依赖程度越来越高,使用的应用系统越来越多,业务系统也越来越复杂。因此,大数据环境对信息系统审计的技术要求越来越高。

(3) 大数据环境下信息系统审计方法需要不断创新

大数据环境下,除了目前常用的信息系统审计方法,如访谈、现场观察、文档查看、抽样、穿行测试等之外,还可以探索如何采用大数据的相关技术开展信息系统审计。

9.5.3 大数据环境下用户及权限管理审计方法案例

1. 用户及权限管理审计简介

如前文所述,信息系统运行管理审计是信息系统审计的一项重要内容。信息系统运行管理主要是对已上线系统的日常运行进行管理。信息系统的日常运行要与信息系统开发和维护分离,确保一个单位信息科技部门内部的岗位制约。其中,用户及权限管理是信息系统运行管理中的一项重要内容,它要求:应保证只有经授权的用户才能访问,防止非授权访问。因此,在开展信息系统运行管理审计时,审计人员需要检查业务系统是否能保证只有经授权的用户才能访问,能否防止非授权访问。本节以用户及权限管理审计为例,分析大数据环境下如何开展信息系统审计。

传统环境下,被审计单位信息化程度低,应用系统较少,操作用户较少,因此,对于用户及权限管理审计只需要做简单的访谈或现场察看一下被审计单位的应用系统即可。但目前大数据环境下,被审计单位信息化程度高,应用系统较多,一些单位应用系统多达几百个,甚至上千个,另外,操作用户较多。因此,用户及权限管理是一个重要挑战。特别是对一些员工流动(离职或单位内部岗位调整等)比较频繁的单位,这种问题更为严重。

2. 用户及权限管理审计的数据来源

大数据环境下,对于复杂信息系统的用户及权限管理审计需要全方位分析相关数据,一般可以对以下数据进行分析。

1) 数据库中的操作用户信息数据

从被审计单位信息管理部门采集相关操作用户信息数据,通过该数据,可以掌握目前该被审计单位所有应用系统中的操作用户情况,如用户状态、用户相关信息等。

2) 人力资源部门数据

从被审计单位人力资源部门采集相关员工信息数据,通过该数据,可以掌握目前该被审计单位所有员工变化情况,如用户离职或单位内部岗位调整等信息。

3) 系统操作日志数据

从被审计单位信息管理部门采集相关应用系统操作日志数据,通过该数据,可以掌握目前所有应用系统中的员工在该应用系统中的相关操作信息。

4）被审计单位内部非结构化数据

除了以上结构化数据之外，还可以从被审计单位采集被审计单位的部门年度工作总结、风险分析报告、信息系统的相关审计报告等相关非结构化数据。通过这些文本数据，可以了解目前被审计单位应用系统曾经发生过哪些风险，便于审计人员辅助判断应用系统的用户及权限管理问题。

5）被审计单位外部数据

除了通过以上方法获得被审计单位的内部的数据之外，审计人员还可以通过一些大数据工具抓取相关网上公开数据，或者可以通过一些大数据工具自动搜索网上关于被审计单位的一些公开报道的风险信息，这些外部数据便于审计人员辅助判断被审计单位在应用系统用户及权限管理方面存在的风险情况。另外，必要的情况下，可以查询相关工商数据、银行数据等信息。

3．用户及权限管理审计的数据分析方法

大数据环境下，对于获得的以上数据可以采用以下审计技术方法进行分析。

1）大数据多数据源综合分析技术

大数据环境下，审计人员可以采用常用的数据查询方法，通过比较数据库中的操作用户数据和人力资源数据，查找离职员工账号仍然正常或员工单位内部岗位调整的相关信息，并可以通过比较离职或单位内部岗位调整员工信息和应用系统操作日志数据，分析这些员工在应用系统中的相关操作信息。

2）审计软件中的数值分析（重号分析）方法

通过数值分析（重号分析）方法，审计人员可以查找被审计系统中用户的账号是否重复。

3）文本文件可视化分析方法

大数据环境下，审计人员可以借助大数据可视化分析工具分析公司的相关会议纪要、部门年度工作总结、风险分析报告、信息系统的相关审计报告等非结构化数据，查找突出风险，发现用户权限管理方面的问题。另外，审计人员可以借助大数据可视化分析工具，分析不同部门人员的离职、内部调动频率，从而为用户和权限管理及审计提供决策依据。

4）被审计单位外部数据分析

在必要的情况下，审计人员可以借助数据库工具、审计软件、大数据可视化分析工具、文本分析软件等对采集来的被审计单位外部数据进行分析，便于审计人员辅助判断应用系统的用户及权限管理问题。

4．用户及权限管理审计方法原理

根据对被审计单位的调查，在访谈和现场观察等基础上，采集被审计单位的员工变动信息、全单位操作用户信息、用户操作日志等结构化数据，以及相关会议纪要、部门年度工作总结、风险分析报告、信息系统的相关审计报告等非结构化数据；在审计大数据集成和预处理的基础上，基于"集中分析，分散核查"的审计思路，采用大数据可视化分析工具对相关数据进行分析，审计人员通过对可视化的分析结果进行观察，快速从被审计大数据信息中发现异常数据，获得审计线索。另外，审计人员可以根据需要，对异常数据做细化分析，从不同的方面获得对被审计数据的理解，从而全面地分析被审计数据。在可视化分析结果的基础上，审计人员可以借助 SQL 查询方法和审计软件对被审计数据进行建模和分析,进一步获得相关证据。在此基础上,通过对这些结果数据做进一步的延伸审计和审计事实确认,最终获得审计证据。

综上分析,基于大数据技术的信息系统用户及权限管理审计方法原理如图 9.17 所示。

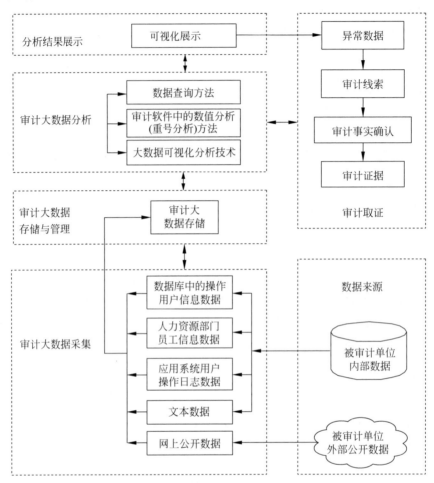

图 9.17 基于大数据技术的信息系统用户及权限管理审计方法原理

9.5.4 基于大数据技术的业务连续性管理审计方法案例

本节结合目前大数据审计与信息系统审计的研究与应用现状,以业务连续性管理审计为例,分析大数据环境下的信息系统审计问题。

1. 业务连续性管理审计简介

业务连续性管理(Business Continuity Management,BCM)是为了防止业务活动中断,保护关键业务流程不受信息系统失效或自然灾害的影响,将意外事件或灾难对业务的影响降低到最低水平。业务连续性管理包括识别和降低风险,制订连续性计划,建立应对意外事件或灾难的响应与恢复机制,测试和检查业务连续性计划的有效性与合规性,维护业务连续性计划。业务连续性管理审计的目的就是确保被审计单位的业务连续性管理符合相关要求。业务连续性管理审计是信息系统审计的一项重要内容。

2. 目前常用信息系统审计方法存在的不足

在开展业务连续性管理审计时,审计人员一般根据业务连续性管理的相关要求,逐项检查被审计单位是否有业务连续性管理的相关制度,以及相应的执行落实情况。例如,在开展业务连续性管理审计时,审计人员可以关注以下内容:检查是否建立一个专门的组织或指定一个部门负责本机构业务连续性管理工作;检查是否制定规范的业务连续性计划(包括业务连续性管理相关规章制度、文件以及人员名单);检查是否制定规范的IT服务连续性计划(包括与IT服务连续性计划执行相关的规章制度、文件以及人员名单);检查业务连续性计划是否有年度应急演练等。

目前常用的信息系统审计方法,如访谈、现场观察、文档查看、抽样、穿行测试等大多是依据相关法律、法规、规章制度,基于审计人员的审计经验对相关问题进行地毯式排查或重点式查找,不能较好地发现一些隐藏的审计线索,因此,需要探索如何采用相关大数据技术开展信息系统审计。

3. 大数据环境下业务连续性管理审计所需的主要数据

1) 被审计单位主要的内部数据

大数据环境为业务连续性管理审计提供了全方位分析的相关数据,审计人员可以从被审计单位采集被审计单位的相关业务介绍、部门年度工作总结、风险分析报告、审计报告等相关文本数据,通过这些文本数据,审计人员可以了解目前被审计单位的相关业务情况、相关风险等,便于审计人员开展相关审计工作。举例如下。

(1) 风险分析报告。

通过分析被审计单位的相关风险分析报告等文本数据,审计人员可以判断该单位的信息系统建设、运行等工作中是否发生过相关风险。例如,审计人员通过采集被审计单位的"公司交易系统故障事件总结报告"等文本数据来分析该单位是否发生过相关风险。

(2) 人力资源部门数据。

从被审计单位人力资源部门采集相关员工信息数据,通过该数据,可以掌握目前该被审计单位所有员工信息以及变化情况,如员工的相关信息(如工号等)、员工离职或单位内部岗位调整等信息。

(3) 被审计单位办公系统数据。

从被审计单位办公系统中采集公布的业务连续性管理应急人员名单等相关数据,通过该数据,可以掌握目前该被审计单位业务连续性管理应急人员变化情况,如用户离职或单位内部岗位调整等信息。

(4) 相关业务连续性管理制度。

通过分析被审计单位的相关业务连续性管理制度等文本数据,审计人员可以判断该单位是否有相关业务连续性管理制度,相关业务连续性管理制度的内容是否合理等。

2) 被审计单位主要的外部数据

除了通过以上方法获得被审计单位的内部数据之外,审计人员还可以通过一些大数据工具抓取外部相关网站上的数据,如关于被审计单位的相关信息安全事件的新闻报道、监管部门出具的相关警示函等,通过对这些数据的采集和分析,便于审计人员辅助判断被审计单位在业务连续性管理方面是否出现过相关风险。

4. 基于大数据技术的业务连续性管理审计方法原理

基于大数据技术的业务连续性管理审计方法主要是充分利用被审计单位内部和外部的数据，通过对这些数据的对比分析以及借助大数据可视化分析技术等分析方法，发现被审计单位业务连续性管理方面的相关风险。相对目前常用的方法，这种方法的优点是：能发现相关隐蔽的系统风险；依据数据说话、依据数据决策；能通过可视化的方式更好地反映出体制和机制上的问题。具体原理分析如下。

根据对被审计单位的调查，在访谈和现场观察等基础上，采集被审计单位的内外部业务连续性管理相关信息，如人力资源部门数据、风险报告、审计报告、相关业务连续性管理制度等结构化和非结构化数据，以及从外部相关监管部门网站或其他网站上公开数据源采集来的相关文本数据，如监管部门出具的相关警示函等。然后，在审计大数据预处理的基础上，审计人员一方面可以采用标签云等大数据可视化分析技术，对相关警示函、业务办公会会议纪要等相关非结构化数据进行建模和整体分析，审计人员结合自己的审计背景知识，通过对可视化的分析结果进行分析和观察，快速从被审计大数据信息中发现异常数据，检测是否存在信息系统风险情况，获得审计线索；另一方面，审计人员可以借助数据查询方法和审计软件对被审计单位的结构化数据进行建模和分析，获得相关证据。在此基础上，通过对这些结果数据做进一步的延伸审计和审计事实确认，最终获得审计证据。综上分析，基于大数据技术的业务连续性管理审计方法原理如图 9.18 所示。

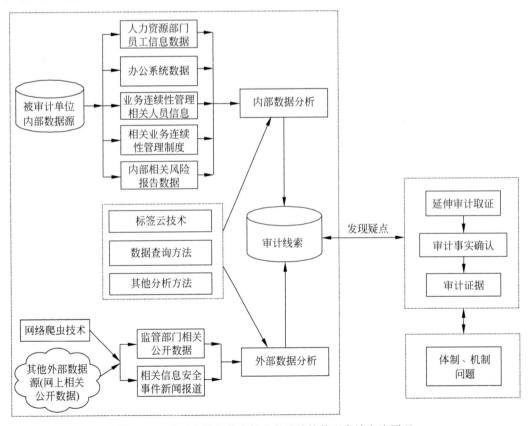

图 9.18　基于大数据技术的业务连续性管理审计方法原理

思考题

1. 大数据环境对开展审计有何影响？
2. 谈谈目前国内外大数据审计的应用情况。
3. 大数据环境下如何开展电子数据审计？
4. 大数据环境下开展电子数据审计与目前的电子数据审计有何区别？
5. 大数据环境下如何开展信息系统审计？

附录 A 课程实验设计

A.1 实验模块一(基于 Excel)

实验一 熟悉 Excel

实验目的

熟悉 Excel 2007(或其他版本)的操作环境,初步掌握 Excel 2007 与电子数据审计主要相关功能的使用,为以后的实验打下基础。

实验要求

(1) 熟悉 Excel 2007 的操作界面以及界面中的主要工具。

(2) 掌握 Excel 2007 与电子数据审计的主要相关功能。

实验内容

(1) 熟悉图 2.3 和图 2.4 中的 Excel 2007 操作界面及其主要工具。

(2) 熟悉 Excel 2007 与电子数据审计的主要相关功能。

以 Excel 2007 为例,熟悉其以下与电子数据审计的主要相关功能。

① 获取外部数据。思考如何使用 Excel 2007 的获取外部数据功能完成审计数据采集。

② 数据分析。思考如何使用 Excel 2007 的排序和筛选、数据工具(如数据有效性等)、数据分析等功能完成审计数据分析。

(3) 比较 Excel 2007 与 Excel 其他版本在"获取外部数据""数据分析"等这些功能上的异同。

实验二 基于 Excel 的审计数据采集

实验目的

掌握使用 Excel 2007 来采集不同类型数据文件的方法,加深理解审计数据采集的意义。

实验要求

(1) 把给定的文本文件格式数据采集到 Excel 中。

(2) 把给定的 Access 数据库格式数据采集到 Excel 中。

(3) 把给定的 SQL Server 数据库格式数据采集到 Excel 中。

(4) 把给定的 XML 格式数据采集到 Excel 中。

(5) 把给定的其他数据源格式数据采集到 Excel 中(例如,通过 ODBC 接口把给定的 FoxPro 格式数据采集到 Excel 中)。

实验内容

(1) 新建一个名为"审计数据采集练习 1"的 Excel 文件,把给定的文本文件格式数据"某零售企业商品数据"(文件名为"商品.txt",数据见本书附录 A.10)采集到该 Excel 文件中。

(2) 新建一个名为"审计数据采集练习 2"的 Excel 文件,把给定的 Access 格式数据"某税收征收电子数据"(文件名为"税收征收.mdb",数据表名为"征收表",数据表结构见本书附录 A.10)采集到该 Excel 文件中。

(3) 新建一个名为"审计数据采集练习 3"的 Excel 文件,把给定的 SQL Server 数据库中的数据(SQL Server 数据库如第 4 章图 4.39 所示)采集到该 Excel 文件中。

(4) 新建一个名为"审计数据采集练习 4"的 Excel 文件,把给定的 XML 格式的数据(文件名为"征收表 XML 数据.xml",数据见本书附录 A.10)采集到该 Excel 文件中。

(5) 新建一个名为"审计数据采集练习 5"的 Excel 文件,把给定的 FoxPro 格式数据"某劳动局失业保险数据"(文件名为"失业金实际发放表.dbf",数据类型为 FoxPro 自由表,数据表结构见本书附录 A.10)通过 ODBC 接口采集到该 Excel 文件中。

实验三　Excel 的基本审计数据分析应用

实验目的

掌握使用通用软件 Excel 2007 完成对本文件格式数据的审计。

实验要求

掌握使用 Excel 2007 采集文本文件格式的数据,在 Excel 2007 中进行数据预处理,以及在 Excel 2007 中进行简单的审计数据分析。

实验内容

以给定的文本文件格式数据某零售企业商品数据(文件名为"商品.txt",数据见本书附录 A.10)为例,完成以下实验。

(1) 新建一个名为"商品"的 Excel 数据文件。

(2) 将给定的某零售企业商品数据导入以上所建的"商品"Excel 数据文件中。其中,不导入订购量和再订购量,且要求单价精确到分,库存量为整数。

(3) 筛选出类别为"饮料"的商品。

(4) 在该 Excel 数据文件中新建一个名为"饮料"的工作表,并将筛选出的类别为"饮料"的商品存放到所建的名为"饮料"的工作表中。

(5) 在该"饮料"工作表中新增一列名为"库存金额"的列,计算出每个商品的库存金额(精确到分)(注:库存金额=单价×库存量),并对"饮料"工作表中的数据按"库存金额"列降序排列。

实验四　Excel 中"圈释"和"高级筛选"功能的审计数据分析应用

实验目的

掌握使用通用软件 Excel 2007 的"圈释"和"高级筛选"功能完成审计数据分析。

实验要求

掌握使用 Excel 2007 采集 Access 数据库格式的数据以及在 Excel 2007 中采用"圈释"和"高级筛选"功能进行审计数据分析。

实验内容

以给定的某税收征收电子数据(文件名为"税收征收.mdb",数据表名为"征收表",数据表结构见本书附录 A.10)为例,完成以下实验。

(1) 新建一个名为"纳税分析"的 Excel 文件。

(2) 将给定的某税收征收电子数据导入以上所建的"纳税分析"Excel 数据文件中。

(3) 使用 Excel 的"圈释"功能检查税收征收数据中有无"负纳税"数据和"超期滞纳"数据。

(4) 清除无效数据标识圈,使用 Excel 的"高级筛选"功能检查税收征收数据中有无"负纳税"数据和"超期滞纳"(假定所有纳税人税款滞纳天数超过 10 天均属超期滞纳)数据。

(5) 在"纳税分析"Excel 数据文件中新建两个工作表,名称分别为"负纳税"和"超期滞纳"。将以上分析结果保存到所建的"纳税分析"Excel 文件中,其中,"负纳税"数据保存在"纳税分析"Excel 文件的"负纳税"工作表中,"超期滞纳"数据保存在"纳税分析"Excel 文件的"超期滞纳"工作表中。

A.2 实验模块二(基于 Access)

实验一 熟悉 Access

实验目的

熟悉 Access 2007(或其他版本)的操作环境,初步掌握 Access 2007 的使用,为以后的实验打下基础。

实验要求

(1) 熟悉 Access 2007 的主要对象。

(2) 掌握 Access 2007 与电子数据审计的主要相关功能。

实验内容

(1) 熟悉图 2.5 和图 2.6 中的 Access 2007 操作界面及其主要工具。

(2) 熟悉 Access 2007 与电子数据审计的主要相关功能。

以 Access 2007 为例,熟悉其以下与电子数据审计相关的功能。

① 获取外部数据

思考如何使用 Access 2007 的"获取外部数据"功能完成审计数据采集。

② 数据分析

在 Access 2007 的 SQL 视图中练习 SQL 语言的应用,并思考如何使用 Access 2007 的"查询"功能完成审计数据分析。

(3) 比较 Access 2007 与 Access 其他版本在"获取外部数据""数据分析"等功能上的异同。

实验二　基于 Access 的审计数据采集

实验目的

掌握使用 Access 2007 来采集不同类型的数据文件,加深理解审计数据采集的意义。

实验要求

(1) 把给定的文本文件格式数据采集到 Access 数据库中。
(2) 把给定的 Excel 格式数据采集到 Access 数据库中。
(3) 把给定的 Access 数据库格式数据采集到 Access 数据库中。
(4) 把给定的 dBASE 格式的数据采集到 Access 数据库中。
(5) 把给定的 XML 格式的数据采集到 Access 数据库中。
(6) 把给定的数据通过 ODBC 接口采集到 Access 数据库中。

实验内容

(1) 新建一个名为"审计数据采集练习 1"的 Access 数据库文件,把给定的文本文件格式数据"某零售企业商品数据"(文件名为"商品.txt",数据见本书附录 A.10)采集到该 Access 数据库中。

(2) 新建一个名为"审计数据采集练习 2"的 Access 数据库文件,把给定的 Excel 格式数据"某征收表数据"(文件名为"征收表数据.xls",数据表结构见本书附录 A.10)采集到该 Access 数据库中。

(3) 新建一个名为"审计数据采集练习 3"的 Access 数据库文件,把给定的 Access 数据库格式数据"某征收表数据"(文件名为"税收征收.mdb",数据表名为"征收表",数据表结构见本书附录 A.10)采集到该 Access 数据库中。

(4) 新建一个名为"审计数据采集练习 4"的 Access 数据库文件,把给定的 FoxPro 格式数据某劳动局失业保险数据(文件名为"失业金实际发放表.dbf",数据类型为 FoxPro 自由表,数据表结构见本书附录 A.10)通过 ODBC 接口采集到该 Access 数据库中。

(5) 新建一个名为"审计数据采集练习 5"的 Access 数据库文件,把给定的 XML 格式的数据(文件名为"征收表 XML 数据.xml",数据见本书附录 A.10)采集到该 Access 数据库中。

(6) 新建一个名为"审计数据采集练习 6"的 Access 数据库文件,把给定的 SQL Server 数据库中的数据(SQL Server 数据库如第 4 章图 4.39 所示)采集到该 Access 数据库中。

实验三　基于 Access 的审计数据预处理

实验目的

掌握使用 Access 2007 来完成审计数据预处理,加深理解审计数据预处理的意义。

实验要求

以某税收征收电子数据为例,练习如何在 Access 2007 中完成数据表名称转换、字段名称转换、空值处理、数据标准化等审计数据预处理。

实验内容

现有某税收征收电子数据(文件名为"税收征收(数据预处理练习数据).mdb",数据表名为"征收表",数据表结构见附录 A.10)。要求在 Access 2007 中对其进行预处理,完成以下实验。

(1) 根据表 A.1 和表 A.2 以下对应关系,完成数据表名称转换和字段名称转换。

(2) 在完成数据表名称转换和字段名称转换的基础上,完成"实纳税额"字段的空值处理,即把"征收表"中"实纳税额"字段中的空值设置成"0"。

(3) 在完成数据表名称转换和字段名称转换的基础上,把"征收表"中"级次"字段中的数据标准化,即把"征收表"中"级次"字段中的数据值"市级"设置成"4","省级"设置成"3"。

表 A.1 征收类型表对应关系

原始表名:szlx	修改后的表名:征收类型
原始字段名	修改后的字段名
szdm	税种代码
szmc	税种名称

表 A.2 征收表对应关系

原始表名:zsb	修改后的表名:征收表	yingnse	应纳税额
原始字段名	修改后的字段名	yinse	已纳税额
swdjh	税务登记号	jmse	减免税额
nsrmc	纳税人名称	znts	滞纳天数
jjxz	经济性质	snse	实纳税额
ssqq	所属期起	jmlx	减免类型
ssqz	所属期止	kprq	开票日期
zslx	征收类型	sbrq	申报日期
kmm	科目码	rkbz	入库标志
zmm	子目码	rkrq	入库日期
jc	级次	phzt	票号状态
ssjs	税收基数	hydm	行业代码
sl	税率	zclx	注册类型

实验四 基于 Access 的审计数据分析:以某税收征收数据为例

实验目的

掌握使用通用软件 Access 2007 应用"数据查询"这种基本的审计数据分析方法,加深理解审计数据分析的意义。

实验要求

以某税收征收电子数据为例,练习如何在 Access 2007 中使用"数据查询"的方法完成审计数据分析,以及如何完成 Excel 与 Access 2007 之间的数据转换。

实验内容

以给定的某税收征收电子数据(文件名为"税收征收.mdb",数据表名为"征收表",数据表结构见本书附录 A.10)为例,完成以下实验。

(1) 编写 SQL 语句检查税收征收数据中有无"负纳税"数据和"超期滞纳"数据,其中,假定所有纳税人税款滞纳天数超过 10 天均属超期滞纳。

(2) 新建一个名为"纳税分析"的 Excel 数据文件。

(3) 在"纳税分析"Excel 数据文件中新建两个工作表,名称分别为"负纳税"和"超期滞纳"。将(1)中的分析结果保存到所建的"纳税分析"Excel 文件中,其中,"负纳税"数据保存在"纳税分析"Excel 文件的"负纳税"工作表中,"超期滞纳"数据保存在"纳税分析"Excel 文件的"超期滞纳"工作表中。

实验五　基于 Access 的审计数据分析:以某零售企业商品数据为例

实验目的

掌握使用通用软件 Access 2007 应用"数据查询"这种基本的审计数据分析方法,加深理解审计数据分析的意义。

实验要求

以某零售企业商品文本文件数据为例,练习在 Access 2007 中使用"数据查询"的方法完成审计数据分析,以及完成 Excel 与 Access 2007 之间的数据转换。

实验内容

现有一个某零售企业商品数据"商品.txt",在 Access 2007 数据库中对其进行分析,要求如下。

(1) 将该商品数据采集到名为"审计数据采集练习"的 Access 2007 数据库中。要求不导入订购量和再订购量,且其中单价精确到分,库存量为整数。

(2) 在该 Access 数据库中查找类别为"饮料"的商品,并要求在查询结果中新增一列"库存金额"并计算出每个商品的库存金额(精确到分)(注意:库存金额=库存量×单价),且对结果按"库存金额"降序排列。

(3) 新建一个名为"商品数据分析"的 Excel 数据文件;在"商品数据分析"Excel 数据文件中新建一个名为"饮料"的工作表;将(2)中的分析结果保存到所建的"商品数据分析"Excel 文件的"饮料"工作表中。

实验六　基于 Access 的审计数据分析:以某失业保险数据为例

实验目的

掌握如何使用通用软件 Access 2007 实现"重号分析"这种审计数据分析方法,加深理解审计数据分析的意义。

实验要求

以某失业保险数据为例,练习在 Access 2007 中使用"数据查询"的方法来完成重号分析,以及完成 Excel 与 Access 2007 之间的数据转换。

实验内容

以给定的某失业保险数据(文件名为:"失业金实际发放表.dbf",数据表结构见本书附录 A.10)为例,使用 Access 完成"重号分析",要求如下。

(1) 新建一个名为"失业金实际发放"的 Access 数据库,将"失业金实际发放表.dbf"数据采集到该 Access 数据库中。

(2) 在"失业金实际发放"Access 数据库中编写 SQL 语句,查找同月重复发放失业金的人员,查找结果包括:身份证号、姓名、发放月份、同月发放次数、发放金额合计,且对结果按"同月发放次数"降序排列。

(3) 新建一个名为"同月重复发放失业金人员.xls"的 Excel 数据文件,将以上分析结果导入该 Excel 数据文件中。

A.3 实验模块三(基于 SQL Server)

实验一 熟悉 SQL Server

实验目的

熟悉 SQL Server 2008(或其他版本)的操作环境,初步掌握 SQL Server 2008 的使用,为以后的实验打下基础。

实验要求

(1) 熟悉 SQL Server Management Studio 的界面及其主要功能。

(2) 掌握 SQL Server 2008 与电子数据审计的主要相关功能。

实验内容

(1) 熟悉图 2.12 中的 SQL Server 2008 Management Studio 操作界面及其主要工具。

(2) 熟悉 SQL Server 2008 与电子数据审计主要相关的功能。

以 SQL Server 2008 为例,熟悉其以下与电子数据审计相关的功能。

① 数据导入和导出。思考如何使用 SQL Server 2008 的"数据导入和导出"功能完成审计数据采集以及数据的导出。

② 数据查询分析。在 SQL Server 2008 Management Studio 的操作界面中练习 SQL 语句的应用,并思考如何使用 SQL Server 2008 的查询功能完成审计数据分析。

(3) 比较 SQL Server 2008 与 SQL Server 其他版本在"数据导入和导出""数据查询分析"等功能上的异同。

实验二 基于 SQL Server 的审计数据采集

实验目的

掌握使用 SQL Server 2008 来采集不同类型数据文件的方法,加深理解审计数据采集的意义。

实验要求

(1) 练习把 Access 格式的数据采集到 SQL Server 数据库中。

(2) 练习把文本文件格式的数据采集到 SQL Server 数据库中。

(3) 练习把 Excel 格式的数据采集到 SQL Server 数据库中。

(4) 练习使用 ODBC 把 Access 数据库中的数据采集到 SQL Server 数据库中。

(5) 练习把 dBase 格式的数据采集到 SQL Server 数据库中。

(6) 练习把 SQL Server 备份数据格式的数据采集到 SQL Server 数据库中。

(7) 练习把 XML 格式的数据采集到 SQL Server 数据库中。

实验内容

(1) 打开 SQL Server 2008 Management Studio,新建一个名为"数据审计练习1"的数据库,把给定的 Access 格式数据某税收征收电子数据(文件名为"税收征收.mdb",数据表名为"征收表",数据表结构见本书附录 A.10)采集到该数据库中。

(2) 打开 SQL Server 2008 Management Studio,新建一个名为"数据审计练习2"的数据库,把给定的文本文件格式数据某零售企业商品数据(文件名为"商品.txt",数据见本书附录 A.10)采集到该数据库中。

(3) 打开 SQL Server 2008 Management Studio,新建一个名为"数据审计练习3"的数据库,把给定的 Excel 格式数据某税收征收电子数据(文件名为"征收表数据.xls",数据表结构见本书附录 A.10)采集到该数据库中。

(4) 打开 SQL Server 2008 Management Studio,新建一个名为"数据审计练习4"的数据库,把给定的 Access 格式数据某劳动局失业保险数据(文件名为"失业金实际发放数据.mdb",数据表名为"失业金实际发放表",数据表结构见本书附录 A.10)通过 ODBC 采集到该数据库中。

(5) 打开 SQL Server 2008 Management Studio,新建一个名为"数据审计练习5"的数据库,把给定的 dBase 格式的数据(文件名为:"失业金实际发放表.dbf",数据表结构见本书附录 A.10)采集到该数据库中。

(6) 打开 SQL Server 2008 Management Studio,新建一个名为"数据审计练习6"的数据库,把给定的 SQL Server 备份数据格式的数据(文件名为"数据审计练习备份数据")采集到该数据库中。或者先把前文实验中的"数据审计练习5"的 SQL Server 数据库备份,备份的文件名为"数据审计练习备份数据",然后删除 SQL Server 数据库中的"数据审计练习5",然后再假定该数据为给定的 SQL Server 备份数据格式的数据,把该数据采集到"数据审计练习6"SQL Server 数据库中。

(7) 打开 SQL Server 2008 Management Studio,新建一个名为"数据审计练习7"的数据库,把给定的 XML 格式的数据(文件名为"征收表 XML 数据.xml",数据见本书附录 A.10)采集到该数据库中。

实验三 基于 SQL Server 的审计数据预处理

实验目的

掌握如何使用 SQL Server 2008 来完成审计数据预处理,加深理解审计数据预处理的意义。

实验要求

以某税收征收电子数据为例,练习如何在 SQL Server 2008 中完成数据表名称转换、字段名称转换、空值处理、数据标准化等审计数据预处理。

实验内容

现有某税收征收电子数据(文件名为"税收征收(数据预处理练习数据).mdb",数据表名为"征收表",表结构见附录 A.10)。要求在 SQL Server 中对其进行预处理,完成以下实验。

(1) 新建一个名为"数据审计练习"的 SQL Server 数据库,将该数据导入该 SQL Server 数据库中。

(2) 根据表 A.1 和表 A.2 中的对应关系,完成数据表名称转换和字段名称转换。

(3) 在完成数据表名称转换和字段名称转换的基础上,完成"实纳税额"字段的空值处理,即把"征收表"中"实纳税额"字段中的空值设置成"0"。

(4) 在完成数据表名称转换和字段名称转换的基础上,把"征收表"中"级次"字段中的数据标准化,即把"征收表"中"级次"字段中的数据值"市级"设置成"4","省级"设置成"3"。

实验四 基于 SQL Server 的审计数据分析:以某税收征收数据为例

实验目的

掌握在 SQL Server 2008 中应用"数据查询"这种基本的审计数据分析方法,加深理解审计数据分析的意义。

实验要求

以某税收征收电子数据为例,掌握在 SQL Server 2008 中使用"数据查询"的方法完成审计数据分析方法,以及如何完成 Excel 与 SQL Server 2008 之间的数据转换。

实验内容

以给定的某税收征收电子数据(文件名为"税收征收.mdb",数据表名为"征收表",数据表结构见本书附录 A.10)为例,完成以下实验。

(1) 将该数据导入名为"数据审计练习"的 SQL Server 数据库中。

(2) 在 SQL Server 中编写 SQL 语句检查税收征收数据中有无"负纳税"数据和"超期滞纳"数据。其中,假定所有纳税人税款滞纳天数超过 10 天均属超期滞纳。

(3) 新建一个名为"纳税分析"的 Excel 数据文件;在"纳税分析"Excel 数据文件中新建两个工作表,名称分别为"负纳税"和"超期滞纳";将(2)中的分析结果保存到所建的"纳税分析"Excel 文件中,其中,"负纳税"数据保存在"纳税分析"Excel 文件的"负纳税"工作表中,"超期滞纳"数据保存在"纳税分析"Excel 文件的"超期滞纳"工作表中。

实验五 基于 SQL Server 的审计数据分析:以某零售企业商品数据为例

实验目的

掌握在 SQL Server 2008 中应用"数据查询"这种基本的审计数据分析方法,加深理解审计数据分析的意义。

实验要求

以某零售企业商品文本文件数据为例,练习在 SQL Server 2008 中使用"数据查询"的方法完成审计数据分析,以及完成 Excel 与 SQL Server 2008 之间的数据转换。

实验内容

现有一个某零售企业商品数据"商品.txt",现把其采集到 SQL Server 数据库中,并对其进行分析。

要求如下：

（1）将该数据导入名为"数据审计练习"的 SQL Server 数据库中。要求不导入订购量和再订购量，且其中单价精确到分，库存量为整数。

（2）在 SQL Server 数据库中查找类别为"饮料"的商品，并要求在查询结果中新增一列"库存金额"并计算出每个商品的库存金额（精确到分）（注意：库存金额＝库存量×单价），且对结果按库存金额的降序排列。

（3）新建一个名为"商品数据分析"的 Excel 数据文件；在"商品数据分析"Excel 数据文件中新建一个名为"饮料"的工作表；将（2）中的分析结果保存到所建的"商品数据分析"Excel 文件的"饮料"工作表中。

实验六　基于 SQL Server 的审计数据分析：以某失业保险数据为例

实验目的

掌握使用 SQL Server 2008 数据库实现"重号分析"这种审计数据分析方法，加深理解审计数据分析的意义。

实验要求

以某劳动局失业保险数据为例，练习如何在 SQL Server 2008 中使用"数据查询"的方法完成审计数据分析（重号分析），以及如何完成 Excel 与 SQL Server 2008 之间的数据转换。

实验内容

以给定的某劳动局失业保险数据（文件名为"失业金实际发放数据.mdb"，数据表名为"失业金实际发放表"，数据表结构见本书附录 A.10）为例，使用 SQL Server 完成"重号分析"，要求如下：

（1）请将该数据导入名为"数据审计练习"的 SQL Server 数据库中。

（2）使用 SQL Server 数据库工具编写 SQL 语句，查找同月重复发放失业金的人员，查找结果包括：身份证号、姓名、发放月份、同月发放次数、发放金额合计，且对结果按"同月发放次数"降序排列。

（3）新建一个名为"重复发放失业金分析结果"的 Excel 数据文件；在"重复发放失业金分析结果"Excel 数据文件中新建一个名为"重复发放失业金的人员名单"的工作表；将（2）中的分析结果保存到所建的"重复发放失业金分析结果"Excel 文件的"重复发放失业金的人员名单"工作表中。

实验目的

掌握使用通用软件 SQL Server 2008 数据库实现基于多数据源综合分析技术的大数据审计方法，加深理解大数据审计的基本应用。

实验要求

以某扶贫审计数据为例，练习在 SQL Server 2008 数据库中使用多数据源综合分析技术来完成数据分析，以及完成 Excel 与 SQL Server 2008 数据库之间的数据转换。

实验内容

以给定的某扶贫审计数据（文件名为"扶贫审计数据.mdb"，数据表结构见本书附录 A.10)为例,使用 SQL Server 2008 数据库完成多数据源综合分析技术来完成数据分析,要求如下。

(1) 请将该数据导入名为"数据审计练习"的 SQL Server 数据库中。

(2) 在"扶贫审计数据"SQL Server 2008 数据库中编写 SQL 语句,分析低收入人员名单中是否有财政供养人员、低收入人员名单中是否有注册公司的人员。

(3) 新建一个名为"扶贫审计结果.xls"的 Excel 数据文件,将以上分析结果分别导入该 Excel 数据文件中。

A.4 实验模块四(基于 IDEA 8)

实验一 熟悉 IDEA 8

实验目的

熟悉 IDEA 8 的操作环境,初步掌握 IDEA 8 的使用,为以后的实验打下基础。

实验要求

(1) 掌握安装、启动 IDEA 8 的方法。

(2) 熟悉 IDEA 8 的操作界面以及界面中的主要工具。

(3) 掌握建立审计项目的方法。

实验内容

(1) 安装 IDEA 8。

根据安装向导,安装并启动 IDEA 8。

(2) 熟悉第 3 章图 3.8 中的 IDEA 8 操作界面及其主要工具。

(3) 建立审计项目。

建立审计项目,要求如下。

① 在 D 盘下新建"IDEA 学习"文件夹。

② 指定"工作文件夹"为"D:\IDEA 学习"。

③ 设置"顾客属性"参数如下。

客户名称:IDEA 学习

周期:2019 年 1 月~2019 年 6 月

实验二 IDEA 审计数据采集

实验目的

掌握使用 IDEA 8 采集不同类型数据文件的方法,加深理解审计数据采集的意义。

实验要求

(1) 把给定的文本文件格式数据采集到 IDEA 中。

(2) 把给定的 Excel 格式数据采集到 IDEA 中。

(3) 把给定的 Access 格式数据采集到 IDEA 中。

(4) 把给定的 FoxPro 格式数据采集到 IDEA 中。

(5) 如何通过 ODBC 接口,把给定的数据采集到 IDEA 中。

实验内容

在"实验一 熟悉 IDEA 8"的基础上,完成以下审计数据采集任务。

(1) 把给定的文本文件格式数据某零售企业商品数据(文件名为"商品.txt",数据见本书附录 A.10)采集到 IDEA 中。

(2) 把给定的 Excel 格式数据某税收征收数据(文件名为"征收表.xls",数据表结构见本书附录 A.10)采集到 IDEA 中。

(3) 以给定的 Access 格式数据某税收征收电子数据(文件名为"税收征收.mdb",数据表名为"征收表",数据表结构见本书附录 A.10)为例,把该 Access 数据库"征收表"中的数据采集到 IDEA 中。要求练习以下两种方法。

① 通过:"文件"→"导入助理"→"导入至 IDEA"→"Microsoft Access"完成数据采集。

② 通过:"文件"→"导入助理"→"导入至 IDEA"→"ODBC"完成数据采集。

(4) 以给定的 FoxPro 格式数据某劳动局失业保险数据(文件名为"失业金实际发放表.dbf",数据类型为 FoxPro 自由表,数据表结构见本书附录 A.10)为例,将该数据采集到 IDEA 中。要求练习以下两种方法。

① 通过:"文件"→"导入助理"→"导入至 IDEA"→"dBASE"完成数据采集。

② 通过:"文件"→"导入助理"→"导入至 IDEA"→"ODBC"完成数据采集。

(5) 把 SQL Server 和 Oracle 格式数据采集到 IDEA 中(选做)。

若使用的计算机上安装有 SQL Server 和 Oracle 数据库系统,请任选 SQL Server 或 Oracle 数据库系统中一些数据表,把这些数据采集到 IDEA 中,可以采用以下两种方法来实现。

① 新建一个 Access 数据库文件,把需要采集的 SQL Server 和 Oracle 格式数据先采集到 Access 数据库中,然后,再把 Access 格式数据采集到 IDEA 中。

② 通过:"文件"→"导入助理"→"导入至 IDEA"→"ODBC"直接连接 SQL Server 和 Oracle 数据库,完成数据采集。

实验三 审计数据分析:数据查询

实验目的

在"实验二 IDEA 审计数据采集"的基础上,掌握 IDEA 8 中数据查询这种审计数据分析方法的应用,加深理解审计数据分析的意义。

实验要求

(1) 使用 IDEA 的"标准"功能完成简单的数据查询。

(2) 根据给定的数据,在 IDEA 中练习"提取数据"功能的应用。

实验内容

(1) 使用 IDEA 的"标准"功能完成简单的数据查询

以给定的某税收征收电子数据(文件名为"税收征收.mdb",数据表名为"征收表",数据表结构见本书附录 A.10)为例,假定所有纳税人税款滞纳天数超过 10 天均属超期滞纳,使用 IDEA 的"标准"功能查找"征收表"中有无"负纳税"数据和"超期滞纳"数据。

(2) "提取数据"功能的应用

以给定的某税收征收电子数据(文件名为"税收征收.mdb",数据表名为"征收表",数据表结构见本书附录 A.10)为例,假定所有纳税人税款滞纳天数超过 10 天均属超期滞纳,要求完成以下实验。

① 在 IDEA 中使用"提取数据"功能查找"征收表"中有无"负纳税"数据和"超期滞纳"数据,其中,要求查询结果中显示所有字段。

② 在 IDEA 中使用"提取数据"功能查找"征收表"中有无"负纳税"数据和"超期滞纳"数据,其中,要求查询结果中仅显示"税务登记号""纳税人名称""实纳税额"三个字段。

③ 请在 IDEA 中使用"提取数据"功能查找"征收表"中有无"负纳税"数据,要求根据数据表中的"级次"字段为关键值,对查询结果进行分类,分别显示查询结果(提示:通过菜单"数据"→"提取数据"→"关键值提取",然后定义关键量为"级次"字段来完成)。

(3) 思考题

比较 IDEA 的"标准"功能和"提取数据"功能在数据查询应用上的异同点。

实验四 审计数据分析:审计抽样

实验目的

掌握 IDEA 8 中审计抽样这种审计数据分析方法的使用,加深理解审计数据分析的意义。

实验要求

(1) 根据给定的数据,练习"系统采样"功能的应用。

(2) 根据给定的数据,练习"随机采样"功能的应用。

(3) 根据给定的数据,练习"分类随机记录采样"功能的应用。

(4) 了解采样的其他相关功能。

实验内容

以给定的某税收征收电子数据(文件名为"税收征收.mdb",数据表名为"征收表",数据表结构见本书附录 A.10)为例,完成以下实验。

(1) 使用"系统采样"功能进行抽样,要求如下。

① 抽取 20 条记录,其中抽样的范围为从第一个记录到最后一个记录。查看抽样结果。

② 抽样的间隔为 100,其中抽样的范围为从第一个记录到最后一个记录。查看抽样结果。

(2) 使用"随机采样"功能进行抽样,要求如下。

抽取 10 条记录,随机数据种子任意,其中抽样的范围为从第一个记录到最后一个记录。查看抽样结果。

(3) 使用"分类随机记录采样"功能进行抽样,要求如下。

根据"实纳税额"进行分层,然后抽取 15 条记录,其中,"实纳税额"<0 的抽取 1 条,0<"实纳税额"<1000 的抽取 5 条,1000<"实纳税额"<2000 的抽取 2 条,2000<"实纳税额"<3000 的抽取 1 条,3000<"实纳税额"<4000 的抽取 1 条,4000<"实纳税额"<5000 的抽取 1 条,5000<"实纳税额"<6000 的抽取 1 条,6000<"实纳税额"的抽取 3 条。

(4) 了解采样的其他相关功能。

实验五 审计数据分析：统计分析

实验目的

在面向数据的计算机审计中，统计分析的目的是探索被审计数据内在的数量规律性，以发现异常现象，快速寻找审计突破口。本实验可以加深理解审计数据分析的意义，掌握分层分析和一般统计这两种审计数据分析方法的使用。

实验要求

（1）根据给定的数据，练习"一般统计"功能的应用。

（2）根据给定的数据，练习"分层分析"功能的应用。

实验内容

（1）"一般统计"功能的应用

① 以给定的某税收征收电子数据（文件名为"税收征收.mdb"，数据表名为"征收表"，数据表结构见本书附录 A.10）为例，使用"一般统计"功能进行分析，分析结果类似于图 A.1 所示。

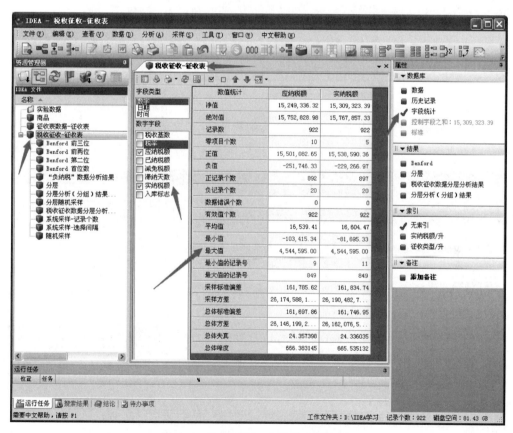

图 A.1 IDEA 的"一般统计"功能示例

② 认真体会图 A.1 中分析结果的意义。

（2）"分层分析"功能的应用

现有某税收征收电子数据（文件名为"税收征收.mdb"，数据表名为"征收表"，数据表结构见本书附录 A.10）。要求如下：

① 对"实纳税额"字段进行分层分析，把分析的结果生成单独的数据库，名称为"税收征收数据分层分析结果数据库"。其分析结果类似于图 A.2 所示。

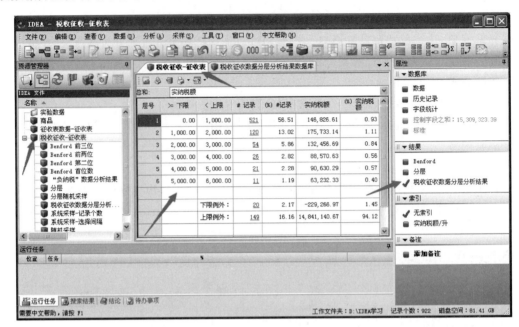

图 A.2　按数值分层的表格显示结果示例

② 以"征收类型"字段为分组依据，对"实纳税额"字段进行分层分析，把分析的结果生成单独的数据库，名称为"分层分析（分组）结果数据库"。其分析结果类似于图 A.3 所示。

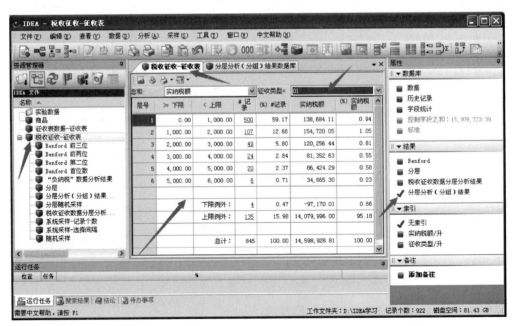

图 A.3　按分组依据分层的表格显示结果示例

③ 认真体会图 A.2 和图 A.3 中分析结果的意义。

实验六　审计数据分析：数值分析

实验目的

在"实验二　IDEA 审计数据采集"的基础上,掌握 IDEA 8 中重号分析、断号分析和 Benford 定律这三种审计数据分析方法的使用,加深理解审计数据分析的意义。

实验要求

(1) 根据给定的数据,练习"重号分析"功能的应用。

(2) 根据给定的数据,练习"断号分析"功能的应用。

(3) 根据给定的数据,练习"Benford 定律"功能的应用。

实验内容

(1) "重号分析"功能的应用。

① 现有某税收征收电子数据(文件名为"税收征收.mdb",数据表名为"征收表",数据表结构见本书附录 A.10),请使用"重号分析"功能分析"征收表"中"税务登记号"字段重复的数据,查找结果要求显示所有字段。

② 以给定的 FoxPro 格式数据某劳动局失业保险数据(文件名为"失业金实际发放表.dbf",数据类型为 FoxPro 自由表,数据表结构见本书附录 A.10)为例,要求使用 IDEA 中的"重号分析"功能,查找同月重复发放失业金的人员,查找结果包括"身份证号""姓名""发放月份"这三个字段。

③ 以给定的某税收征收电子数据(文件名为"税收征收.mdb",数据表名为"征收表",数据表结构见本书附录 A.10)为例,要求使用 IDEA 的"重号分析"功能,查找"税务登记号"和"纳税人名称"相同,"征收类型"不同的数据,查找结果包括如下内容:税务登记号,纳税人名称,征收类型(提示:在 IDEA 中通过"分析"→"查找重复"→"排除"菜单完成)。

④ 比较采用 IDEA 和 Access 进行"重号分析"时,两种方法的优缺点。

(2) "断号分析"功能的应用。

现有某税收征收电子数据(文件名为"税收征收.mdb",数据表名为"征收表",数据表结构见本书附录 A.10),使用"断号分析"功能分析"征收表"中"税务登记号"字段的连续性情况,分析结果类似于图 6.71 所显示的结果。

(3) "Benford 定律"功能的应用。

① 以给定的某税收征收电子数据(文件名为"税收征收.mdb",数据表名为"征收表",数据表结构见本书附录 A.10)为例,使用 IDEA 的"Benford 定律"对"实纳税额"字段进行分析,要求:

• 能分析出类似于图 6.76～图 6.80 所示的结果。

• 查看"实纳税额"字段中前两位数字为"60"的数据记录。

② 任意选取其他数据,检验其和 Benford 定律曲线的吻合程度。

③ 思考题。

图 A.4 为审计人员采用审计软件 IDEA 来对"征收表"数据进行分析的一个界面。解释图中所标出的坐标①和坐标②各自代表的含义。

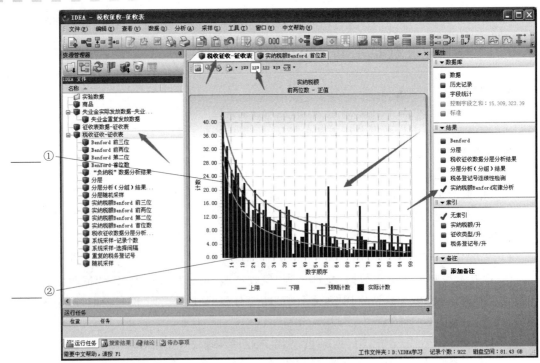

图 A.4 "征收表"数据某审计数据分析结果示例

实验七 审计数据分析：其他功能

实验目的

掌握 IDEA 8 中"字段操作""数据透视表""图表数据"等审计数据分析功能的使用，加深理解审计数据分析的意义。

实验要求

（1）根据给定的数据，练习"字段操作"功能的应用。

（2）根据给定的数据，练习"数据透视表"功能的应用。

（3）根据给定的数据，练习"图表数据"功能的应用（选做）。

实验内容

（1）"字段操作"功能的应用。

以给定的文本文件格式数据某零售企业商品数据（文件名为"商品.txt"，数据见本书附录 A.10）为例，完成以下实验。

① 将该数据导入 IDEA 中（若 IDEA 中已有该数据，则不执行该步骤）。要求单价精确到分，库存量为整数。

② 新增一列"库存金额"字段（提示：通过"数据"→"字段操作"菜单完成）。

③ 计算出每个商品的库存金额（精确到分）（注意：库存金额＝单价×库存量）。

（2）"数据透视表"功能的应用。

以给定的某税收征收电子数据（文件名为"税收征收.mdb"，数据表名为"征收表"，数据表结构见本书附录 A.10）为例，练习"数据透视表"功能，结果类似于图 A.5 所示（提示：通过"分析"→"数据透视表"菜单完成）。

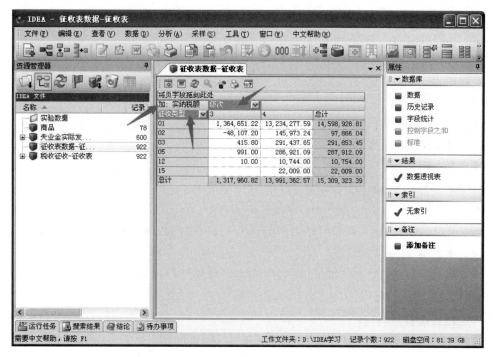

图 A.5 "征收表"数据透视表分析结果示例

(3)"图表数据"功能的应用。

以给定的某税收征收电子数据(文件名为"税收征收.mdb",数据表名为"征收表",数据表结构见本书附录 A.10)为例,练习"图表数据"功能的应用,其设置类似于图 A.6 所示(提示:通过"数据"→"图表数据"菜单完成)。

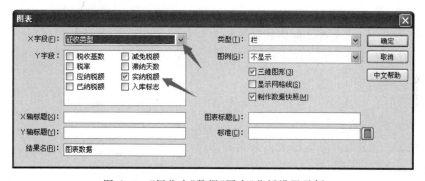

图 A.6 "征收表"数据"图表"分析设置示例

A.5 实验模块五(基于 AO 2011)

实验一 熟悉 AO 2011

实验目的

熟悉 AO 2011 的操作环境,初步掌握 AO 2011 的使用,为以后的实验打下基础。

实验要求

(1) 掌握启动 AO 2011,并建立审计项目的方法。

(2) 熟悉 AO 2011 的操作界面以及界面中的主要工具。

实验内容

(1) 打开 AO 2011。

用户名：admin；密码：1。

(2) 创建新用户。要求相关参数如下。

用户名：student。

身份证号码：本人的身份证号码。

密码：study。

(3) 退出 AO 2011,重新打开 AO 2011,以所建的用户名和密码重新进入系统。

(4) 建立项目(手动)。

项目编号：20151111100100000000000000000000(32 位)(可自动生成)。

项目名称：数据审计练习。

其他内容由自己填写。

(5) 熟悉 AO 2011 的系统功能区、项目资料区、作业区、状态区、数据方法区及其相关操作。

实验二 基于 AO 的审计数据采集

实验目的

掌握使用 AO 2011 来采集不同类型数据文件的方法,加深理解审计数据采集的意义。

实验要求

(1) 练习把给定的文本文件格式数据采集到 AO 中。

(2) 练习把给定的 Excel 格式数据采集到 AO 中。

(3) 练习把给定的 Access 格式数据采集到 AO 中。

(4) 练习把给定的 FoxPro 格式数据采集到 AO 中(直接采集和通过 ODBC 接口两种方法)。

(5) 练习把给定的财务备份数据采集到 AO 中。

实验内容

在"实验一 熟悉 AO 2011"的基础上,完成以下审计数据采集任务。

(1) 把给定的文本文件格式数据某零售企业商品数据(文件名为"商品.txt",数据见本书附录 A.10)采集到 AO"数据审计练习"项目中。

(2) 把给定的 Excel 格式数据某税收征收电子数据(文件名为"征收表数据.xls",数据表结构见本书附录 A.10)采集到 AO"数据审计练习"项目中。

(3) 把给定的 Access 格式数据某税收征收电子数据(文件名为"税收征收.mdb",数据表名为"征收表",数据表结构见本书附录 A.10)采集到 AO"数据审计练习"项目中。

(4) 把给定的 dBASE 格式的数据(文件名为"失业金实际发放表.dbf",数据表结构见本书附录 A.10)采集到 AO"数据审计练习"项目中。要求练习以下两种方法。

① 直接完成数据采集。

② 通过 ODBC 完成数据采集。

(5) 参照图 4.95,把给定的 AO 财务备份格式的数据(文件名为"2007 年某医院财务备份数据")采集到 AO"数据审计练习"项目中。

实验三　基于 AO 的审计数据分析：以某税收征收数据为例

实验目的

掌握使用 AO 2011 实现"数据查询"这种基本的审计数据分析方法,加深理解审计数据分析的意义。

实验要求

以某税收征收电子数据为例,掌握如何在 AO 2011 中采用"数据查询"的方法完成审计数据分析,以及如何完成 Excel 与 AO 2011 之间的数据转换。

实验内容

以给定的某税收征收电子数据(文件名为"税收征收.mdb",数据表名为"征收表",数据表结构见本书附录 A.10)为例,完成以下实验。

(1) 将该数据采集到 AO"数据审计练习"项目中。

(2) 在 AO 中编写 SQL 语句检查税收征收数据中有无"负纳税"数据和"超期滞纳"数据。其中,假定所有纳税人税款滞纳天数超过 10 天均属超期滞纳。

(3) 新建一个名为"纳税分析"的 Excel 数据文件；在"纳税分析"Excel 数据文件中新建两个工作表,名称分别为"负纳税"和"超期滞纳"；将(2)中的分析结果保存到所建的"纳税分析"Excel 文件中,其中,"负纳税"数据保存在"纳税分析"Excel 文件的"负纳税"工作表中,"超期滞纳"数据保存在"纳税分析"Excel 文件的"超期滞纳"工作表中。

实验四　基于 AO 的审计数据分析：以某零售企业商品数据为例

实验目的

掌握使用 AO 2011 实现"数据查询"这种基本的审计数据分析方法,加深理解审计数据分析的意义。

实验要求

以某零售企业商品文本文件数据为例,练习在 AO 2011 中使用"数据查询"的方法完成审计数据分析,以及完成 Excel 与 AO 2011 之间的数据转换。

实验内容

现有某零售企业商品数据"商品.txt",请将其采集到 AO 中,并对其进行分析。

要求如下。

(1) 将该数据采集到 AO"数据审计练习"项目中,并且不导入订购量和再订购量,单价精确到分,库存量为整数。

(2) 在 AO 数据库中查找类别为"饮料"的商品,并要求在查询结果中新增一列"库存金额"并计算出每个商品的库存金额(精确到分)(注:库存金额=库存量×单价),且对结果按"库存金额"的降序排列。

(3) 新建一个名为"商品数据分析"的 Excel 数据文件;在"商品数据分析"Excel 数据文件中新建一个名为"饮料"的工作表;将(2)中的分析结果保存到所建的"商品数据分析"Excel 文件的"饮料"工作表中。

实验五 基于 AO 的审计数据分析:以某失业保险数据为例

实验目的

掌握使用 AO 2011 实现"数据查询"这种基本的审计数据分析方法,加深理解审计数据分析的意义。

实验要求

以某劳动局失业保险数据为例,练习如何在 AO 2011 中使用"数据查询"的方法完成审计数据分析,以及如何完成 Excel 与 AO 2011 之间的数据转换。

实验内容

以给定的某劳动局失业保险数据(文件名为"失业金实际发放数据.mdb",数据表名为"失业金实际发放表",数据表结构见本书附录 A.10)为例,使用 AO 完成审计数据分析,要求如下:

(1) 将该数据采集到 AO "数据审计练习"项目中。

(2) 在 AO 中编写 SQL 语句,查找同月重复发放失业金的人员,查找结果包括:身份证号、姓名、发放月份、同月发放次数、发放金额合计,且对结果按"同月发放次数"降序排列。

(3) 新建一个名为"重复发放失业金分析结果"的 Excel 数据文件;在"重复发放失业金分析结果"Excel 数据文件中新建一个工作表,名称为"重复发放失业金的人员名单";将(2)中的分析结果保存到所建的"重复发放失业金分析结果"Excel 文件的"重复发放失业金的人员名单"工作表中。

实验六 AO 的其他功能练习

实验目的

掌握 AO 2011 的其他审计数据分析功能。

实验要求

(1) 练习在 AO 2011 中使用"统计分析"功能。

(2) 练习在 AO 2011 中使用"审计抽样"功能。

实验内容

(1) 以给定的某税收征收电子数据(文件名为"税收征收.mdb",数据表名为"征收表",数据表结构见本书附录 A.10)为例,采用 AO 练习"统计分析"功能。

(2) 以给定的某税收征收电子数据(文件名为"税收征收.mdb",数据表名为"征收表",数据表结构见本书附录 A.10)为例,采用 AO 练习"审计抽样"功能。

A.6　实验模块六（基于电子数据审计模拟实验室软件）

实验一　熟悉电子数据审计模拟实验室软件

实验目的

（1）掌握使用电子数据审计模拟实验室软件 V1.0 采集不同类型数据文件的方法，加深理解审计数据采集的意义。

（2）熟悉电子数据审计模拟实验室软件 V1.0 的操作环境，初步掌握电子数据审计模拟实验室软件的使用，为以后的实验打下基础。

实验要求

（1）把给定的文本文件格式数据采集到电子数据审计模拟实验室软件中。

（2）把给定的 Excel 格式数据采集到电子数据审计模拟实验室软件中。

（3）把给定的 Access 格式数据采集到电子数据审计模拟实验室软件中。

（4）熟悉电子数据审计模拟实验室软件的操作界面以及界面中的主要工具。

实验内容

（1）把给定格式数据采集到电子数据审计模拟实验室软件中。

① 把给定的文本文件格式数据某零售企业商品数据（文件名为"商品.txt"，数据见本书附录 A.10）采集到电子数据审计模拟实验室软件中。

② 把给定的 Excel 格式数据某税收征收电子数据（文件名为"征收表"，数据表结构见本书附录 A.10）采集到电子数据审计模拟实验室软件中。

③ 把给定的 Access 格式数据某税收征收电子数据（文件名为"税收征收.mdb"，数据表名为"征收表"，数据表结构见本书附录 A.10）采集到电子数据审计模拟实验室软件中。

（2）熟悉图 3.6 和图 3.7 中的电子数据审计模拟实验室软件操作界面及其主要工具。

（3）在完成以上操作之后，使用"审计日志导出"功能导出并查看审计日志。

实验二　审计数据预处理模拟练习

实验目的

掌握使用电子数据审计模拟实验室软件 V1.0 完成审计数据预处理的方法，加深理解审计数据预处理的意义。

实验要求

以某税收征收电子数据为例，练习如何在电子数据审计模拟实验室软件 V1.0 中完成空值处理、数据标准化等审计数据预处理。

实验内容

（1）采用 SQL 查询模拟器模拟练习审计数据预处理。

现有某税收征收电子数据（文件名为"税收征收（数据预处理练习数据）.mdb"，数据表名为"征收表"，表结构见附录 A.10）。要求对其进行预处理，完成以下实验。

① 根据表 A.1 和表 A.2 的对应关系，在 Access 2007 中对税收征收电子数据进行数据

预处理,完成数据表名称转换和字段名称转换。

② 把完成数据表名称转换和字段名称转换的税收征收电子数据采集到电子数据审计模拟实验室软件中。

③ 借助电子数据审计模拟实验室软件的 SQL 查询模拟器功能,编写 SQL 语句把"征收表"中"实纳税额"字段中的空值设置成"0"。

④ 借助电子数据审计模拟实验室软件的 SQL 查询模拟器功能,编写 SQL 语句把"征收表"中"级次"字段中的数据标准化,即把"征收表"中"级次"字段中的数据值"市级"设置成"4","省级"设置成"3"。

⑤ 将数据预处理结果保存到名为"某税收征收电子数据数据预处理结果"的 Excel 文件中。

(2) 在完成以上操作之后,使用"审计日志导出"功能导出并查看审计日志。

实验三 审计数据分析:数据查询模拟练习

实验目的

使用电子数据审计模拟实验室软件 V1.0 的 SQL 查询模拟器,练习 SQL 数据查询,掌握 SQL 数据查询这种审计数据分析方法的应用,加深理解审计数据分析的意义。

实验要求

以某税收征收电子数据和某劳动局失业保险数据为例,掌握在电子数据审计模拟实验室软件 V1.0 中使用"数据查询"的方法完成审计数据分析的方法,以及将分析结果并导出为 Excel 格式的数据的方法。

实验内容

(1) 使用 SQL 查询模拟器模拟练习审计数据查询。

① 以给定的某税收征收电子数据(文件名为"税收征收.mdb",数据表名为"征收表",数据表结构见本书附录 A.10)为例,假定所有纳税人税款滞纳天数超过 10 天均属超期滞纳,按以下要求完成实验。

- 将该数据采集到电子数据审计模拟实验室软件中。
- 借助电子数据审计模拟实验室软件的 SQL 查询模拟器功能,编写 SQL 语句检查税收征收数据中有无"负纳税"数据,并将分析结果保存到名为"负纳税"的 Excel 文件中。
- 借助电子数据审计模拟实验室软件的 SQL 查询模拟器功能,编写 SQL 语句检查税收征收数据中有无"超期滞纳"数据,并将分析结果保存到名为"超期滞纳"的 Excel 文件中。

② 以给定的某劳动局失业保险数据(文件名为"失业金实际发放数据.mdb",数据表名为"失业金实际发放表",数据表结构见本书附录 A.10)为例,按以下要求完成实验。

- 将该数据采集到电子数据审计模拟实验室软件中。
- 借助电子数据审计模拟实验室软件的 SQL 查询模拟器功能,编写 SQL 语句查找同月重复发放失业金的人员,查找结果包括身份证号、姓名、发放月份、同月发放次数、发放金额合计,并对结果按"同月发放次数"降序排列。
- 将分析结果保存到名为"重复发放失业金分析结果"的 Excel 文件中。

(2) 熟悉快速条件查询和便捷 SQL 查询模拟。

(3) 在完成以上操作之后,使用"审计日志导出"功能导出并查看审计日志。

(4) 思考题。

比较电子数据审计模拟实验室软件中的 SQL 查询模拟器、快速条件查询和便捷 SQL 查询模拟三者在功能上的异同点。

实验四　审计数据分析:审计抽样模拟练习

实验目的

使用电子数据审计模拟实验室软件 V1.0 的审计抽样功能,练习审计抽样这种审计数据分析方法的应用,从而掌握审计抽样这种审计数据分析方法,加深理解审计数据分析的意义。

实验要求

(1) 根据给定的数据,练习"固定抽样"功能的应用。

(2) 根据给定的数据,练习"间隔抽样"功能的应用。

(3) 根据给定的数据,练习"随机抽样"功能的应用。

实验内容

(1) 练习"审计抽样"功能。

以给定的某税收征收电子数据(文件名为"税收征收.mdb",数据表名为"征收表",数据表结构见本书附录 A.10)为例,完成以下实验。

① 利用"固定抽样"功能进行抽样,要求如下。

- 抽取 20 条记录,其中抽样的范围为从第一个记录到最后一个记录。
- 查看抽样结果,并将抽样结果保存到名为"固定抽样结果"的 Excel 文件中。

② 利用"间隔抽样"功能进行抽样,要求如下。

- 抽样的间隔为 100,其中抽样的范围为从第一个记录到最后一个记录。
- 查看抽样结果,并将抽样结果保存到名为"间隔抽样结果"的 Excel 文件中。

③ 利用"随机抽样"功能进行抽样,要求如下。

- 抽取 10 条记录,随机数据种子任意,其中抽样的范围为从第一个记录到最后一个记录。
- 查看抽样结果,并将抽样结果保存到名为"随机抽样结果"的 Excel 文件中。

(2) 在完成以上操作之后,采用"审计日志导出"功能导出并查看审计日志。

实验五　审计数据分析:统计分析模拟练习

实验目的

使用电子数据审计模拟实验室软件 V1.0 的统计分析功能,练习统计分析这种审计数据分析方法的应用,从而掌握统计分析这种审计数据分析方法,加深理解审计数据分析的意义。

实验要求

(1) 根据给定的数据,练习"一般统计"功能的应用。

(2) 根据给定的数据,练习"分层分析"功能的应用。

实验内容

(1) "一般统计"功能的应用。

以给定的某税收征收电子数据(文件名为"税收征收.mdb",数据表名为"征收表",数据表结构见本书附录 A.10)为例,使用电子数据审计模拟实验室软件 V1.0 的"一般统计"功能对"实纳税额"字段进行分析,并认真体会分析结果的意义。

(2) "分层分析"功能的应用。

现有某税收征收电子数据(文件名为"税收征收.mdb",数据表名为"征收表",数据表结构见本书附录 A.10)。要求如下:

① 对"实纳税额"字段进行分层分析,并且分层的下限为 0,上限为 6000,分层间隔为 1000。

② 查看分层结果,并认真体会分层结果的意义。

③ 选择分层结果中的某一层,如"4000~5000",查看该层中的数据,并将该层中的数据保存到名为"分层结果中的某一层数据"的 Excel 文件中。

(3) 在完成以上操作之后,使用"审计日志导出"功能导出并查看审计日志。

实验六　审计数据分析:数值分析模拟练习

实验目的

使用电子数据审计模拟实验室软件 V1.0 的重号分析、断号分析和 Benford 定律功能,练习重号分析、断号分析和 Benford 定律这三种数值分析方法的应用,从而掌握这三种审计数据分析方法的使用,加深理解审计数据分析的意义。

实验要求

(1) 根据给定的数据,练习"重号分析"功能的应用。

(2) 根据给定的数据,练习"断号分析"功能的应用。

(3) 根据给定的数据,练习"Benford 定律"功能的应用。

实验内容

(1) "重号分析"功能的应用。

① 现有某税收征收电子数据(文件名为"税收征收.mdb",数据表名为"征收表",数据表结构见本书附录 A.10),要求使用电子数据审计模拟实验室软件的"重号分析"功能分析"征收表"中"税务登记号"字段重复的数据。

② 以给定的某税收征收电子数据(文件名为"税收征收.mdb",数据表名为"征收表",数据表结构见本书附录 A.10)为例,要求使用电子数据审计模拟实验室软件的"重号分析"功能,查找"税务登记号"和"纳税人名称"相同的数据。

③ 以给定的 Access 格式数据的某劳动局失业保险数据(文件名为"失业金实际发放数据.mdb",数据表名为"失业金实际发放表",数据表结构见本书附录 A.10)为例,要求使用电子数据审计模拟实验室软件的"重号分析"功能,查找同月重复发放失业金的人员,并将分析结果保存到名为"重复发放失业金分析结果"的 Excel 文件中。

④ 比较使用电子数据审计模拟实验室软件的"重号分析"功能和通过编写 SQL 语句进行"重号分析"时，两种方法的优缺点。

(2)"断号分析"功能的应用。

现有某税收征收电子数据（文件名为"税收征收.mdb"，数据表名为"征收表"，数据表结构见本书附录 A.10），要求使用电子数据审计模拟实验室软件的"断号分析"功能分析"征收表"中"税务登记号"字段的连续性情况。

(3)"Benford 定律"功能的应用

① 以给定的某税收征收电子数据（文件名为"税收征收.mdb"，数据表名为"征收表"，数据表结构见本书附录 A.10）为例，使用电子数据审计模拟实验室软件的"Benford 定律"对"实纳税额"字段进行分析，要求如下。

- 分别对第一位数字和第二位数字进行分析，并分别查看分析结果，检验其和 Benford 定律曲线的吻合程度。
- 对前两位数字进行分析，查看"实纳税额"字段中前两位数字为"60"的数据记录，并将"实纳税额"字段中前两位数字为"60"的数据保存到名为"前两位数字为 60"的 Excel 文件中。

② 任意选取其他数据，检验其和 Benford 定律曲线的吻合程度。

(4) 在完成以上操作之后，使用"审计日志导出"功能导出并查看审计日志。

实验七　审计数据分析：数据匹配模拟练习

实验目的

使用电子数据审计模拟实验室软件 V1.0 的数据匹配功能，练习数据匹配这种审计数据分析方法的应用，从而掌握数据匹配这种审计数据分析方法，加深理解审计数据分析的意义，并理解审计数据分析方法与审计风险之间的关系。

实验要求

(1) 根据给定的数据，练习"数据匹配"的"一般匹配"功能的应用。

(2) 根据给定的数据，练习"数据匹配"的"长度过滤匹配"功能的应用（选做）。

(3) 从查全率和查准率的视角出发，理解电子数据审计的审计风险。

实验内容

(1)"数据匹配"的"一般匹配"功能应用。

以给定的 Access 格式数据某失业人员数据（文件名为"失业人员登记表.mdb"和"syrydjb.mdb"，数据表结构见本书附录 A.10）为例，完成以下实验。

① 使用"数据匹配"的"一般匹配"功能对该数据进行分析，要求匹配的字段分别为"姓名"和"家庭住址"，其中，"姓名"的权重设为 0.6，"家庭住址"的权重设为 0.4；匹配算法均选择字符型；相似度与编辑距离的对应关系保持系统默认值不变；字段阈值设为 0.7，记录阈值设为 0.8。查看数据匹配分析结果，并将结果保存到名为"数据匹配分析结果"的 Excel 文件中。

② 设置不同的字段阈值和记录阈值（如，字段阈值设为 0.7，记录阈值设为 0.7；字段阈

值设为0.8,记录阈值设为0.8),比较数据匹配结果。

③ 理解查全率和查准率与审计风险之间的关系。

(2)"数据匹配"的"长度过滤匹配"功能应用。

以给定的 Access 格式数据某失业人员数据(文件名为"失业人员登记表.mdb"和"syrydjb.mdb",数据表结构见本书附录 A.10)为例,完成以下实验。

① 使用"数据匹配"的"长度过滤匹配"功能对该数据进行分析,要求匹配的字段分别为"姓名"和"家庭住址",其中,"姓名"的权重设为0.6,"家庭住址"的权重设为0.4;匹配算法均选择字符型;相似度与编辑距离的对应关系保持系统默认值不变;字段阈值设为0.7,记录阈值设为0.8;长度过滤参数设置为2。查看数据匹配分析结果。

② 理解长度过滤参数的作用。

(3)在完成以上操作之后,使用"审计日志导出"功能导出并查看审计日志。

实验八 审计数据分析:相似数据查询模拟练习

实验目的

使用电子数据审计模拟实验室软件 V1.0 的相似数据查询功能,练习相似数据查询这种审计数据分析方法的应用,从而掌握相似数据查询这种审计数据分析方法,加深理解审计数据分析的意义,并理解审计数据分析方法与审计风险之间的关系。

实验要求

(1)根据给定的数据,练习"相似数据查询"的"一般相似查询"功能的应用。

(2)根据给定的数据,练习"相似数据查询"的"长度过滤相似查询"功能的应用(选做)。

(3)从查全率和查准率的视角出发,理解电子数据审计的审计风险。

实验内容

(1)"相似数据查询"的"一般相似查询"功能应用。

① 以给定的某税收征收电子数据(文件名为"税收征收.mdb",数据表名为"征收表",数据表结构见本书附录 A.10)为例,完成以下实验。

- 使用"相似数据查询"的"一般相似查询"功能对该数据进行分析,要求如下。
  - 相似查询的字段为"纳税人名称",权重设为1,相似查询算法选择字符型,相似度与编辑距离的对应关系保持系统默认值不变;字段阈值设为0.8,记录阈值设为0.8。查看相似数据查询结果,并将结果保存到名为"相似数据查询结果1"的 Excel 文件中。
  - 设置不同的字段阈值和记录阈值(如,字段阈值设为0.9,记录阈值设为0.9;字段阈值设为0.6,记录阈值设为0.6),比较相似数据查询结果。
- 使用"相似数据查询"的"一般相似查询"功能对该数据进行分析,要求如下。
  - 相似查询的字段分别为"纳税人名称"和"税务登记号",其中,"纳税人名称"的权重设为0.6,"税务登记号"的权重设为0.4;"纳税人名称"的匹配算法选择字符型,"税务登记号"的匹配算法选择数值型;相似度与编辑距离的对应关系保持系统默认值不变;字段阈值设为0.6,记录阈值设为0.7。查看相似数据查询结果,并将结果保存到名为"相似数据查询结果2"的 Excel 文件中。

- 设置不同的字段阈值和记录阈值(如,字段阈值设为0.7,记录阈值设为0.8;字段阈值设为0.8,记录阈值设为0.8),比较相似数据查询结果。

② 以给定的 Access 格式数据某劳动局失业保险数据(文件名为"失业金实际发放数据.mdb",数据表名为"失业金实际发放表",数据表结构见本书附录 A.10)为例,使用"相似数据查询"的"一般相似查询"功能对该数据进行分析,要求如下。

相似查询的字段分别为"身份证号""姓名"和"发放月份",其中,"身份证号"的权重设为 0.2,"姓名"的权重设为 0.4,"发放月份"的权重设为 0.4;"身份证号"的相似查询算法选择字符型,"姓名"的相似查询算法选择字符型,"发放月份"的相似查询算法选择布尔型;相似度与编辑距离的对应关系保持系统默认值不变;字段阈值设为 0.9,记录阈值设为 0.9。查看相似数据查询结果,并将结果保存到名为"相似数据查询结果 3"的 Excel 文件中。

③ 理解查全率和查准率与审计风险之间的关系。

(2) "相似数据查询"的"长度过滤相似查询"功能应用。

以给定的某税收征收电子数据(文件名为"税收征收.mdb",数据表名为"征收表",数据表结构见本书附录 A.10),完成以下实验。

① 使用"相似数据查询"的"长度过滤相似查询"功能对该数据进行分析,要求相似查询的字段分别为"纳税人名称"和"税务登记号",其中,"纳税人名称"的权重设为 0.6,"税务登记号"的权重设为 0.4;"纳税人名称"的相似查询算法选择字符型,"税务登记号"的相似查询算法选择数值型;相似度与编辑距离的对应关系保持系统默认值不变;字段阈值设为 0.6,记录阈值设为 0.7;长度过滤参数设置为 2。查看相似数据查询结果。

② 理解长度过滤参数的作用。

(3) 在完成以上操作之后,使用"审计日志导出"功能导出并查看审计日志。

A.7 实验模块七(基于大数据多数据源综合分析技术的大数据审计实验)

实验一 基于 Access 的扶贫大数据审计

实验目的

掌握如何使用通用软件 Access 2007 实现基于多数据源综合分析技术的大数据审计方法,加深理解大数据审计的基本应用。

实验要求

以某扶贫审计数据为例,练习如何在 Access 2007 中采用多数据源综合分析技术来完成数据分析,以及如何完成 Access 2007 与 Excel 之间的数据转换。

实验内容

以给定的某扶贫审计数据(文件名为:"扶贫审计示例数据.mdb",数据表结构见本书附录 A.10)为例,采用 Access 完成多数据源综合分析技术来完成数据分析,要求如下。

(1) 在"扶贫审计示例数据"Access 数据库中编写 SQL 语句,分析低收入人员名单中是否有财政供养人员、低收入人员名单中是否有注册公司的人员。

(2) 新建一个名为"扶贫审计结果.xls"的 Excel 数据文件,将以上分析结果分别导入该 Excel 数据文件中。

实验二　基于 SQL Server 的扶贫大数据审计

实验目的

掌握如何采用通用软件 SQL Server 实现基于多数据源综合分析技术的大数据审计方法,加深理解大数据审计的基本应用。

实验要求

以某扶贫审计数据为例,练习如何在 SQL Server 中采用多数据源综合分析技术来完成数据分析,以及如何完成 SQL Server 与 Excel 之间的数据转换。

实验内容

以给定的某扶贫审计数据(文件名为"扶贫审计示例数据.mdb",数据表结构见本书附录 A.10)为例,在 SQL Server 中采用多数据源综合分析技术来完成数据分析,要求如下。

(1) 将给定的某扶贫审计数据采集到 SQL Server 数据库中。

(2) 在 SQL Server 数据库中编写 SQL 语句,分析低收入人员名单中是否有财政供养人员、低收入人员名单中是否有注册公司的人员。

(3) 新建一个名为"扶贫审计结果.xls"的 Excel 数据文件,将以上分析结果分别导入该 Excel 数据文件中。

实验三　基于 PL/SQL Developer 的扶贫大数据审计(选做)

实验目的

掌握如何使用 PL/SQL Developer 8.0(或其他版本)实现基于多数据源综合分析技术的大数据审计方法,加深理解大数据审计的基本应用。

实验要求

以某扶贫审计数据为例,练习如何在 PL/SQL Developer 8.0 中采用多数据源综合分析技术来完成数据分析,以及如何完成 PL/SQL Developer 8.0 与 Excel 之间的数据转换。

实验内容

以给定的某扶贫审计数据(文件名为"扶贫审计示例数据.mdb",数据表结构见本书附录 A.10)为例,在 PL/SQL Developer 8.0 中采用多数据源综合分析技术来完成数据分析,要求如下。

(1) 将给定的某扶贫审计数据采集到 Oracle 数据库中。

(2) 在 PL/SQL Developer 8.0 中编写 SQL 语句,分析低收入人员名单中是否有财政供养人员、低收入人员名单中是否有注册公司的人员。

(3) 新建一个名为"扶贫审计结果.xls"的 Excel 数据文件,将以上分析结果分别导入该 Excel 数据文件中。

实验四 基于电子数据审计模拟实验室软件的扶贫大数据审计（选做）

实验目的

掌握如何使用电子数据审计模拟实验室软件实现基于多数据源综合分析技术的大数据审计方法，加深理解大数据审计的基本应用。

实验要求

以某扶贫审计数据为例，练习如何在电子数据审计模拟实验室软件中采用多数据源综合分析技术来完成数据分析，以及如何完成电子数据审计模拟实验室软件与 Excel 之间的数据转换。

实验内容

以给定的某扶贫审计数据（文件名为"扶贫审计示例数据.mdb"，数据表结构见本书附录 A.10）为例，在电子数据审计模拟实验室软件中采用多数据源综合分析技术来完成数据分析，要求如下。

（1）将给定的某扶贫审计数据采集到电子数据审计模拟实验室软件中。

（2）在电子数据审计模拟实验室软件中编写 SQL 语句或采用其他查询分析方式，分析低收入人员名单中是否有财政供养人员、低收入人员名单中是否有注册公司的人员。

（3）新建一个名为"扶贫审计结果.xls"的 Excel 数据文件，将以上分析结果分别导入该 Excel 数据文件中。

A.8 实验模块八（基于 R 语言的大数据审计实验）

实验一 熟悉 R 语言

实验目的

熟悉 RStudio 的操作环境，初步掌握 RStudio 的使用，为以后的实验打下基础。

实验要求

（1）掌握如何安装、启动 RStudio。

（2）熟悉 RStudio 的操作界面以及界面中的主要工具。

实验内容

（1）安装 RStudio。根据安装向导，安装并启动 RStudio。

（2）熟悉 RStudio 的操作界面及其主要工具。

实验二 基于网络爬虫技术网上数据采集（大数据采集）

实验目的

掌握如何使用大数据分析工具 RStudio 实现基于网络爬虫技术的网上数据采集，加深理解大数据审计的基本应用。

实验要求

以某扶贫审计公告数据为例,练习如何使用大数据分析工具 RStudio 实现基于网络爬虫技术的网上数据采集。

实验内容

以给定的某扶贫审计公告数据为例(见本书附录 A.10),该扶贫审计公告数据的网址分别如下。

http://www.audit.gov.cn/n5/n25/c123562/content.html

http://www.audit.gov.cn/n5/n25/c97001/content.html

http://www.audit.gov.cn/n5/n25/c84959/content.html

采用 RStudio 完成数据采集,要求如下。

(1) 在计算机 D 盘中新建一个名为"大数据采集"的文件夹。

(2) 打开 RStudio,在 RStudio 中编写网络爬虫代码,将以上给定的某扶贫审计公告数据采集到 D 盘的"大数据采集"文件夹中,并命名为"某扶贫审计公告数据.txt"的文本文件(要求以上三个扶贫审计公告数据采集到同一个文本文件中)。

实验三 PDF 格式文件转换成文本格式文件(大数据预处理)

实验目的

掌握如何使用大数据分析工具 RStudio 实现不同类型数据之间的转换,加深理解大数据审计中的数据预处理。

实验要求

以 PDF 格式的某个文件数据为例,练习如何使用大数据分析工具 RStudio 将其转换成文本格式文件。

实验内容

以给定的某 PDF 格式的文件数据(数据名为"某 PDF 格式文件数据",见本书附录 A.10)为例,采用 RStudio 将其转换成文本格式文件,要求如下。

(1) 在计算机 D 盘中新建一个名为"大数据预处理"的文件夹,将"某 PDF 格式文件数据"存放到该文件夹中。

(2) 打开 RStudio,在 RStudio 中编写转换代码,将该"某 PDF 格式文件数据"转换成名为"某 PDF 格式文件数据转化结果.txt"的文本文件,并将该文本文件保存在 D 盘名为"大数据预处理"的文件夹中。

(3) 自行选择其他 PDF 格式文件数据,在 RStudio 中编写转换代码,将该 PDF 格式文件数据转换成名为"其他 PDF 格式文件数据转化练习结果.txt"的文本文件,并将该文本文件保存在 D 盘名为"大数据预处理"的文件夹中。

实验四 基于大数据可视化分析技术的大数据审计实验(文本数据分析)

实验目的

掌握如何使用大数据分析工具 RStudio 实现标签云分析,加深理解基于可视化技术的大数据分析方法的应用。

实验要求

以某文本文件数据为例,练习如何使用大数据分析工具 RStudio 进行标签云分析。

实验内容

以实验二和实验三生成的文本文件"某扶贫审计公告数据.txt"和"某 PDF 格式的文件数据转化结果.txt"为例,采用 RStudio 完成该文本文件数据的标签云分析,要求如下。

(1) 在计算机 D 盘中新建一个名为"文本数据分析"的文件夹,将文本文件"某扶贫审计公告数据.txt"和"某 PDF 格式的文件数据转化结果.txt"存放到该文件夹中。

(2) 打开 RStudio,在 RStudio 中编写转换代码,对该文本文件数据进行,生成前 50 个出现频率最多的词的标签云分析结果。

(3) 将该分析结果分别另存为名为"某扶贫审计公告数据标签云分析结果"和"某 PDF 格式的文件数据转化结果标签云分析结果"的图片文件,保存在 D 盘名为"文本数据分析"的文件夹中。

实验五 基于大数据可视化分析技术的大数据审计实验(结构化数据分析)

实验目的

掌握如何使用大数据分析工具 RStudio 实现散点图、条形图、折线图、热力图、气泡图等常用的数据可视化分析技术,加深理解基于大数据可视化技术的大数据审计方法的应用。

实验要求

以某只股票交易数据为例,练习如何使用大数据分析工具 RStudio 进行散点图、条形图、折线图、热力图、气泡图等数据可视化分析。

实验内容

以给定的某股票交易数据(数据名为"某股票交易数据",数据见本书附录 A.10)为例,使用 RStudio 完成散点图、条形图、折线图、热力图、气泡图等常用的数据可视化分析,要求如下。

(1) 在计算机 D 盘中新建一个名为"结构化数据分析"的文件夹。

(2) 在 RStudio 中编写分析代码,对该股票交易数据进行散点图分析,其中,X 轴表示被分析的客户编号,Y 轴表示被分析的客户购买股票的代码。将分析结果另存为一个名为"散点图分析结果"的图片文件,保存在计算机 D 盘名为"结构化数据分析"的文件夹中。并通过散点图分析,分析客户购买股票的情况,判断哪些客户购买股票的类型比较单一。

(3) 在 RStudio 中编写分析代码,对该股票交易数据进行条形图分析,其中,X 轴表示被分析的客户编号,Y 轴表示被分析的客户购买股票的代码。将分析结果另存为一个名为"条形图分析结果"的图片文件,保存在计算机 D 盘名为"结构化数据分析"的文件夹中。并通过条形图分析,分析客户购买股票的情况,判断哪些客户购买股票的类型比较单一。

(4) 在 RStudio 中编写分析代码,对该股票交易数据进行折线图分析,其中,X 轴表示被分析的客户编号,Y 轴表示被分析的客户购买股票的代码。将分析结果另存为一个名为"折线图分析结果"的图片文件,保存在计算机 D 盘名为"结构化数据分析"的文件夹中。并通过折线图分析,分析客户购买股票的情况,判断哪些客户购买股票的类型比较单一。

(5) 在 RStudio 中编写分析代码,对该股票交易数据进行热力图分析,其中,X 轴表示被分析的客户编号,Y 轴表示被分析的客户购买股票的代码。将分析结果另存为一个名为"热力图分析结果"的图片文件,保存在计算机 D 盘名为"结构化数据分析"的文件夹中。并通过热力图分析,分析客户购买股票的情况和获利情况,判断哪些客户购买股票的类型比较单一,以及哪些客户购买股票获利大。

(6) 在 RStudio 中编写分析代码,对该股票交易数据进行气泡图分析,其中,X 轴表示被分析的客户编号,Y 轴表示被分析的客户购买股票的代码。将分析结果另存为一个名为"气泡图分析结果"的图片文件,保存在计算机 D 盘名为"结构化数据分析"的文件夹中。并通过气泡图分析,分析客户购买股票的情况和获利情况,判断哪些客户购买股票的类型比较单一,以及哪些客户购买股票获利大。

A.9 实验模块九(基于 Python 的大数据审计实验)

实验一 熟悉 Python

实验目的

熟悉 Python 的操作环境 Anaconda,初步掌握 Python 的使用,为以后的实验打下基础。

实验要求

(1) 掌握如何安装、启动 Anaconda。

(2) 熟悉 Anaconda 的操作界面以及界面中的主要工具。

(3) 掌握如何建立审计项目。

实验内容

(1) 安装 Anaconda。根据安装向导,安装并启动 Anaconda。

(2) Anaconda 中的 Python 操作界面及其主要工具。

实验二 基于大数据可视化分析技术的大数据审计实验(散点图分析)

实验目的

掌握如何使用大数据分析工具 Python 实现散点图分析,加深理解基于可视化技术的大数据分析方法的应用。

实验要求

以某只股票交易数据为例,练习如何使用大数据分析工具 Python 进行散点图分析。

实验内容

以给定的某只股票交易数据(数据名为"某股票交易数据",数据见本书附录 A.10)为例,采用 Python 完成散点图分析,要求如下。

(1) 在 Python 中编写代码,对该股票交易数据进行散点图分析,生成分析结果,其中,X

轴表示被分析的客户编号,Y 轴表示被分析的客户购买股票的代码。

(2) 将分析结果另存为一个名为"散点图分析结果"的图片文件。

(3) 通过散点图分析,分析客户购买股票的情况,判断哪些客户购买股票的类型比较单一。

实验三　基于大数据可视化分析技术的大数据审计实验(条形图分析)

实验目的

掌握如何使用大数据分析工具 Python 实现条形图分析,加深理解基于可视化技术的大数据分析方法的应用。

实验要求

以某只股票交易数据为例,练习如何使用大数据分析工具 Python 进行条形图分析。

实验内容

以给定的某只股票交易数据(数据名为"某股票交易数据",数据见本书附录 A.10)为例,使用 Python 完成条形图分析,要求如下:

(1) 在 Python 中编写代码,对该股票交易数据进行条形图分析,生成分析结果,其中,X 轴表示被分析的客户编号,Y 轴表示被分析的客户所购买的股票的总数。

(2) 将分析结果另存为一个名为"条形图分析结果"的图片文件。

(3) 通过条形图分析,分析客户购买股票的情况,判断哪些客户购买股票的类型比较单一。

实验四　基于大数据可视化分析技术的大数据审计实验(折线图分析)

实验目的

掌握使用大数据分析工具 Python 实现折线图分析的方法,加深理解基于可视化技术的大数据分析方法的应用。

实验要求

以某只股票交易数据为例,练习如何使用大数据分析工具 Python 进行折线图分析。

实验内容

以给定的某只股票交易数据(数据名为"某股票交易数据",数据见本书附录 A.10)为例,使用 Python 完成折线图分析,要求如下:

(1) 在 Python 中编写代码,对该股票交易数据进行折线图分析,生成分析结果,其中,X 轴表示被分析的客户编号,Y 轴表示被分析的客户所购买的股票的总数。

(2) 将分析结果另存为一个名为"折线图分析结果"的图片文件。

(3) 通过折线图分析,分析客户购买股票的情况,判断哪些客户购买股票的类型比较单一。

实验五 基于大数据可视化分析技术的大数据审计实验(气泡图分析)

实验目的

掌握使用大数据分析工具 Python 实现气泡图分析的方法,加深理解基于可视化技术的大数据分析方法的应用。

实验要求

以某只股票交易数据为例,练习如何使用大数据分析工具 Python 进行气泡图分析。

实验内容

以给定的某只股票交易数据(数据名为"某股票交易数据",数据见本书附录 A.10)为例,使用 Python 完成气泡图分析,要求如下。

(1) 在 Python 中编写代码,对该股票交易数据进行气泡图分析,生成分析结果,其中,X 轴表示被分析的客户编号,Y 轴表示被分析的客户所购买股票的代码。

(2) 将分析结果另存为一个名为"气泡图分析结果"的图片文件。

(3) 通过气泡图分析,分析客户购买股票及获利金额规模情况。

A.10 实验所用数据

A.10.1 某税收征收数据

"征收表"的表结构如图 A.7 所示。

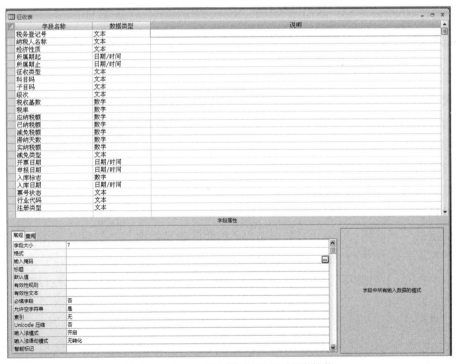

图 A.7 Access 数据库中"征收表"表结构

"税种类型"的表结构如图 A.8 所示。

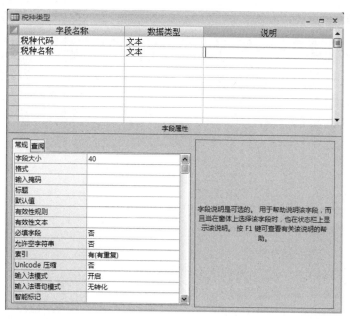

图 A.8　Access 数据库中"税种类型"表结构

"征收表"的数据如图 A.9 所示。

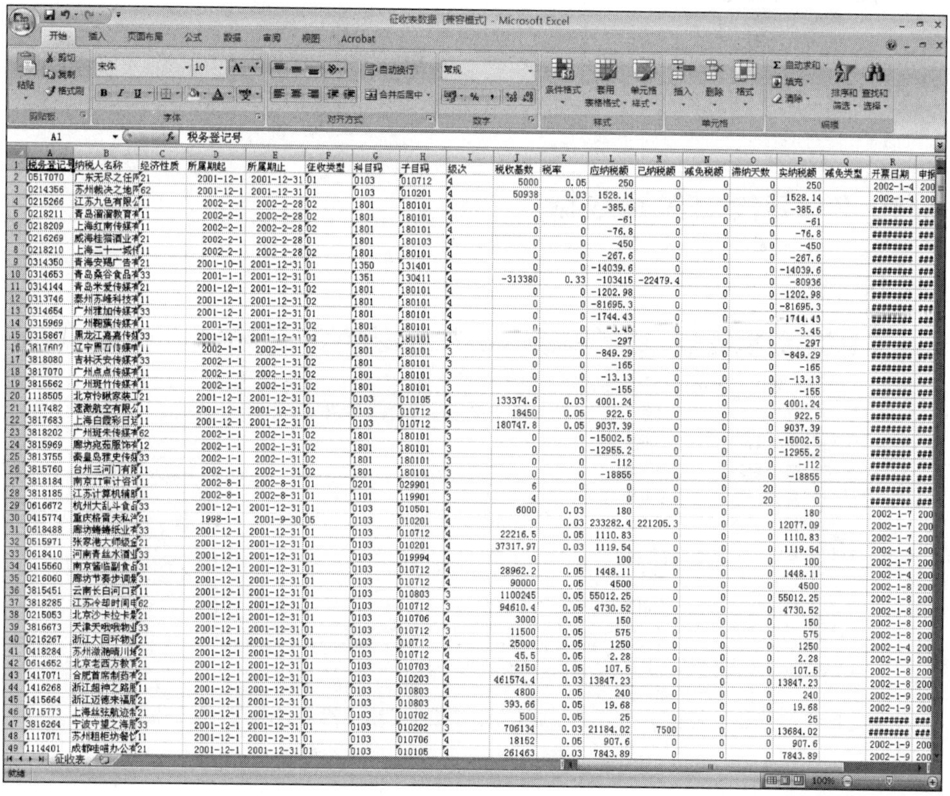

图 A.9　Excel 中"征收表"数据

XML 格式的"征收表"数据如图 A.10 所示。

图 A.10　XML 格式的"征收表"数据

A.10.2　某失业保险数据

FoxPro 中的表结构如图 A.11 所示。

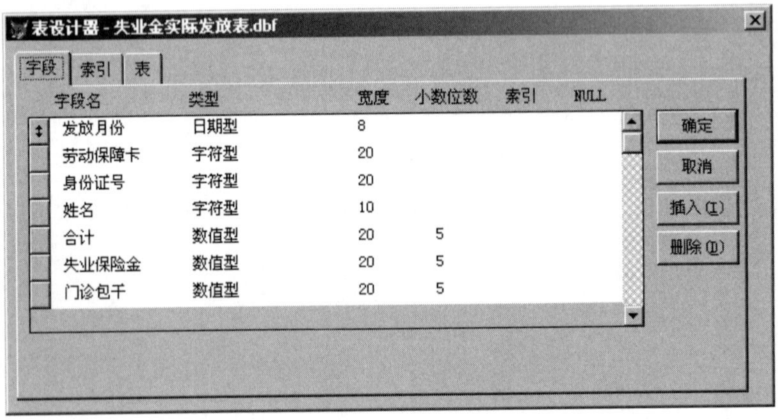

图 A.11　FoxPro 数据库中"失业金实际发放表"表结构

Access 中的表结构如图 A.12 所示。

图 A.12　Access 数据库中"失业金实际发放表"表结构

A.10.3　某零售企业商品数据

文本文件格式的数据如图 A.13 所示。

图 A.13　文本文件格式的"商品"数据

A.10.4 某数据匹配实验数据

"失业人员登记表"的表结构如图 A.14 所示。

图 A.14 Access 数据库中"失业人员登记表"表结构

syrydjb 表结构如图 A.15 所示。

图 A.15 Access 数据库中 syrydjb 表结构

A.10.5 某税收征收数据(数据预处理练习数据)

zsb 表结构如图 A.16 所示。

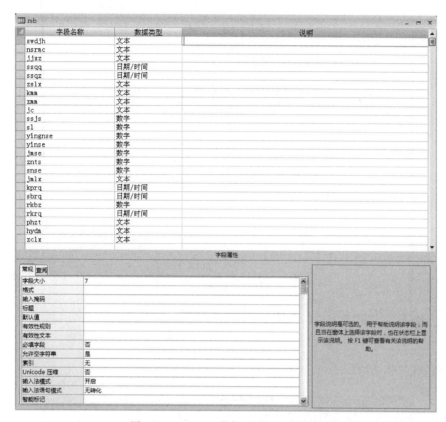

图 A.16 Access 数据库中 zsb 表结构

szlx 表结构如图 A.17 所示。

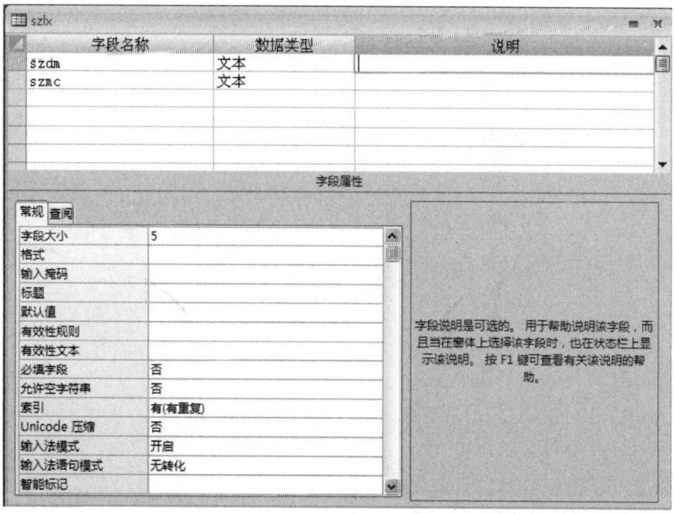

图 A.17 Access 数据库中 szlx 表结构

A.10.6 某扶贫审计示例数据

"低收入农户数据"表结构如图 A.18 所示。

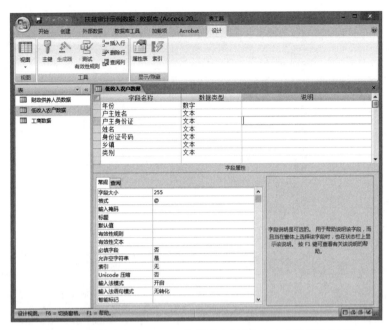

图 A.18　某扶贫审计 Access 数据库中"低收入农户数据"表结构

"工商数据"表结构如图 A.19 所示。

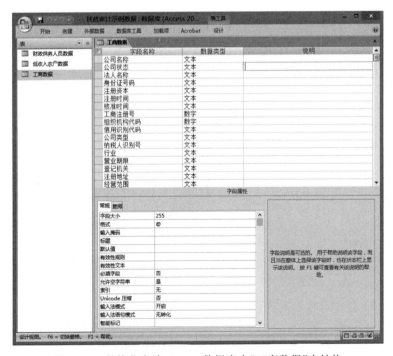

图 A.19　某扶贫审计 Access 数据库中"工商数据"表结构

"财政供养人员数据"表结构如图 A.20 所示。

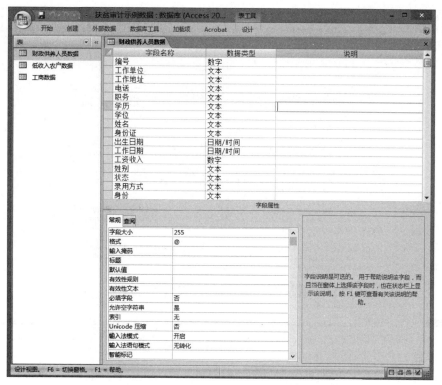

图 A.20　某扶贫审计 Access 数据库中"财政供养人员数据"表结构

A.10.7　某扶贫审计公告数据

审计公告数据示例一如图 A.21 所示。

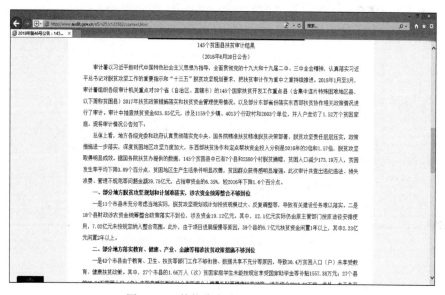

图 A.21　某扶贫审计公告数据示例一

审计公告数据示例二如图 A.22 所示。

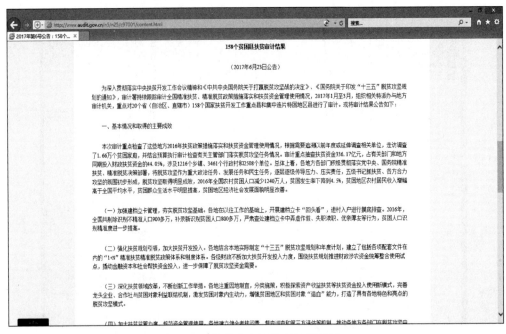

图 A.22　某扶贫审计公告数据示例二

审计公告数据示例三如图 A.23 所示。

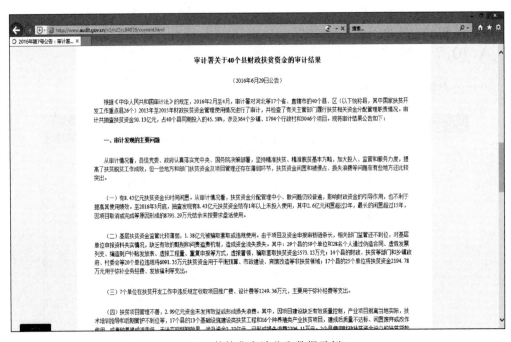

图 A.23　某扶贫审计公告数据示例三

A.10.8 PDF 格式某文件数据

PDF 格式某文件数据如图 A.24 所示。

图 A.24 PDF 格式某文件数据

A.10.9 某股票交易数据

数据示例如图 A.25 所示。

客户编号	客户全称	标的代码	标的名称	买入金额	卖出金额
C001	江东省仙湖有限公司	B0016	大发科技	109275465.00	109277615.00
C010	沈后明	B0016	大发科技	7008558.60	7010458.60
C013	滁州吕票教育有限公司	B0016	大发科技	36453764.92	36454644.92
C015	天大省心投资集团有限公司	B0016	大发科技	9869.07	145309.07
C021	南信期货8号资产管理计划	B0016	大发科技	285256.66	287959.66
C032	大京沃本控股有限公司	B0016	大发科技	204551.94	205991.94
C033	刘小长	B0016	大发科技	20565.18	43128.68
C033	刘小长	B0016	大发科技	13739648.13	13742178.13
C035	江南财富投资管理有限公司	B0016	大发科技	400976.02	61723730.10
C035	江南财富投资管理有限公司	B0016	大发科技	1164966.56	1167116.56
C039	江东科技管理有限公司	B0016	大发科技	3504595.63	3506195.63
C041	连云港邝矿建筑有限公司	B0016	大发科技	133065.74	134229.74
C045	汉东市瑞绵实业有限公司	B0016	大发科技	7291814.49	23546810.49
C067	汉东至实资管有限公司	B0016	大发科技	6815040.45	6816560.45
C106	汉东至发资管有限公司	B0016	大发科技	3258056816.01	3258206816.01
C109	江发至发资管有限公司	B0016	大发科技	20696257.37	20697157.37
C110	张林肯	B0016	大发科技	17013898.95	18336250.95
C111	武汉牛牛膳家电有限公司	B0016	大发科技	52857168.00	52858269.00
C112	武牛家电有限公司	B0016	大发科技	4111733081.60	4111737581.60
C135	汉东审计大数据分析有限公司	B0016	大发科技	89909824.63	89959824.63
C145	汉发数据科学有限公司	B0016	大发科技	16328965141.14	16328971193.74
C241	江汉云数据科学有限公司	B0016	大发科技	10809.54	610809.54
C001	江东省仙湖有限公司	B0019	在同资本	363629.99	
C010	沈后明	B0019	在同资本	76227385.92	76244185.92
C013	滁州吕票教育有限公司	B0019	在同资本	254176848.90	254179276.90
C015	天大省心投资集团有限公司	B0019	在同资本	18938281.53	19018281.53
C021	南信期货8号资产管理计划	B0019	在同资本	42853.81	43853.81
C032	大京沃本控股有限公司	B0019	在同资本	15034032.67	15114032.67
C033	刘小长	B0019	在同资本	983951.17	1083951.17

图 A.25 某股票交易数据示例

附录 B 名词术语中英文对照

[1] ACL：Audit Command Language，审计命令语言
[2] ACs：Application Controls，应用控制
[3] ADM：Audit Data Marts，审计数据集市
[4] ADO：ActiveX Data Objects，ActiveX 数据对象
[5] AHP：Analytic Hierarchy Process，层次分析法
[6] AICPA：American Institute of Certified Public Accountants，美国注册会计师协会
[7] ANNs：Artificial Neural Networks，人工神经网络
[8] AO：Auditor Office，现场审计实施系统
[9] API：Application Programming Interface，应用程序编程接口
[10] ASOSAI：Asian Organization of Supreme Audit Institutions，亚洲最高审计组织
[11] BCM：Business Continuity Management，业务连续性管理
[12] BCP：Business Continuity Plan，业务连续计划/业务持续计划
[13] Big data：大数据
[14] Big Data Auditing：大数据审计
[15] CA：Continuous Auditing，持续审计
[16] CAA：Computer Assisted Audit，计算机辅助审计
[17] CAATs：Computer Assisted Audit Techniques，计算机辅助审计技术
[18] CAATTs：Computer Assisted Audit Tools and Techniques，计算机辅助审计工具与技术
[19] CAWS：Continuous Auditing Web Services，持续审计 Web 服务模型
[20] CICA：Canadian Institute of Chartered Accountants，加拿大特许会计师协会
[21] Cloud computing，云计算
[22] COA：Continuous Online Auditing，持续在线审计
[23] COBIT：Control Objectives for Information and related Technology，信息及相关技术控制目标
[24] CORBA：Common Object Request Broker Architecture，公用对象请求代理程序体系结构
[25] COSO：The Committee of Sponsoring Organizations of the Treadway Commission，全美反舞弊性财务报告委员会发起组织
[26] CPAM：Continuous Process Audit Methodology，持续过程审计方法
[27] CPAS：Continuous Process Auditing System，持续过程审计系统
[28] DAO：Data Access Objects，数据访问对象
[29] Data-intensive science，数据密集型科学
[30] DBMS：DataBase Management System，数据库管理系统
[31] DBS：DataBase System，数据库系统
[32] DOOA：Data-oriented Online Auditing，面向数据的联网审计

[33] DRP：Disaster Recovery Plan,灾难恢复计划
[34] EAE：Electronic Audit Evidence,电子审计证据
[35] EAM：Embedded Audit Module,嵌入审计模块
[36] EAS：Enterprise Audit Software,企业财务审计软件
[37] EDP：Electronic Data Processing,电子数据处理
[38] Electric data auditing,电子数据审计
[39] ERD：Entity-Relationship Diagram,实体联系图
[40] ERP：Enterprise Resource Planning,企业资源计划
[41] GAS：Generalized Audit Software,通用审计软件
[42] GCs：General Controls,整体控制
[43] Graph Database,图形数据库
[44] GTAG：Global Technology Audit Guide,全球技术审计指南
[45] IaaS：Infrastructure as a Service,设施服务
[46] IAASB：International Audit and Assurance Standards Board,国际审计与鉴证准则委员会
[47] IDE：Integrated Development Environment,集成开发环境
[48] IDEA：Interactive Data Extraction and Analysis,交互式数据抽取与分析
[49] IIA：Institute of Internal Auditors,国际内部审计师协会
[50] INTOSAI：International Organization of Supreme Audit Institutions,国际最高审计组织
[51] ISA：Information System Audit,信息系统审计
[52] ISACA：Information System Audit and Control Association,国际信息系统审计与控制协会
[53] IT：Information Technology,信息技术
[54] ITF：Integrated Test Facility,集成测试技术
[55] MUS：Monetary Unit Sampling,货币单位抽样
[56] NLP：Natural Language Processing,自然语言处理
[57] NPV：Net Present Value Method,净现值法
[58] OA：Office Automation,办公自动化
[59] ODBC：Open Database Connectivity,开放数据库互连
[60] OLAP：On-line Analytical Processing,联机分析处理
[61] Online Auditing,联网审计
[62] PaaS：Platform as a Service,平台服务
[63] Parallel Simulation：平行模拟法
[64] RDO：Remote Data Objects,远程数据对象
[65] SaaS：Software as a Service,软件服务
[66] SNA：Social Network Analysis,社会网络分析
[67] SOAP：Simple Object Access Protocol,简单对象访问协议
[68] SQL：Structured Query Language,结构化查询语言
[69] Tag Cloud：标签云
[70] Test data：测试数据法
[71] TF-IDF：Term Frequency-Inverse Document Frequency,词频-逆文档频率
[72] Web crawler：网络爬虫
[73] UPS：Uninterruptible Power System,不间断电源
[74] XBRL：eXtensible Business Reporting Language,可扩展商务报告语言
[75] XML：Extensible Markup Language,可扩展标记语言

参考文献

[1] 陈伟. 2019. 大数据审计理论、方法与应用[M]. 北京：科学出版社.
[2] 陈伟. 2019. 基于可视化分析技术的大数据审计案例研究[J]. 中国注册会计师，(6)：61-64.
[3] 陈伟. 2019. 基于大数据技术的BCM审计方法研究[J]. 会计之友，(11)：113-116.
[4] 陈伟. 2019. 基于微信平台的互联网＋IT审计教学系统研究. 财会通讯，(16)：53-56.
[5] 陈伟. 2018. 大数据环境下的联网审计风险控制研究[J]. 中国注册会计师，(9)：58-63.
[6] 陈伟. 2018. 大数据技术在扶贫审计中的应用[J]. 财务与会计，(15)：69-71.
[7] 陈伟. 2017. 审计信息化[M]. 北京：高等教育出版社.
[8] 陈伟. 2017. 计算机审计[M]. 北京：中国人民大学出版社.
[9] 陈伟. 2016. 计算机辅助审计原理及应用[M]. 3版. 北京：清华大学出版社.
[10] 陈伟. 2016. 电子数据审计模拟实验[M]. 北京：清华大学出版社.
[11] 陈伟. 2016. 大数据环境下基于模糊匹配的审计方法[J]. 中国注册会计师，(11)：84-88.
[12] 陈伟. 2015. 电子数据审计模拟实验室研究[J]. 中国注册会计师，(7)：86-92.
[13] 陈伟. 2012. 联网审计技术方法与绩效评价[M]. 北京：清华大学出版社.
[14] 陈伟. 2011. 一种基于AHP的联网审计绩效评价方法[J]. 审计与经济研究，26(5)：47-52.
[15] 陈伟. 2010. 一种基于等级法的联网审计绩效评价方法[J]. 计算机科学，37(11)：111-116.
[16] 陈伟. 2009. 计算机辅助审计实验教学探析[J]. 中国管理信息化，2009，12(1)：100-103.
[17] 陈伟，高嘉文. 2019. 基于大数据可视化分析技术的大气污染防治审计方法研究[J]. 财务与会计，(7)：65-68.
[18] 陈伟，高杰，居江宁. 2018. 基于大数据技术的经济责任审计[J]. 财务与会计，(21)：51-53.
[19] 陈伟，勾东升，徐发亮. 2018. 基于文本数据分析的大数据审计方法研究[J]. 中国注册会计师，(11)：80-84.
[20] 陈伟，居江宁. 2018. 基于大数据可视化技术的审计线索特征挖掘方法研究[J]. 审计研究，(1)：16-21.
[21] 陈伟，居江宁. 2017. 大数据审计：现状与发展[J]. 中国注册会计师，(12)：77-81.
[22] 陈伟，孙梦蝶. 2018. 基于网络爬虫技术的大数据审计方法研究[J]. 中国注册会计师，(7)：76-80.
[23] 陈伟，Smieliauskas W. 2017. 大数据环境下基于数据可视化技术的电子审计方法[J]. 中国注册会计师，(1)：101-106..
[24] 陈伟，Smieliauskas W. 2016. 大数据环境下的电子数据审计：机遇、挑战与方法[J]. 计算机科学，(1)：8-13,34.
[25] 陈伟，Smieliauskas W. 2012. 云计算环境下的联网审计实现方法探析[J]. 审计研究，(3)：37-44.
[26] 陈伟，陈耿，朱文明，等. 2005. 基于业务规则的错误数据清理方法[J]. 计算机工程与应用，41(14)：172-174.
[27] 陈伟，丁秋林. 2003. 数据清理中编辑距离的应用及Java编程实现[J]. 电脑与信息技术，11(6)：33-35.
[28] 陈伟，丁秋林. 2005. 数据清理中不完整数据的清理方法[J]. 微型机与应用，24(2)：44-45,55.
[29] 陈伟，丁秋林. 2006. 可扩展数据清理软件平台的研究[J]. 电子科技大学学报，35(1)：100-103.
[30] 陈伟，丁秋林，谢强. 2004. 交互式数据迁移系统及其相似检测效率优化[J]. 华南理工大学学报（自然科学版），32(2)：58-61.
[31] 陈伟，李信. 2019. 面向扶贫审计的大数据审计案例研究[J]. 商业会计，(6)：4-7.

[32] 陈伟,李晓鹏,居江宁. 2019. 基于大数据技术的信息系统用户及权限管理审计研究[J]. 中国注册会计师,(2):74-79.
[33] 陈伟,李晓鹏,杨建荣. 2019. 大数据环境下基于自然语言处理技术的IT治理审计方法[J]. 财务与会计,(6):69-72.
[34] 陈伟,刘思峰. 2007. 基于BCP视角的联网审计风险控制[J]. 工业技术经济,26(10):135-137.
[35] 陈伟,刘思峰,邱广华. 2006. 计算机审计中数据处理新方法探讨[J].审计与经济研究,21(1):37-39,48.
[36] 陈伟,刘思峰,邱广华. 2006. 计算机审计中一种基于孤立点检测的数据处理方法[J]. 商业研究,21(17):44-47.
[37] 陈伟,刘思峰,Robin Qiu. 2008. 审计数据质量评估方法研究[J]. 计算机工程与应用,44(3):20-23.
[38] 陈伟,牛艳芳,Smieliauskas W. 2013. 国内外IT审计教育比较及其对我国的启示.中国注册会计师,(11):86-92.
[39] 陈伟,Robin Qiu. 2008. 面向大型数据库的审计数据采集方法[J]. 计算机应用,28(08):2144-2146,2149.
[40] 陈伟,Robin Qiu. 2009. 审计软件现状及发展趋势研究[J]. 计算机科学,36(2):1-4,25.
[41] 陈伟,Robin Qiu,刘思峰. 2008a. 数据库技术在计算机辅助审计中的应用研究[J]. 计算机应用研究,25(6):1908-1910.
[42] 陈伟,Robin Qiu,刘思峰. 2008b. 一种基于数据匹配技术的审计证据获取方法[J]. 计算机科学,35(8):183-187,194.
[43] 陈伟,Robin Qiu,刘思峰. 2008c. 持续审计(CA)研究综述[J]. 小型微型计算机系统,29(9):1755-1760.
[44] 陈伟,尹平. 2007. 基于成本效益视角的联网审计可行性分析[J]. 审计与经济研究,22(1):36-39.
[45] 陈伟,王昊,陈丹萍. 2006. 一种基于交互式数据迁移技术的数据采集方法[J]. 计算机工程,32(9):62-63,66.
[46] 陈伟,王昊,朱文明. 2005. 基于孤立点检测的错误数据清理方法[J]. 计算机应用研究,22(11):71-73.
[47] 陈伟,王昊,朱文明. 2006. 一种提高相似重复记录检测精度的方法[J]. 计算机应用与软件,23(10):29-30,42.
[48] 陈伟,张金城,Robin Qiu. 2007. 审计数据处理实验中模拟数据生成系统的研究[J]. 计算机工程,33(19):54-56.
[49] 陈伟,张金城,Robin Qiu. 2007. 计算机辅助审计技术(CAATs)研究综述[J]. 计算机科学,34(10):290-294.
[50] 国家863计划审计署课题组. 2006. 计算机审计数据采集与处理技术研究报告[M]. 北京:清华大学出版社.
[51] 审计署. 2014. http://www.audit.gov.cn.
[52] 王会金,陈伟. 2005. 非现场审计的实现方法研究[J]. 审计与经济研究,20(3):36-39.
[53] 尹平,陈伟. 2008. 信息化环境下审计机关审计成本控制对策探究[J].审计研究,(4):21-24.
[54] 詹姆斯.A.霍尔. 2003. 信息系统审计与鉴证[M]. 北京:中信出版社.
[55] 张进,易仁萍,陈伟. 2004. 计算机审计中电子数据的清理研究[J]. 审计研究,(6):21-25.
[56] 《AO 2011实用手册》编写组. 2011. AO 2011实用手册[M]. 北京:清华大学出版社.
[57] 中国注册会计师协会. 2017. 中注协向行业代表征求促进会计师事务所信息化的意见[EB/OL]. http://www.cicpa.org.cn/news/201702/t20170210_49506.html.
[58] AICPA. 2014. Reimagining auditing in a wired world[EB/OL]. http://www.aicpa.org.
[59] Acl. 2011. http://www.acl.com.

[60] Aebi D, Perrochon L. 1993. Towards improving data quality. Proceedings of the International Conference on Information Systems and Management of Data[C]. Delhi: 273-281.

[61] Alali A F, Pan F. 2011. Use of audit software: review and survey[J]. Internal Auditing, 26(5): 29-36.

[62] Alexander K, Ephraim F S, Miklos A V. 1999. Continuous online auditing: a program of research[J]. Journal of Information Systems, 13(2): 87-103.

[63] Alles M G, Kogan A, Vasarhelyi M A. 2013. Collaborative design research: Lessons from continuous auditing[J]. International Journal of Accounting Information Systems, 14: 104-112.

[64] Alles M G, Kogan A, Vasarhelyi M A. 2002. Feasibility and economics of continuous assurance[J]. Auditing: A Journal of Theory and Practice, 21(1): 125-138.

[65] Alles M G, Kogan A, Vasarhelyi M A. 2004. Restoring auditor credibility: tertiary monitoring and logging of continuous assurance systems[J]. International Journal of Accounting Information Systems, 5(2): 183-202.

[66] Alles M, Kogan A, Vasarhelyi M. 2006. Analytical procedures in continuous auditing: continuity equations models for analytical monitoring of business processes. American Accounting Association 2006 Annual Meeting[C]. Washington.

[67] American Institute of Certified Public Accountants (AICPA). 1979. Computer assisted audit techniques[M]. New York: AICPA.

[68] Arens A A, Elder R J, Beasley M S. 2004. Auditing and Assurance Services (Tenth Edition). Prentice Hall.

[69] Armbrust M, Fox A, Griffith R, et al. 2010. A view of cloud computing[J]. Communications of the ACM, 53(4): 50-58.

[70] Barron F H, Barrett B E. 1996. Decision quality using ranked attribute weights[J]. Management Science, 42(11): 1515-1523.

[71] Batista G E A P A, Monard M C. 2003. An analysis of four missing data treatment methods for supervised learning[J]. Applied Artificial Intelligence, 17(5-6): 519-533.

[72] Bell G, Hey T, Szalay A. 2009. Beyond the data deluge[J]. Science, 323(5919): 1297-1298.

[73] Bhatia M. 2002. Auditing in a computerized environment[M]. New Delhi: Tata McGraw-Hill.

[74] Boni G M. 1963. The impact of electronic data processing on auditing[J]. The Journal of Accountancy, 39-64.

[75] Boutell W S. 1965. Auditing through the computer a model approach to the problem[J]. The Journal of Accountancy, 120(5): 41-47.

[76] Brown L H, Issa H, Lombardi D R. 2015. Behavioral Implications of Big Data's Impact on Audit Judgment and Decision Making and Future Research Directions[J]. Accounting Horizons, 2015, 29(2): 150119134654004.

[77] Calvanese D, Giacomo G. D, Lenzerini M, et al. 1999. A principled approach to data integration and reconciliation in data warehousing. Proceedings of the International Workshop on Design and Management of Data Warehouses[C]. Heidelberg: CEUR Electronic Workshop Proceedings.

[78] Calvanese D, Giacomo G D, Lenzerini M. 2001. Data integration in data warehousing[J]. International Journal of Cooperative Information Systems, 10(3): 237-271.

[79] Carmichael D R, Willingham J H, Schaller C A. 1996. Auditing concepts and methods—a guide to current theory and practice[M]. New York: McGraw-Hill.

[80] Caseware. 2011. http://www.caseware.com.

[81] CaseWare 国际有限公司. 2010. IDEA 第 8 版教程[EB/OL]. http://www.caseware.com.

[82] Cash J I, Bailey A D, Whinston A B. 1977. A survey of techniques for auditing EDP-based

accounting information systems[J]. The Accounting Review, 52(4): 813-832.

[83] Chen C L P, Zhang C Y. 2014. Data-intensive applications, challenges, techniques and technologies A survey on Big Data[J]. Information Sciences, 275: 314-347.

[84] Chang S I, Tsai C F, Shih D H, et al. 2008. The development of audit detection risk assessment system: using the fuzzy theory and audit risk model[J]. Expert System with Applications, 35(3): 1053-1067.

[85] Chen W, Liu S F, Smieliauskas W, et al. 2012. Influence factors analysis of online auditing performance assessment: a combined use between AHP and GIA[J]. Kybernetes: The International Journal of Cybernetics, Systems and Management Sciences, 41(5/6): 587-598.

[86] Chen W, Liu S F, Zheng H Y. 2008. Study on audit evidence gathering cost under online auditing environment. IEEE International Conference on Systems, Man, and Cybernetics[C]. IEEE Press: 2876-2880.

[87] CICA/AICPA. 1999. Continuous auditing research report[R]. The Canadian Institute of Chartered Accountants, Toronto, Ontario.

[88] Chen W, Smieliauskas W, Liu S F. 2010. Performance assessment of online auditing in China from the perspective of audit cost control. IEEE International Conference on Systems, Man, and Cybernetics[C]. IEEE Press: 833-837.

[89] Chen W, Smieliauskas W, Trippen G. 2011. An audit evidence gathering model in online auditing environments. IEEE International Conference on Systems, Man, and Cybernetics[C]. IEEE Press: 1448-1452.

[90] Chen W, Wang H, Zhu W M. 2005. Study on data-oriented IT audit used in China. Proceedings of the 11th Joint International Computer Conference[C]. Singapore: World Scientific Publishing: 666-669.

[91] Chen W, Zhang J C, Jiang Y Q. 2007. One Continuous Auditing Practice in China: Data-oriented Online Auditing(DOOA). IFIP International Federation for Information Processing, Volume 252, Integration and Innovation Orient to E-Society Volume 2. Boston: Springer: 521-528.

[92] Christine B, Jefferson W. 2008. Auditing application controls[EB/OL]. www.theiia.org.

[93] CICA/AICPA. 1999. Continuous auditing research report[R]. The Canadian Institute of Chartered Accountants, Toronto, Ontario.

[94] Cushing B E. 1982. Accounting information systems and business organizations[M]. MA: Addison-Wesley Publishing company.

[95] David C. 2005. Continuous Auditing: Implications for Assurance, Monitoring, and Risk Assessment[EB/OL]. www.theiia.org.

[96] Deam J, Ghemawat S. 2008. Mapreduce: simplified data processing on large clusters[J]. Communications of the ACM, 51(1): 107-113.

[97] Debreceny R S, Gray G L, Ng J, et al. 2005. Embedded audit modules in enterprise resource planning systems: implementation and functionality[J]. Journal of Information Systems, 19(2): 7-27.

[98] Dey D, Sarkar S, De P. 2002. A distance-based approach to entity reconciliation in heterogeneous databases[J]. IEEE Transactions on Knowledge and Data Engineering, 14(3): 567-582.

[99] Divyakant A, Philip B, Elisa B, et al. 2011. Challenges and Opportunities with Big Data[R]. Cyber Center Technical Reports, Purdue University.

[100] Du H, Roohani S. 2006. A framework for independent continuous auditing of financial statements. American Accounting Association 2006 Annual Meeting[C]. Washington: http://aaahq.org/AM2006/abstract.cfm?submissionID=1783.

[101] Durtschi C. 2004. The effective use of benford's law to assist in detecting fraud in accounting data[J]. Journal of Forensic Accounting, 5(1): 17-33.

[102] Earley C E. 2015. Data analytics in auditing: opportunities and challenges[J]. Business Horizons (5): 493-500.

[103] Elliott R K. 2002. Twenty-first century assurance[J]. Auditing: A Journal of Practice & Theory, 21(1): 139-146.

[104] Fischer M J. 1996. "Real-izing" the benefits of new technologies as a source of audit evidence: an interpretive field study[J]. Accounting, Organizations and Society, 21(2,3): 219-242.

[105] Flesher D, Zanzig J. 2000. Management accountants express a desire for change in the functioning of internal auditing[J]. Managerial Auditing Journal, 15(7): 331-337.

[106] Flowerday S, Solms R V. 2005. Continuous auditing: verifying information integrity and providing assurances for financial reports[J]. Computer Fraud & Security, 12-16.

[107] Fritzmeyer C, Carmichael C. 1973. ITF: a promising computer audit technique[J]. The Journal of Accountancy, (2): 58-74.

[108] Garsombke P H, Tabor R H. 1986. Factors explaining the use of EDP audit techniques[J]. Journal of Information Systems, 1(2): 48-66.

[109] Gartner E S. 2012. 10 Critical Tech Trends for the Next Five Years[EB/OL]. http://www.forbes.com/sites/ericsavitz/2012/10/22/gartner-10-critical-tech-trends-for-the-next-five-years/.

[110] Gepp A, Linnenluecke M K, O'Neill T, et al. 2018. Big data techniques in auditing research and practice: current trends and future opportunities[J]. Journal of Accounting Literature, 40(1): 102-115.

[111] Glower S M, Romney M B. 1998. The Next Generation software[J]. Internal Auditor, 55(5): 47-53.

[112] Gonzalez G C, Sharma P N, Galletta D F. 2012. The antecedents of the use of continuous auditing in the internal auditing context[J]. International Journal of Accounting Information Systems, 13(3): 248-262.

[113] Groomer S M, Murthy U S. 1989. Continuous auditing of database applications: an embedded audit module approach[J]. Journal of Information Systems, 3(2): 53-69.

[114] Groomer S M, Murthy U S. 2003. Monitoring high-volume online transaction processing systems using a continuous sampling approach[J]. International Journal of Auditing, 7(1): 3-19.

[115] Grzymala-Busse J W, Hu M. 2000. A comparison of several approaches to missing attribute values in data mining. Proceedings of the Second International Conference on Rough Sets and Current Trends in Computing[C]. Banff: Springer-Verlag Heidelberg: 378-385.

[116] GTAG. 2017. Understanding and auditing big data[EB/OL]. http://www.theiia.org.

[117] Gulisano V, Ricardo J P, Marta P M, et al. 2012. Streamcloud: an elastic and scalable data streaming system[J]. IEEE Transactions on Parallel and Distributed Systems, 23(12): 2351-2365.

[118] Halper F B, Snively J, Vasarhelyi M A. 1992. The continuous process audit system: Knowledge engineering and representation[J]. The EDP Audit, Control and Security Newsletter(EDPACS), 20(4): 15-22.

[119] Han J W, Kamber M. 1986. Data Mining: Concepts and Techniques[M]. San Francisco: Morgan Kaufmann, 2001.

[120] Hansen R V, Messier W F. 1986. A knowledge-based expert system for auditing advanced computer system[J]. European Journal of Operational Research, 26(3): 371-379.

[121] Heer J, Mackinlay J D, Stolte C, et al. 2008. Graphical histories for visualization: supporting analysis, communication, and evaluation[J]. IEEE Transactions on Visualization and Computer

Graphics, 14(6): 1189-1196.

[122] Heiler S, Lee W C, Mitchell G. 1999. Repository Support for Metadata-based Legacy Migration[J]. IEEE Data Engineer Bulletin, 22(1): 37-42.

[123] Heitmann S. 2005. Audit of the future-an analysis of the impact of XBRL on audit and assurance[D]. Sweden: School of Business, Economics and Law Göteborg University.

[124] Hernandez M A, Stolfo S J. 1998. Real-world data is dirty: data cleansing and the merge/purge problem[J]. Data Mining and Knowledge Discovery, 2(1): 9-37.

[125] Hey T, Tansley S, Tolle K. 2009. The fourth paradigm: data-intensive scientific discovery[R], Microsoft Research.

[126] IIA. 2012. Global technology audit guide(GTAG): Information technology risk and controls(2nd Edition)[M]. The Institute of Internal Auditors.

[127] Information system audit and control association. 2010. CISA Review Manual 2010. http://www.isaca.org.

[128] INTOSAI audit committee. 2004. Principles of computer assisted audit techniques-student notes

[129] Jackson R A. 2004. Get the most out of audit tools[J]. Internal Auditor,(8): 36-47.

[130] Jacky A, Isabelle C W. 1996. A knowledge-based system for auditing computer and management information systems[J]. Expert Systems with Applications, 11(3): 361-375.

[131] James A H, Schaller C A. 2000. Information systems auditing and assurance[M]. Cincinnati, OH: South-Western College Publishing.

[132] James P A, Bruce H, Gabrielle L, et al. 2011. Data-intensive science in the us doe: case studies and future challenges[J]. Computing in Science and Engineering, 13(6): 14-24.

[133] Jarke M, Jeusfeld M A, Quix C, et al. 1998. Architecture and quality in data warehouses. Proceedings of the 10th Conference on Advanced Information Systems Engineering[C]. Springer-Verlag: 93-113.

[134] Jin L, Li C, Mehrotra S. 2003. Efficient record linkage in large data sets. The 8th International Conference on Database Systems for Advanced Applications[C]. Kyoto: 137-146.

[135] Julie S, Noah I. 2011. 数据可视化之美[M]. 北京: 机械工业出版社.

[136] Kelly J. 2013. Apache drill brings sql-like, ad hoc query capabilities to big data[EB/OL]. http://wikibon.org/wiki/v/Apache-Drill-Brings-SQL-Like-Ad-Hoc-Query-Capabilities-to-Big-Data.

[137] Koch S. 1981. Online computer auditing through continuous and intermittent simulation[J]. MIS Quarterly, 5(1): 29-41.

[138] Koskivaara E. 2004a. Artificial neural networks in analytical review procedures[J]. Managerial Auditing Journal, 19(2): 191-223

[139] Koskivaara E. 2004b. Artificial neural networks for analytical review in auditing[D]. Finland: Turku School of Economics and Business Admistration.

[140] Lambrechts A J, Lourens J E, Millar P B, et al. 2011. Global technology audit guide(GTAG): Data analysis technologies[M]. The Institute of Internal Auditors.

[141] Lavigne A, Émond C. 2002. A study group examines the issues auditors face in gathering electronic information as evidence and its impact on the audit [EB/OL]. http://www.camagazine.com.

[142] Lee G. 2012. Using in-memory analytics to quickly crunch big data[J]. IEEE Computer Society, 45(10): 16-18.

[143] Li S H, Huang S M, Lin Y C. 2007. Developing a continuous auditing assistance system based on information process models[J]. Journal of Computer Information Systems, 48(1): 2-13.

[144] Li W S, Clifton C. 1994. Semantic integration in heterogeneous databases using neural networks.

[145] Liang D, Lin F, Wu S. 2001. Electronically auditing EDP systems with the support of emerging information technologies[J]. International Journal of Accounting Information Systems, 2(2): 130-147.

[146] Lin F Y, Liang D, Wu S S. 2006. A study on interceptor in supporting continuous monitoring. American Accounting Association 2006 Annual Meeting[C]. Washington.

[147] Linda M L. 1990. Audit technology and the use of computer assisted audit techniques[J]. Journal of Information Systems, 4(2): 60-68.

[148] Luis G, Panagiotis G, Jagadish H V, et al. 2001. Approximate string joins in a database(Almost) for free. Proceeding of the 27th VLDB Conference. Roma: Morgan Kaufmann: 491-500.

[149] Lynch C. 2008. Big data: how do your data grow? [J]. Nature, 455(7209) 28-29.

[150] Manyika J, Chui M, Brown B, et al. 2011. Big data: The Next Frontier for Innovation, Competition, and Productivity[R], McKinsey Global Institute.

[151] Marco A, Giuseppe D, Rob M, et al. 2011. What's next for internal auditing? [R]. The Institute of Internal Auditors.

[152] Melnik S, Gubarev A, Long J J, et al. 2010. Dremel: interactive analysis of webscale datasets[C]. Proceeding of the 36th International Conference on Very Large Data Bases. 3(1): 330-339.

[153] Milo T, Zohar S. 1998. Using schema matching to simplify heterogeneous data translation. Proceedings of 24th International Conference on Very Large Databases[C]. New York: Morgan Kaufmann: 122-133.

[154] Minsky N H. 1996. Independent on-line monitoring of evolving systems. Proceedings of the 18th international conference on Software engineering[C]. Washington: IEEE Computer Society: 134-143.

[155] Mitra R K, Gupta M P. 2008. A contextual perspective of performance assessment in eGovernment: A study of Indian Police Administration[J]. Government Information Quarterly, 25(2): 278-302.

[156] Monge A E. 2000. Matching algorithms within a duplicate detection system[J]. IEEE Data Engineer Bulletin, 23(4): 14-20.

[157] Murthy U S. 2004. An analysis of the effects of continuous monitoring controls on e-commerce system performance[J]. Journal of Information Systems, 18(2): 29-47.

[158] Murthy U S, Groomer S M. 2004. A continuous auditing web services model for XML-based accounting systems[J]. International Journal of Accounting Information Systems, 5(2): 139-163.

[159] Nathan M, James W. 2012. Big data: principles and best practices of scalable realtime data systems [M]. Manning.

[160] Navarro G. 2001. A guided tour to approximate string matching[J]. ACM Computing Surveys, 33(1): 31-88.

[161] Newcombe H B, Kennedy J M, Axford S J, et al. 1959. Automatic linkage of vital records[J]. Science, 130: 954-959.

[162] Nieschwietz R, Pany K, Zhang J. 2002. Auditing with technology: using generalized audit software in the classroom[J]. Journal of Accounting Education, 20(4): 307-329.

[163] Nigrini M J. 1999. Adding value with digit analysis[J]. the Internal Auditor,(56): 21-23.

[164] Nigrini M J, Mittermaier L J. 1997. The use of Benford's law as an aid in analytical procedures[J]. Auditing: A Journal of Practice and Theory,(16): 52-67.

[165] Parent C, Spaccapietra S. 1998. Issues and approaches of database integration[J]. Communications of the ACM, 41(5): 166-178.

[166] Pathak J, Chaouch B, Sriram R S. 2005. Minimizing cost of continuous audit: counting and time dependent strategies[J]. Journal of Accounting and Public Policy, 24(1): 61-75.

[167] Philip D D, Mark J N. 2000. Computer assisted analytical procedures using Benford's law[J]. Journal of Accounting Education, 18(2): 127-146.

[168] Porter W T. 1964. Evaluating internal controls in EDP systems[J]. The Journal of Accountancy, 34-40.

[169] PwC. 2015. Data driven: What students need to succeed in a rapidly changing business world[EB/OL]. http://www.pwc.com/us/en/faculty-resource/data-driven.html.

[170] Rahm E, Do H H. 2000. Data cleaning: problems and current approaches[J]. IEEE Data Engineer Bulletin, 23(4): 3-13.

[171] Raman V, Hellerstein J M. 2000. An interactive framework for data cleaning[EB/OL]. http://sunsite.berkeley.edu/TechRepPages/CSD-00-1110.

[172] Raman V, Hellerstein J M. 2001. Potter's wheel: an interactive data cleaning system. Proceedings of 27th International Conference on Very Large Data Bases[C]. Rome: 381-390.

[173] Rezaee Z, Elam R, Sharbatoghlie A. 2001. Continuous auditing: the audit of the future[J]. Managerial Auditing Journal, 16(3): 150-158.

[174] Rezaee Z, Sharbatoghlie A, Elam R, et al. 2002. Continuous auditing: building automated auditing capability[J]. Auditing: A Journal of Practice and Theory, 21(1): 147-163.

[175] Robert L B, Harold E D. 2003. Computer-assisted audit tools and techniques: analysis and perspectives[J]. Managerial Auditing Journal, 18(9): 725-731.

[176] Rutgers Accounting Web. 2017. http://raw.rutgers.edu.

[177] Samuel J B. 1955. The progress of auditing[J]. The Journal of Accountancy, 42.

[178] Sanchez A, Rodriguez P. 1994. EDP auditing and expert systems, moving toward expert systems globally in the 21st century[M]. New York: Cognizant Communication Corporation.

[179] Science. 2011. Dealing with data[J]. Science, 331(6018): 639-806.

[180] Sean C. 2003. Continuous auditing: risks, challenges and opportunities[J]. The International Journal of Applied Management and Technology, 1(1): 1-9.

[181] Searcy D, Woodroof J B. 2003. Continuous auditing: leveraging technology[J]. The CPA Journal, 75(5): 46-48.

[182] Searcy D, Woodroof J, Benh B. 2003. Continuous audit: the motivations, benefits, problems, and challenges identified by partners of a big 4 accounting firm. Proceedings of the 36th Hawaii International Conference on System Sciences[C]. IEEE Press: 210-219.

[183] Simeon S, Michael H B, Arturas M. 2008. Visual Data Mining: Theory, Techniques and Tools for Visual Analytics[M]. Springer.

[184] Smieliauskas W, Bewley K. 2010. Auditing: An International Approach (Fifth Edition) [M]. McGraw-Hill Ryerson.

[185] Tableau. 2014. http://www.tableausoftware.com.

[186] Tayi G K, Ballou D P. 1998. Examining data quality[J]. Communications of the ACM, 41(2): 54-57.

[187] The 6th ASOSAI Research Project. 2003. IT Audit Guidelines [EB/OL]. http://www.asosai.org.

[188] Tobison G L, Davis G B. 1981. Actual use and perceived utility of EDP auditing techniques[J]. The EDP Auditor, 1-22.

[189] Wang T, Cuthbertson R. 2015. Eight issues on audit data analytics we would like to see researched[J]. Journal of Information Systems. 29(1): 155-162.

[190] Weber R. 1999. Information Systems Controls and Audit[M]. New Jersey: Prentice Hall.

[191] Wei C C. 2008. Evaluating the performance of an ERP system based on the knowledge of ERP implementation objectives[J]. The International Journal of Advanced Manufacturing Technology, 39(1-2): 168-181.

[192] Wilkinson J W. 1986. Accounting and information systems[M]. New York: John Wiley & Sons.

[193] Woodroof J, Searcy D. 2001. Continuous audit-Model development and implementation within a debt covenant compliance domain[J]. International Journal of Accounting Information Systems, 2(3): 169-191.

[194] Vasarhelyi M, Alles M, Kuenkaikaew S, et al. 2012. The acceptance and adoption of continuous auditing by internal auditors: A micro analysis[J]. International Journal of Accounting Information Systems, 13(3): 267-281.

[195] Vasarhelyi M A, Ezawa K J. 1991. The continuous process audit system: A UNIX-based auditing Tool[J]. The EDP Auditor Journal, (3): 85-91.

[196] Vasarhelyi M A, Halper F B. 1991. The continuous audit of online systems[J]. Auditing: A Journal of Practice and Theory, 10(1): 110-125.

[197] Verykios V S, Elmagarmid A K, Houstis E N. 2000. Automating the approximate record matching process[J]. Journal of Information Sciences, 126(1-4): 83-98.

[198] Vidal E, Marzal A, Aibar P. 1995. Fast computation of normalized edit distances[J]. IEEE Transactions on Pattern Analysis and Machine Intelligence, 17(9): 899-902.

[199] Vitaly F. 2007. Data visualization: modern approaches[EB/OL]. http://www.smashingmagazine.com.

图书资源支持

感谢您一直以来对清华版图书的支持和爱护。为了配合本书的使用,本书提供配套的资源,有需求的读者请扫描下方的"书圈"微信公众号二维码,在图书专区下载,也可以拨打电话或发送电子邮件咨询。

如果您在使用本书的过程中遇到了什么问题,或者有相关图书出版计划,也请您发邮件告诉我们,以便我们更好地为您服务。

我们的联系方式:

地 址: 北京市海淀区双清路学研大厦 A 座 701

邮 编: 100084

电 话: 010-83470236 010-83470237

资源下载: http://www.tup.com.cn

客服邮箱: 2301891038@qq.com

QQ: 2301891038(请写明您的单位和姓名)

用微信扫一扫右边的二维码,即可关注清华大学出版社公众号"书圈"。

书圈

扫一扫,获取最新目录

课程直播